세상에서 가장 넓은 학교

세상에서 가장 넓은 학교

초판 1쇄 인쇄 2021년 11월 22일
초판 1쇄 발행 2021년 11월 30일

지은이 곽상욱
펴낸이 김승희
펴낸곳 도서출판 살림터

기획 정광일
편집 송승호·조현주

인쇄·제본 (주)신화프린팅
종이 (주)명동지류

주소 서울시 양천구 목동동로 293, 22층 2215-1호
전화 02-3141-6553
팩스 02-3141-6555
출판등록 2008년 3월 18일 제313-1990-12호
이메일 gwang80@hanmail.net
블로그 http://blog.naver.com/dkffk1020

ISBN 979-11-5930-111-7 03370

이 도서의 국립중앙도서관 출판예정도서목록(CIP)은
서지정보유통지원시스템 홈페이지(http://seoji.nl.go.kr)와
국가자료종합목록 구축시스템(http://kolis-net.nl.go.kr)에서 이용하실 수 있습니다.
(CIP제어번호: CIP2019029834)

세상에서 가장 넓은 학교

—————— 오산시장 곽상욱의 **교육으로 도시 만들기** ——————

곽상욱 지음

'제 삶의 주체로 성장해 공존을 실천'하는
교육 도시로 자리매김했습니다

이재정 (경기도 교육감)

속도와 정보 시대에 '마을'의 의미를 찾는 것이 낯설 수도 있으나, 지구촌이 같은 정보와 문화를 공유할수록 다름의 가치는 더욱 높습니다. 나고 자란 마을이 제 빛깔을 낼 수 있도록, 교육을 통해 성장한 시민이 지역 문제를 함께 논의하고 주체적으로 해결하는 것이 교육자치, 지역자치입니다.

세상을 바꾸는 것은 사람이고, 사람을 바꾸는 것은 교육입니다. 오산시는 '제 삶의 주체로 성장해 공존을 실천'하는 교육 철학을 바탕으로 명실상부한 교육 도시로 자리매김했습니다. 경기혁신교육은 지난 10년간 모든 시작과 끝을 학생에 두고 우리 교육을 견인하며 오산시와 함께 걸어왔습니다.

이 책은 곽상욱 시장님을 비롯해 담당자, 교사, 학부모, 지역활동가들이 함께 열정적으로 논의하고 성장해 온 오산시의 변화 과정을 오롯이 담고 있습니다. 늘 모든 아이들이 행복한 꿈을 꾸며 성장할 수 있도록 적극적으로 지원하시는 곽상욱 시장님과 온 마을이 배움터가 되도록 애써주시는 모든 분들을 응원합니다. 더불어, 오산시의 성장 과정이 지역 교육을 고민하는 많은 분들에게 새로운 혜안을 제시할 수 있으리라 믿습니다.

오산시가 걸어온 한 걸음 한 걸음이 우리나라 모든 지역과 함께 할 수 있는 원동력이 되길 바랍니다.

대한민국에 제2, 제3, 제4, 제5의 곽상욱 교육 혁신 시장님을 기대합니다

이광재 (前 재단법인 여시재 원장, 국회의원)

곽상욱 오산시장님의 책 출간을 진심으로 축하합니다. 결론부터 말씀드리면, 첫째도 교육이고 둘째도 교육이고 셋째도 교육입니다. 오산시의 사례가 전국적으로 퍼져나가길 바랍니다. 업그레이드된 오산시의 교육 시스템이 대한민국을 바꾸기 원합니다. 오산시 교육 혁신의 열매들이 우리 아이들과 가정과 국가에 더 밝고 맑고 희망찬 미래의 씨앗으로 번져나가길 희망합니다. 마치 우리 봄날 민들레 씨앗이 온 곳으로 나가서 민들레 밭이 되듯이, 대한민국의 교육 혁신의 꽃이 만발하기를 간절히 소망합니다.

교육 지옥, 대한민국을 완전히 바꿔야 합니다. 대한민국이 절체절명의 위기 속에서 앞으로 나아가기 위해서는 교육 혁신이 꼭 필요합니다. 저는 교육 혁신을 통해서 대한민국이 거듭 일어나는 것이 유일한 길이고 가장 빠른 길이라고 확신합니다. 오산시장님. 10여 년 동안 오산시의 교육 혁신을 위해서 노력해주셨습니다. 저는 대한민국에 제2, 제3, 제4, 제5의 곽상욱 교육 혁신 시장님을 기대합니다. 더 나아가서 우리 아이들의 교육의 미래를 바꿀 수 있는 교육 대통령이 대한민국에 탄생하기를 간절히 소망합니다.

세상에서 가장 많은 영감을 주는 책

민형배 (前 대통령비서실 사회정책비서관, 국회의원)

매우 흥미롭고 놀랍다. 기초지자체를 이토록 매력 넘치게 운영할 수도 있다는 사실이. 곽상욱 시장과 같은 시기에 재선 구청장으로 일했다. 이 책을 읽고 나니 기초단체장에 다시 도전해 곽 시장을 흉내 내고 싶은 생각이 들 정도였다. 이 책은 '시민 필독서'로서 갖춰야 할 미덕을 전부, 그리고 탄탄하게 지니고 있다. 세 가지 근거로 압축하고자 한다.

첫째, 곽 시장은 '교육'의 의미를 가장 넓게, 그리고 깊게 확장시켰다. 그가 추진해온 교육 정책의 중심이 자라나는 아이들인 것은 분명하다. 하지만 정책의 포괄 범위는 시민 일반으로까지 촘촘하고 광활하다. 영·유아 돌봄, 초·중고 학생들의 학력 신장과 인격 형성, 오산시민의 평생교육 등 생애주기 전체에 걸친 '배움'이 곽 시장의 교육 정책인 것이다.

둘째, 곽 시장의 '교육'은 주체와 대상을 분리하지 않는다. "혁신교육은 네 바퀴로 굴러가는 자동차와 같다. 학생과 학부모, 교사와 지역이 함께하지 않으면 어딘가 기울어진다."(233쪽) 여기서 '함께'는 시민 참여를 뜻할 것이다. 이때의 참여는 '배움'만으로 한정되지 않는다. 공간을 제공하거나 학습 플래너, 교육활동가 등의 방식으로 교육의 공급과 수요가 통일되어 있다.

셋째, 곽 시장의 '교육'은 자치 분권의 필요성 및 유효성을 매우 구체적으로 증명하고 있다. 개인적으로 가장 주목한 부분이다. 초선 첫해 곽 시장의 공약 50%는 교육에 관한 것이었다. 오산시가 풀어야 할 여러 과제들의 '급소'가 교육에 있다고 진단해서다. 시민들은 동의했고, 3선 시장이 되는 기간 내내 시민과 함께 그 과제를 풀었다. 마침내 "2013년 오산에 사는 것을 만족한다는 사람은 36%였지만, 2017년은 84.2%가 되었다. 교육 때문에 떠나는 오산을 교육 덕분에 머무르는 오산으로 만들고 싶던 소망을 모두 함께 만들어낼 수 있었다."(317쪽)

책 제목을 빌려 표현하자면 '자치가 진보다'라는 게 나의 정치 철학이다. 곽 시장은 시스템이 허용한 자치 분권의 함수에 정밀하고 풍부한 교육 정책을 투입시켜 오산시의 진보를 이끌어냈다. 문재인 정부가 표방하고 있는 더 높은 수준의 자치 분권의 근거를 오산시에서, 곽상욱 시장의 시정에서 충분히 찾을 수 있었다.

이 책이 기록한 경험과 사례는 '특정' 분야를 넘어 보편적인 차원에서 응용할 기준과 원리를 제공한다. 그러니까 이 책의 범주를 '교육'으로 가둘 수가 없다. 정책 기획, 권력구조 연구, 자치 행정 설계 등 여러 공공 분야에 유용하다. 예비 정치인이나 공직자, 교사, 시민운동가 등 공익 활동을 염두에 둔 분들도 꼭 읽어봐야 할 책으로 권한다.

《세상에서 가장 넓은 학교》는 '세상에서 가장 많은 영감을 주는 책'이라는 게 나의 최종적인 독후감이다.

추천사

ESPOO
ESBO

Recommendation

It has come to my attention that my colleague Mr. Kwak SangWook, Mayor of the City of Osan in Korea, is publishing a book with the content that we both hold dear. When we first met, I was very impressed of his passion and commitment to serve his city and its citizens.

Both cities, the City of Espoo and the City of Osan are rapidly growing cities. The cities are also members of the UNESCO Global Network of Learning Cities. We both recognize the importance of building a good future for our young people and giving people of all age an opportunity to fulfill their potential through lifelong learning.

When making the city strategy for the first time in the format of the Espoo Story we invited all citizens to participate in making it. We learned that the three things citizens appreciate the most about their city are nature, safety and participation.

Espoo's learning city vision is to be a good place to live, learn, work and do business in, where its citizens can fulfil their potential and participate in developing their community. By providing learning opportunities and resources, Espoo encourages its citizens to be competent and creative residents who can succeed in an uncertain future with the help of learning spirit. Through learning and co-operation, we also contribute to a more sustainable world.

I have realized that whatever we do together with the residents is worthwhile. The strongest asset that Espoo has is its active people, enterprises, associations and communities.

I wish the book the best possible reception and the wisdom and strength for the Mayor of Osan, Mr. Kwak SangWook in his demanding task. We in Espoo are happy to collaborate with you and your city.

With Best Regards,

Jukka Mäkelä

Mayor

City of Espoo, Finland

아이들과 함께할 때 나도 모르게 웃음이 나온다

벌써 10년이 되었다. 2010년 7월, 내가 태어나 자란 도시 오산이 안타깝게도 아파하고 있었다. 오산천을 비롯한 오산의 자연이 아파했고, 사람들이 하나둘 오산을 떠나갔다. '나의 도시, 우리들의 도시 오산을 어떻게 살릴 수 있을까?' '사람들이 떠나지 않고 활기와 웃음소리로 가득한 오산을 만들 수는 없을까?' 이런 고민을 희망으로 바꾸기 위해 시장이 되었다.

시장이 되면서 '도시에서 교육의 필요성'에 대해 생각했다. 지속 가능한 도시를 만드는 힘은 곧 구성원들의 변화에 대한 공감대와 자발성이라고 생각했고, 그런 힘은 교육으로부터 나온다고 확신했다. 이 확신이 10년 동안 나를 '교육 도시 오산 만들기'로 이끌었다. 우여곡절도 많았지만, 이 확신은 이제 교육이 도시를 변화시킨 실제 이야기가 되었다. 지금도 더 나은 희망을 위해 오산 교육은 현재진행형이다.

세상은 생각할 수 없을 만큼 빠르게 변화한다. 변화하는 시대에 고정된 지식이란 있을 수 없다. 지역에 따라 그 지역에 맞는 삶을 살아가는 방법도 달라진다. 아이들은 더 이상 교실에서만 배우지 않는다. 지역과 더불어 스스로 배울 수 있어야 한다. 지식에 대해서도 다양하게 좀 더 유연해지는 법을 배워야 한다. 그 역할을 이제는 학교와 지역이 함께해야 한다. 그러면 도시의 경쟁력도 더불어 높아질 것이다. 이것이 지자체가 교육에 집중해야 할 이유라고 생각한다.

이 책에는 '교육 도시 오산 만들기'를 위한 10년 동안의 토론과 고민, 실천 들이 담겨 있다. 앞으로 대한민국 미래를 담아낼 교육 가치와 철학에 대한 작은 자료라도 되었으면 좋겠다. 그리고 이 책에 담긴 교육 가치와 철학을 더 많은 사람들과 나누고, 힘을 모아 나아가고 싶다.

이 책에 담을 수 있는 내용에는 한계가 있어서 충분히 설명하지 못한 부분이 많다. 앞으로 다양한 활동과 자리를 통해 채워나갈 수 있을 것으로 기대한다. 많은 분들이 꼼꼼히 읽고 허심탄회하게 조언과 비판을 해주신다면 앞으로 나아가야 할 길에 큰 도움이 될 것으로 믿는다.

대한민국의 교육 비전을 담아내기 위한 혼신의 노력을 다해주시고 정성을 다해 함께 힘써주신 살림터 사장님과 편집 관계자에게 감사를 드린다. 특히 '아이들이 행복한 교육 도시 오산'을 위해 각자의 자리에서 협력하고 정성을 다한 관계자들과 오산시민 모두에게 진심으로 감사의 말씀을 드린다.

2021년 11월 곽상욱

차례

5장 **성숙기**(2019~) **: 오산, 미래교육의 길이 되다**

교육에 꽂힌 사람, 시장이 되다

어려운 선택을 하라.
그렇지 않으면 어려운 시기를 맞을 것이다.
미국 경제교육협의회

길이 끝나는 곳에서도
길이 있다
길이 끝나는 곳에서도
길이 되는 사람이 있다
스스로 봄길이 되어
끝없이 걸어가는 사람이 있다
강물은 흐르다가 멈추고
새들은 날아가 돌아오지 않고
하늘과 땅 사이의 모든 꽃잎은
흩어져도
보라
사랑이 끝나는 곳에서도
사랑으로 남아 있는 사람이 있다
스스로 사랑이 되어
한없이 봄길을 걸어가고 있는
사람이 있다.
봄길, 정호승

대학을 졸업하고 10년간의 직장 생활을 그만둔 뒤 고향을 찾았다. 나에겐 어머니와 같은 고향에서 아버지로, 사업가로, 시민으로 살기 시작했다. 먼 곳에 있어도 늘 위안이 된 고향은 변해 있었다. 천둥벌거숭이로 뛰어놀던 오산천은 온데간데없이 치장만 잔뜩 한 모습이었고, 교육 현실이 암담하다며 조금만 형편이 되면 오산을 빠져나가는 주민들뿐이었다.

오산자치시민연대를 결성해 본격적인 시민 활동을 시작했다. '미 공군 오산에어베이스' 명칭 변경 운동을 시작했고 매일 오산시청 홈페이지를 들여다보며 오산의 도시 가치와 정책을 고민했다. 시민들과 함께 교육 문제를 고민하며 오산시 교육발전학부모협의회 창립과 공교육 교사의 정주성 문제 제기로 서명 운동을 펼쳤다. 또한 오산시 무상 급식 실천 운동과 교복 물려주기 운동을 펼쳤다.

열린우리당에 입당해 안민석 국회의원 선거를 도왔다. 이를 바탕으로 2006년 시장에 도전했다 떨어졌다. 2009년, 노무현 전

대통령이 서거했을 때 오산역에서 분향소를 지키며 시민의 힘을 느꼈다. 오산시를 더 살기 좋게 만들고 싶은 가장 빠른 방법은 시장이 되는 것이었다. 오산에 대한 긴 로드맵을 구상했다. 진심이 통했을까. 시민들의 선택으로 2010년 오산시장에 당선되었다. 시민이 시장이라는 슬로건을 내걸고 내 자신에게 거짓말하지 않기 위해 최선을 다해 시민들과 협력해 시정을 운영했다. 때마침 경기도교육청도 혁신교육 시작을 내걸었다. 시대의 변화와 시민들의 요구가 임계점에 다다랐다. 오산 시정은 교육으로 바뀌는 도시를 꿈꾸기 시작했다.

오산이 어디?

경기도 오산. 사람들은 우리 고장 이름을 개그 소재로 쓰곤 한다. 오해했거나 잘못 계산했다는 말을 할 때 "그렇게 말하면 경기도 오산이지"라고 말장난을 한다. 마치 무언가 잘못되었다는 이미지를 덧칠한다. 불쾌할 수도 있지만 딱히 그렇게만 볼 것도 아니다. 그렇게라도 사람들에게 우리 고장이 알려진다면, 긍정적으로 볼 수 있기 때문이다. 오산은 까마귀 오(烏) 자에 뫼 산(山) 자를 쓴다. 까마귀가 많다고 해서 생긴 이름이다. 오래전 바닷물이 오산 지역까지 들어와 펄을 만들었는데 그 주변에 자라가 많아서 자라 오(鼇) 자를 썼다는 설도 있다. 하지만 지금은 까마귀 오 자를 쓴다.

까마귀는 하늘과 땅을 연결하는 신성한 새다. 까마귀가 울면 재수가 없다는 말은 낭설이다. 아마도 일본 식민지배의 잔재라고 본다. 고구려의 삼족오는 세 발 달린 까마귀다. 자식이 어미 새에게 먹이를 물어다 주는 '반포지효(反哺之孝)'의 상징으로도 알려져 있다. 게다가 까마귀는 똑똑하기로 유명하다. 거울을 볼 줄 알고, 도구를 사용할 줄 안다. 목이 긴 병에 돌을 넣어 물 높이를 높여 마신다는 일화가 알려져 있다. 지금 오산시청 입구엔 귀여운 까마귀가 책을 들고 있다. 우리의 정체성이 왜곡되거나 부정된다면 살고 있는 주민의 자존감은 약해질 수 있다. 내가 살고 있는 도시의 정체성을 알고 체감한다는 것은 중요하지 않을 수 없다. 모든 것에는 배울 것이 있고 숨은 가치가 있다. 그것을 발굴해내는 자의 마음에 달려 있다.

오산은 삼한 시대에 마한의 자리였고, 삼국 시대에 독산성이 생겼다. 백제 때 독산성주가 성민 300명을 데리고 신라에 투항해 매홀군이라는 이름을 얻었다. 고려 시대부터 수원의 일부가 되었고, 1941년 일제강점기에 수원군 오산면이 되었다. 이후 화성군에 속하다가 1989년에 오산시로 승격했다. 평택의 일부가 오산시로 들어왔다. 오산이 지금 모습을 갖춘 때는 1995년이다.

오산 인구는 24만 명이다. 42.76㎢로 비교적 면적이 작은 편이다. 화성에서 분할해 나왔고, 수원 생활권이라 도시 정체성이 외부에 잘 알려져 있지 않다. 농담 삼아 우리 도시 이름을 거론하지만, 사실 사람들은 오산에 뭐가 있는지 잘 모른다. 오산에서는 철기 시

독산산성 전경.

독산성 세마대(사적140호).

죽미령평화공원
— 전쟁의 시작에서 평화의 시작으로 재탄생하다.

대 유물이나 고인돌이 많이 발견된다. 대표적 유적지로 독산성이 있는데 삼국 시대부터 군사 전략적 요충지였다. 임진왜란 당시 물 부족을 적진에 들키지 않으려고 말에게 쌀을 끼얹으며 씻기는 시 늉을 했다고 해서 세마대(洗馬臺)라고 불렀다. 권율 장군이 지략을 발휘해 왜군을 물리쳤던 세마대첩도 유명하다. 우리나라에 단 둘 밖에 없는 공자 사당인 궐리사도 오산에 있다. 현대로 넘어와서는 오산장에서 3·1만세 운동이 일어났고, 한국전쟁 때에는 북한군과 미 지상군의 첫 전투였던 죽미령 전투도 벌어졌다. 이 전투를 기념 한 초전비가 오산에 있다. 지금은 남북 화해 협력과 한미 우호 동맹 의 상징으로 죽미령평화공원이 조성되어 전 세계에 평화의 메시지 를 전달하는 평화의 전당이 되었다.

수도 서울이 확장을 거듭하면서 서울 인근 지역들은 개성을 잃 어간 것이 사실이다. 이야기가 풍부한 수원과 신도시로 알려진 동 탄과 인접해 있다 보니 오산은 화성 옆, 수원 옆에 있는 자그마한 도시로 인식되곤 한다. 그도 그럴 것이 오산에 사는 사람들은 대 부분 외지로 출퇴근을 한다. 인접한 수원과 화성, 평택에는 워낙 공장과 산업 시설이 많아서 조용하고 평화로운 오산에 둥지를 튼 다. 집값도 크게 오르지 않는 편이라서 안정적으로 살 수 있다. 인 구 구성원이 대부분 젊은데, 오산에서 나고 자란 사람들보다 인근 지역에 취업하면서 유입되는 인구가 많다. 통계상으로는 주간 인구 지수가 낮다. 주간 인구 지수가 낮다는 것은 오산에 사는 사람들 이 다른 도시에 가서 일하는 분들이 많다는 뜻이다. 도시가 단단하게 성장하기에 좋지 않은 조건이다. 한국 정부는 급증하는 수도권 인구를 수용하기 위해 수도권 인근 도시들을 베드타운으로 만드는 데 주력했다. 하지만 결과적으로 수도권의 많은 도시들을 나약하게 만들었다. 도시 자생력이 떨어질 수밖에 없었다.

일터가 적으면 미래가 불안하다. 누구나 돈을 벌면서 살아야 한다. 경제 활동이 쉽지 않은데도 불구하고 사람들이 그 지역에 사는 이유는 주거가 안정적일 때, 즉 집값이 싸거나 생활이 편리할 때다. 그러면서도 사람들은 늘 탈출을 꿈꾼다. 돈 벌면 더 좋은 데 가서 살아야지, 여기를 벗어나야지, 이런 태도가 도시를 좀먹는다. 스스로 살아남을 수 없는 도시를 만들어버리는 것이다. 우리 사회는 지난 30여 년 동안 기회만 있으면 대도시로, 새 아파트로 이삿짐을 싸고 또 쌌다. 내가 만난 학부모들도 대부분 그럴 생각을 하고 있었다. 아이들이 자라면 오산을 떠날 생각을 했다. 오산의 미래는 불투명했다. 오산시민들이 오산을 떠날 궁리만 하고 있다면 여기는 스쳐 지나가는 버스 정류장 정도밖에 안 된다. 정류장에 무슨 기반이 있을까. 플랫폼도 되지 못할 것이다.

내가 살던 고향은

나는 오산에서 자랐다. 성호초등학교와 오산중학교, 오산고등학교를 졸업했다. 오산천을 중심으로 산과 들로 뛰어다니며 자랐다. 오산시에 있는 재단법인 오산학원은 오산 지역에서 우리 아이들을 잘 키워보자고 지역의 유지와 주민들이 십시일반으로 돈과 땅을 내놓아 만들었다. 서울 용산구에 있는 오산중고등학교는 일제강점기에 독립 정신으로 평안북도 정주군에서 시작한 학원이다. 우리 오산중고등학교는 서울에 있는 오산중고등학교보다 늦게 세워져 공식적으로는 경기오산중고등학교라고 쓴다.

내가 중학교를 다닌 1970년대 말, 오산에는 오산재단의 오산중학교와 오산고등학교, 공립인 오산여중뿐이었다. 오산중고등학교는 오산시가 본격 개발되기 전부터 있었고, 시민들이 만든 학교라 초반엔 그 위상이 대단했다. 하지만 내가 고등학교를 진학할 무렵에는 인근에 있는 대도시 수원에 비해 개발이 더뎌 많은 학생들이 수원으로 빠져나갔다. 당시 남학생이 갈 수 있는 고등학교는 오산고등학교가 유일했고, 여학생들이 갈 수 있는 고등학교는 오산여상(현 오산정보고)뿐이었다. 많은 친구들이 수원으로 진학했으므로, 나도 마찬가지 계획이었다. 그때 태화산업에서 심금봉 이사장이 오산학원을 인수하고 대단한 의지와 투자로 과거처럼 명성 있는 학교로 다시 살려보자는 움직임이 일었다. 담임선생님이 개별 면담을 통해 오산고등학교가 무척 훌륭해질 것이고, 장학금도 받을 수 있을 것이라면서 오산고등학교 진학을 권유했다. 나뿐만 아니라 많은 친구들이 선생님들의 권유로 수원행을 포기했다. 오산학원을 되살리기 위해 재단에서는 서울에서 교사들을 초빙하는 등 막대한 지원을 아끼지 않았다. 학교를 되살리겠다는 덕에 고등학교를 진학해 나름 훌륭한 선생님과 좋은 수업을 받을 수 있었고 만족스럽게 학교를 다녔다. 당시 오산학원에서는 새롭게 오산전문

오산의 중심을 흐르고 있는 국가하천 오산천.
— 수달이 돌아온 생태 하천으로 다시 태어나다.

오산천 중상류 지점에 멸종위기 야생동물 1급인 수달(천연기념물 제330호)이
서식한 것으로 확인됐다.

물향기수목원은 경기도 오산시 수청동 일대에 있고, 예로부터 맑은 물이 흐르는 곳이라 하여
붙은 수청동이란 지명에서 명칭이 유래하며, 피톤치드를 만드는 오산의 허파 역할을 한다.

대학이 설립됐지만, 지역에는 4년제 대학이 없기에 서울로 대학을 갈 수밖에 없었다.

당시 대학 캠퍼스는 독재정권 타도 아래 온통 최루탄과 시위로 정신없었고 민주화 운동의 물꼬는 걷잡을 수 없었다. 모두가 민주주의를 외쳐야 했지만 서울살이는 모든 게 새롭기도 하고 보고 배울 것도 많아 보였다. 나는 그야말로 촌놈이었다. 새로운 것들이 거침없이 쏟아졌지만, 지방에서 온 친구들, 촌놈들 모두가 그렇겠지만 마음 둘 곳을 찾지 못했다. 오산과 서울은 별로 멀지 않아서 오산을 떠났지만 시간 날 때마다 오산에 와서 친구들과 선후배들을 만났다. 서울로 진학한 친구들끼리 모임을 만들어 서울에서도 만나고 오산에서도 놀았다. 초·중고등학교를 모조리 오산에서 보낸 나에게는 당연한 일이었다. 오산은 집이고, 서울은 학교 때문에 잠시 머무르는 곳이니까.

졸업을 앞둔 4학년 때 23살 나이에 서울에서 취업을 했다. 유망한 수출 무역 회사에 취직했고 미래에 무역 회사 사장이 되는 것이 꿈이었다. 완구 수출이 주된 업무였다. 전 세계의 아이들이 좋아할 만한 완구를 만들고 수출하는 일이었다. 그야말로 수출 현장에서 밤낮없이 일하는 수출 무역 역군으로 살았다.

서른 살 때, 홀로 우리 남매를 키운 어머니가 환갑 나이에 암으로 돌아가셨다. 이루 말할 수 없이 슬펐다. 부모를 잃은 슬픔은 누구에게나 똑같겠지만, 세 살때 아버지가 돌아가셨고 홀어머니 밑에서 자란 나로서는 어머니가 나의 전부였기 때문이다. 태어나서

단 한 번도 느껴보지 못한 아픔이었다. 당시 외국출장과 해외근무가 많았지만 어머니가 돌아가신 후 내 삶에 반환점이 생겼다. 수출 무역 회사 창업을 꿈꾸던 나는 모든 걸 접고 오산으로 돌아와 새로운 사업을 시작하고 싶었다. 기어코 다시 돌아왔다. 여기는 내 집이니까. 어머니가 안 계시면 어머니와 살던 곳에 마음을 두고 싶었다.

오산으로 돌아오자 그리운 사람들을 다시 만날 수 있었다. 타향으로 갔다가 돌아온 친구들이 있었고, 오산에서 생활 터전을 잡은 친구들, 후배들이 많았다. 때때로 이들과 만나 낮에는 사업으로 바빴고 밤에 그리고 주말마다 이런저런 사사로운 이야기도 나누며 시간을 보냈다.

1993년부터 나는 당시에 전국에서 제일 유명한 영어 사교육 업체인 '윤 선생 영어교실'에서 일했다. 초등학교 영어 교육이 1997년부터 본격적으로 시행됨에 따라 영어 사교육 시장이 뜨거울 때였다. 본사 지역 본부장으로 일하며 회사의 큰 지원을 받아 법인 회사를 세워 오산을 비롯해 경기 남부 인근 지역까지 사업을 확장했다. 전국 사업장 가운데 최고 매출도 기록했다.

사교육 현장을 이끌면서 새삼 오산의 특별한 교육 환경을 알게 되었다. 인근 분당이나 수원, 영통 등과 비교했을 때 경제 상황이 많이 달랐다. 초등학교 4학년 이상이 되면 부모의 경제력이 좋은 학생들은 다른 지역으로 전학을 가거나 그럴 준비를 했다. 오산에서는 교육을 시킬 수 없다는 게 중론이었다. 중학교 진학할 때가 되면 아이들이 떠나는 비율은 더 높아졌다. 당시에는 나도 중·고등 학교는 다른 곳으로 보내야 한다는 많은 학부모들의 이야기를 들었다. 오산 지역 학교의 교실은 새 학년 새 학기가 되면, 오산 지역을 기피하는 교사들과 학생들이 학교를 빠져나가면서 3월 개학 후에 4월이 다 되도록 교실은 어수선했다. 모두가 좌충우돌하는 현장을 나는 생생히 목격했다.

오산은 그런 곳이었다. 부모가 젊고 아이가 어릴 때 잠시 왔다가, 아이가 자라고 경제력이 나아지면 모두 빠져나가려고 안간힘을 썼다. 오산은 아이들을 기르기 어려운 곳인 것처럼 낙인되어 있었다. 매우 자존심이 상하는 일이었다. 교육 사업이 문제가 아니었다. 당장의 큰 도시로 떠나는 이사보다 회사 수익보다 고향에 대한 안타까움이 나를 덮쳤다. 아이들이 자라지 않는 도시는 죽은 도시다. 결국 공멸할 수밖에 없다. 내가 나고 자란 도시가 언젠가 사람들이 기피하는 도시가 되지 않을까. 상상만 해도 끔찍하다. 내 유년 시절이 사라질지도 모른다.

어떻게 하면 아름다운 오산을 지킬 수 있을까

어린 시절 오산천은 우리들의 최고 놀이터였다. 그러나 다시 돌아온 오산천은 망가지고 있었다. 자연이 주는 무한한 풍요는 사라진 채 곳곳의 악취와 함께 시민들의 주차장으로, 주말에는 삼겹살을 구워 먹는 곳으로 변질되었다. 모든 하천이 직선으로 바뀌었다. 자연하천은 곡선으로 흐른다. 천변에 시멘트를 발라 기괴하게 변한 물길을 보면 내 어린 시절이 뒤틀리는 느낌이었다. 나와 몇몇 친구들과 하천에 대해 공부했다. 당시 정책은 분명히 하천의 생태를 망가뜨리고 자생력을 무너뜨리는 토목공사와 같았다. 낮에는 회사를 운영하며 생업에 집중하고, 시간 날 때마다 오산천을 되살릴 수 있는 방법을 사람들과 얘기했다. 열정적이고 관심 있는 시민들과 뜻을 모아 오산천살리기시민모임을 함께 만들어 하천 회생복구에 대해 구체적인 학습과 공부가 시작됐다. 관심 많았던 지상훈, 조인규 선배님과 후배들과 함께 지역 활동을 펼쳐나갔고, 오산·화성 환경운동연합 창립을 거쳐 오산지부도 만들었다.

2005년에는 '오산에는 비행장이 없습니다'라는 캐치프레이즈로 오산비행장 명칭사용반대추진위원회 활동을 펼쳤다. 오산 비행장은 '오산베이스(OSAN BASE)'로 알려져 있는 비행장인데, 실제로는 평택시 송탄에 있다. 비행장 설치 당시 송탄이나 평택이 잘 알려져 있지 않아 발음하기 쉬운 오산베이스로 이름을 붙였다고 한다. 이름은 한 지역의 이미지를 만들고 지속시킨다. 오산에어베이스라는 이름은 오산 비행장이 오산에 있지 않다는 진실을 가리는 효과를 낳는다. 오산에어베이스라는 이름이 수십 년간 가려온 오산의 가치는 무엇일까?

나는 도시 브랜드 만들기가 큰돈을 들여야 가능한 일이 아니라고 생각했다. 중소기업은 CEO의 기업 마인드가 기업을 이끌어가듯, 오산처럼 작은 도시는 행정부의 소신이 중요하다고 생각한다. 오산을 바꾸려면 새로운 '정치'가 필요하다고 생각했다. 결국 정책을 입안하고 예산을 결정짓는 건 정치이기 때문이다. 매일 오산시 홈페이지에 접속해 시민들이 올리는 자유게시판의 글을 살펴봤다. 사람들이 원하는 것이 무엇이고, 우리 오산에서 무엇을 해결할 수 있는지 살폈다. 오산은 도심 한가운데에 오산천이 흐르고, 고인돌이 많았던 유구한 삶의 터전의 역사가 생생하고 아름다운 산성과 산이 있으며, 세마대와 유엔군초전지, 궐리사와 같은 역사 이야깃거리를 풍부하게 갖고 있다. 오산이 갖고 있는 자산을 제대로 활용하지 못한다는 생각에 마음이 답답했다.

학부모로서 나는 학교운영위원회에 참여해 운영위원장도 맡고, 청년 단체에 가입해 청년들을 위한 청년 활동도 시작했다. 공부방 운영, 청소년 상담 센터 설립과 운영을 위해 뛰어다녔다. 오산시의 교육 현장을 가까이에서 보고 서울에서 자녀 교육을 하는 친구들의 이야기를 들으면서 우리 현실을 점검했다. 서울만큼 사교육 과잉은 아니었다. 오산은 젊은 부부가 많았고 교육열은 남 못지않았다. 설문 조사 결과 공교육에 대한 기대가 높았지만 현실이 학부모들의 기대를 따라가지 못했다. 학부모들이 공교육을 완전히 포기하지 않았다는 뜻으로 이해했다. 공교육에 더 힘을 기울인다면 눈에 띄는 성과를 낼 수도 있겠다고 생각했다. 평생학습 도시 개념이 한국에 확산되기 시작했을 때, 나는 오산시의 지역 자원을 제대로 활용만 한다면 공교육으로 출발해 평생학습 도시로 나아갈 수 있다고 판단했다. 천혜의 자연과 풍부한 역사 이야깃거리, 적당한 인구와 인구 집약적인 도시 구조는 시민들이 서로 배우고 가르칠 수 있는 좋은 조건으로 보였다.

　시민운동으로 해낼 수 있는 일들도 많았지만, 결국 행정의 벽에서 부딪히길 반복했다. 만나주지 않는 공무원, 묵묵부답인 관계 부처. 이러다 싸움꾼만 되는 건 아닐까. 좀 더 현명한 방법이 필요했다. 그렇다면 현실 정치밖에 답이 없었다. 열린우리당에 입당하고 상무위원, 국정자문위원, 경기도당 교육특별위원회의 부위원장을 지냈다. 당원과 국민으로서 가슴 아팠던 노무현 전 대통령의 영결식을 치르며 내 삶에 가장 중요한 가치에 대해 고민했다. 시스템을 바꾸고 더 나은 세상 오산을 만드는 일에 꿈을 품었다.

　2006년 오산시장 선거에 도전했다. 당시엔 시의원에서 도의원을 거치는 과정을 밟으면 너무 늦을 것 같았다. 조급한 마음뿐이었다. 하루라도 빨리 아이들이 건강하게 자라는 도시를 만들고 싶었다. 내가 여기서 잘 자란 것처럼, 우리 아이들도 오산에서 자라 다시 오산으로 돌아올 수 있게 할 수는 없을까. 섣부른 도전이었는지 열린우리당 후보들이 모두 낙선할 때 나도 첫 시장 선거에서 고배를 마시고, 2010년 두 번째 선거에서 오산시장으로 선출되었다.

교육에 집중하기로 마음먹다

　시장 선거 때 시민들에게 나는 교육에 완전히 '꽂힌' 사람으로 보였을 것이다. 시장이 교육 정책을 들고 나오니 교육감 선거에 출마했느냐는 질문도 받았다. 그 질문에는 여러 가지 함의가 있었다. 시장은 지방자치와 행정에 집중하라. 즉, 시 전체 예산을 결정하고 시 행정을 전반적으로 풀어내는 것이 옳지 한 분야에 집중해선 곤란하다는 뜻일 테다. 또한 교육에 뛰어드는 시장 이미지는 전문가도 아니고 시장에게 걸맞지 않다는 것이다. 교육은 교육 전문가에게 맡기고 행정가는 너무 나서지 않는 것이 보기 좋다는 말이다. 당시만 해도 교육은 학교 안에서만 이루어지는 것이었다.

하지만 나는 교육 문제를 해결하지 않으면 오산의 미래가 없다고 판단했다. 미래로 성장하는 도시가 되려면 아이들이 우선이다, 아이들이 없으면 미래가 없다고 다들 쉽게 말하면서도 정작 아이들을 위해 무엇을 해야 하는지 구체적으로 살펴보지 못했다. 혹은 알고 있으면서도 종래의 관념에서 벗어나지 못하거나 실천하지 못하고 있었다. 틀을 깨지 않으면 오산의 미래를 만들기 어렵다고 생각했다.

시장이 되면 면밀한 지역 통계를 볼 수 있다. 오산은 중산층보다 서민층이 유독 많다. 젊은 사람들도 많다. 평균 연령이 36세로 한국에서 가장 젊은 도시로 꼽힌다. 젊은이들은 평균적으로 중장년층에 비해 경제 소득이 적다. 열심히 일하고 부지런히 벌어야 하는 사람들이 많다. 출생률도 높은 편이다. 그러나 학생들의 정주성이 낮은 게 큰 문제였다.

어떤 도시를 '교육' 한 가지로만 특화할 수 없다는 것이 중론이었다. 모든 시민이 학부모는 아니기 때문이다. 하지만 학교 교육이 교육의 전부는 아니다. 모든 시민이 함께 배우고 공부할 때 도시의 모습이 달라질 수 있다. 공부하는 시민이 자치력이 강한 도시를 만들 수 있다고 생각했다. 오산의 약점이 교육이라면 그걸 뒤집어 보자! 서울에서 오산으로 들어올 때마다 오산을 무엇으로 대표할 수 있는지 고민을 거듭했다. 오산을 교육 중점 도시로 키워 오산으로 들어오는 입구마다 '교육 도시 오산'이라는 간판을 걸겠다는 꿈을 키웠다.

2010년 시장 취임 당시 오산시청에는 교육 담당 부서가 없었다. 시민들이 교육 때문에 오산을 떠나는 게 당연했다. 교육은 교육청에 맡겨두고 시청은 이렇다 할 정책이 없었다. 그도 그럴 것이 모든 지자체가 비슷한 상황이었다. 지금도 마찬가지다. 교육은 보편적인 정책이다. 교육받지 않는 사람은 없지만, 막상 교육을 실행하는 곳은 교육 전담 부서로 국한하고 있다. 정부 부처로는 교육부가 있고, 지역에서는 교육청이 교육부의 일을 전담한다. 각 교육청은 공교육 기관과 사교육 기관으로 연결되어 있다. 사교육 기관은 불법적인 행위가 없는지 필수적인 관리 감독만 할 수 있고 모두 자율에 맡긴다. 공교육은 교육청의 지원을 받고 서로 협조한다. 학교에서 필요한 것들이 모두 교육청으로 모인다.

오산 교육은 화성오산교육지원청에서 맡는다. 오산은 면적이 작아 절대적인 인구수는 적어 보일지 몰라도 인구밀도는 높은 편이다. 화성은 오산에 비해 면적이 넓다. 전국에서 다섯 번째로 넓은 기초단체다. 화성시의 면적은 688.1㎢, 오산시는 42.7㎢이다. 2018년 현재 화성오산교육지원청 관할 공교육 기관은 유치원을 포함해 405개에 이른다. 그중 오산시의 공교육 기관은 89개에 지나지 않는다. 두 도시가 원래 하나였다가 오산읍이 커지면서 먼저 시로 분리 승격되었다. 신도시가 건설되면서 이리저리 주소가 바뀌기도 했다.

시 행정부는 시민들이 필요로 하고 원하는 일에 집중하는 게 옳다. 젊은 층이 많은 특성을 고려했을 때 교육과 경제 발전이 절실했다. 시민들이 편리하게 살 수 있는 기반 시설 강화와 먹고살기 좋은 환경 만들기는 모든 지방정부가 추구하는 가치다. 오산시는 정주성 문제가 크기 때문에 오산시에서 돈을 벌고 쓰는 시스템으로 정비가 필요했다. 젊은이들이 오산에서 돈을 벌고 가정을 꾸리려면 보육과 교육이 우선 과제였다. 그렇다면 오산은 대다수의 젊은 부부가 원하는 것, 당장 경제적으로 넉넉하지 않아도 아이들을 잘 키우고 공부시킬 수 있는 안전한 도시여야 했다.

이에 따라 2010년 처음으로 5기 민선 시장이 되면서 '밝은 미래 교육 도시'라는 슬로건 아래, 탄탄한 기반에서 준비되지 못한 부분도 있지만 다소 거칠더라도 6개 중점 공약을 내세웠다. 유아교육 활성화, 특성화된 명문 학교 육성, 영어를 비롯한 외국어 교육 활성화, 친환경 무상 급식 모범 도시 실현, 애향 장학회 제도 개선 및 지원 확대, 교육비 지원을 통한 공교육 활성화였다.

아이들이 좋은 교육을 받아야 부모들이 마음 편하게 일할 수 있기 때문에 유아교육 지원을 우선 목표로 삼았다. 고학년이 될수록 오산 교육을 못 믿겠다며 떠나는 일을 줄이기 위해서라도 명문 학교도 있으면 좋겠다고 당시에는 판단했다. 영어는 선진화된 도시,

자본이 모이는 도시에서만 잘되는 걸 깨보고자 영어 교육 활성화를 목표로 삼았다. 내가 제일 자신 있는 분야이기도 했다. 안심하고 학교를 보낼 수 있도록 친환경 무상 급식도 목표로 잡았다. 기존에 있던 애향 장학회에 힘을 실어 오산의 많은 학생들이 장학금을 받아 지역에서 자신에게 관심을 기울이고 있다는 것을 알리고 싶었다. 공부를 잘하지 않아도 자신과 부모의 능력에 따라 차별받지 않도록 복지 차원의 학생 지원을 대폭 늘리고자 했다. 북유럽 아이들처럼, 좋아한다면 문화와 예체능을 체험하고 배울 수 있는 시스템을 만들고 싶었다. 오산에서 혜택을 받으면 언젠가 돌아올 수 있는 기반이 되리라고 믿었다.

오래전 나도 오산에서 장학금을 받았다. 장학금은 단순히 '돈'이 아니다. 평생 잊을 수 없는 기억과 '오산의 아이'라는 자부심을 만든다. 지역의 장학금은 한 사람을 길러내기 위해 믿고 지지하고 응원한다는 표시다. 내가 다닌 오산중고등학교가 바로 그런 학교였다. 지역 주민들이 십시일반으로 돈을 모으고 지역 유지들이 땅을 내놓아 만든 학교였다. 우리를 위해 어른들이 만든 학교를 다니는 것은 누구나 할 수 있는 경험이 아니다. 우리 아이들을 우리가 키우겠다고 만드는 학교는 지역에 대한 남다른 애정을 갖게 한다.

또한 만 5세 어린이의 무상 보육을 추진할 뿐만 아니라, 국공립 보육 시설과 시간 연장형 보육 시설을 확충하고, 보육 시설과 유치원에 전담 간호사를 두고, 보육 교사의 처우를 개선해 보육이 강한 도시를 만들고자 했다. 줄어드는 출생률로 조만간 인구 붕괴가 몰아닥칠 것이라는 전문가들의 분석에 귀 기울여 만든 공약이다. 더불어 아이들이 힘껏 뛰놀고 지역사회와 만나기 위해서는 엘리트 체육이 아닌 보편적인 체육 시설이 필요했다. 학교 운동장과 체육관을 이용할 수 있도록 적극 지원하는 공약도 내세웠다. 청소년들이 마음껏 뛰어놀기 위한 문화 센터와 수련 시설을 더 확충할 필요도 있었다.

혁신교육지구에 선정되다

오산시장에 취임하면서 교육에 집중하기로 결심했고 시장 공약으로 로드맵을 만들었다. 공약과 실천 과제가 너무 이상적이라는 비판이 있었다. 하지만 어떻게든 교육을 살려 아이들을 붙잡고 싶었다. 여기서 함께 자라서 우리 고장을 만들어보자는 이야기를 어떻게 풀어야 할지 나에게도 큰 숙제였다. 그때 만난 것이 혁신교육이다.

2009년에 당시 한신대 김상곤 교수가 첫 경기도 주민 직선 교육감에 당선되었다. 김상곤 교육감은 당시의 경기도 교육 상황을 소수만을 위한 특권 교육으로 규정했다. 김 교육감이 들고 나온 공약은 공교육 바로 세우기, 사교육비 걱정 없는 교육, 교육 양극화 해소였다. 이를 두고 언론에서는 "꼴찌들의 반란, 꼴찌도 학교에서 웃는 교육"이라고 표현했다. 김 교육감의 입에서 "혁신교육"이라는 단어 아래 "평등한 교육, 교육 복지와 교육 기회 균등"을 실천하겠다는 말이 나왔다. "창의적인 사고로 공부하는 혁신교육, 서민과 저소득층 자녀들의 교육을 책임지고 학부모는 안심하고 아이들은 안전한 학교"를 만들겠다는 말에 내가 원하는 해답이 있었다. 바로 오산에 필요한 교육이었다.

김상곤 교육감 취임 뒤 혁신교육지구를 공개 모집한다는 소식을 들었다. 보통은 행정에서 결정한 정책을 각 기초단체와 교육지원청에 알린다. 대부분의 업무가 위에서 아래로 지침을 내려보내는 형태로 이루어진다. 이렇게 되면 학교의 자율권을 보장하기 어렵다. 하지만 김상곤 교육감이 제안한 혁신교육은 공감과 소통이 주 무기였다. 경기도교육청에서 주관하지만, 주관이라기보다 지원에 가깝고 각 지역에 걸맞은 새로운 혁신교육을 스스로 만들어가자는 제안이었다. 교육청에서 모든 것을 만들고 거기에 맞춰 따라오라는 방식이 아니었다. 맞춤형으로 각 지역에 필요한 교육공동체를 만들어가자는 슬로건이 우리에게 지금 필요한 교육이었다. 교육에 집중하면서 마을교육공동체를 만들면 주민들의 정주성 문제와 주권 회복 모두를 해결할 수 있지 않을까.

혁신교육지구를 신청하자고 하니 그게 뭐냐는 반응부터 그걸 왜 시청에서 하느냐는 질문이 이어졌다. 심지어 "애들 놀게 하자는 거냐?"라는 반응도 있었다.

"애들이 놀면 안됩니까?"

"그럼 대학은 어떻게 가죠? 안 그래도 지금 오산에서 교육이 안 된다고 다들 이사 나가고 전학 가는데, 여기서 놀기까지 하면 누가 오산에 남습니까?"

치열했다. 솔직히 시장이 정책적으로 밀어붙이며 '아이들이 행복한 오산'을 만들겠다고 하니까 좋은 일이라고 칭찬하기도 했지만, 모두 확신은 없었다. 의심했고, 좋은 일이긴 하나 실현 불가능하다는 의견이 많았다. 그래서 그것을 하면 뭐가 달라지겠느냐는 반응도 있었다. 물론 사교육을 책임지는 학원가에서도 반길 일이 아니었다.

예전에 원동초등학교 운영위원장으로 일할 때였다. 학교운영위원회는 아이들의 현장체험학습 장소를 선정하고 심의한다. 현장체험학습은 학교 밖으로 나가 지역을 배울 수 있는 좋은 기회다. 교과서에도 체험활동이 필요한 내용들이 다양하게 제시되어 있다. 오산은 도농 복합 도시의 모양새를 갖추고 있어서 지역과 마을을 이해할 수 있는 풍부한 자원과 인프라가 있다. 감자와 고구마를 캐며 오산의 땅을 이해할 수 있다. 하지만 내 주장과 달리 학교의 현장체험학습 계획은 용인시에 있는 에버랜드로 바뀌기 일쑤였다. 비용도 자부담이었다. 현장체험학습이 교육보다는 인기 행정의 수단으로 변질되었던 것이다. 꼭 가볼 필요가 있을 만큼 유명한 놀이공원이지만, 아이들이 피부로 느낄 수 있는 현장체험학습의 본래 뜻과는 거리가 멀어 보였다.

현장체험학습이라면 현장을 체험하고 학습한다는 말 그대로 실천하자고 주장했지만, 내 말에 귀 기울이는 사람은 없었다. 내가 운영위원회에서 계속 주장하자, 한 선생님이 아이들을 데리고 농촌을 방문해 감자와 고구마 캐는 활동을 했다. 아이들은 즐겁고,

보람과 성취감을 느꼈다고 했다. 유명한 곳에서 놀이기구를 타는 체험은 필요하다. 그건 부정하지 않는다. 즐거운 시설을 만나고, 돈을 쓰고, 상업적인 면모를 보는 것도 중요하다. 하지만 무엇이 우선이란 말인가? 내가 생각하는 현장체험학습은 지역을 이해하고 경험할 수 있는 것이어야 했다. 그렇다면 오산에 대해서 먼저 어른들이 알아야 한다. 교사가 알고, 공무원이 알고, 학부모가 알아야 아이들에게 우리 지역을 알려줄 수 있다.

내가 사는 지역을 안다는 것은 정체성을 확인하는 일이다. 나는 누구고, 어디서 왔고, 왜 여기에 살고, 여기는 어떤 역사를 품고 있는지 알게 되면, 우리는 이야기 속에서 성장할 수 있다. 이야기 속에 들어가 주인공이 될 수 있다. 내가 살고 있는 도시의 역사 속에서 자기 정체성을 확립할 수도 있다. 재미난 이야깃거리가 많은 도시라면 더욱 그렇다. 도시에서 자기 정체성을 확립한 이들은 자기 지역을 내 것이라고 인지하게 된다. 내 것이 되면 보는 시각이 달라진다.

시민을 참여와 소통으로 이끌 수 있는 좋은 방법은 이처럼 이야기를 퍼뜨리는 것이다. 물론 그 안에 '나'가 있어야 한다. 작은 도시, 수원이나 화성의 변두리에 있는 도시, 별것 없는 도시라는 오산의 이미지를 깨고 아이들에게 오산의 아이들이라는 자부심을 심어줘야 했다. 내가 주인이라는 생각을 가져야 교육도, 행정도 혁신할 수 있다. 그렇다면 어떻게 접근해야 할까?

취임 당시 오산시에는 교육을 전담하는 부서가 없었다. 단순히

학교 경비만 지급하고 정산하는 팀만 있었다. 교육 전담과가 없으면 공교육에 개입할 여지가 적다. 나는 취임 직후 2010년 10월에 우선 자치행정국 안에 교육협력과를 만들었다. 교육 기획, 교육 지원, 평생교육을 팀으로 뒀다. 전체 인원은 10명. 교육협력과의 직원들이 모두 교육 정책 전문가는 아니었다. 시청에 교육 전담팀이 없었기 때문에 누구나 초보자였다. 이들과 함께 혁신교육에 대해 공부하고 제안서를 만들었다. 10명의 팀원이 백방으로 뛰어 오산에서 필요한 교육 정책을 만들어야 했는데, 모두가 백지 상태다 보니 방법이 묘연했다. 현직 교사와 시민, 시의원, 도의원 등 다양한 계층의 관심 있는 분들을 초빙해 TF팀을 꾸렸다. 교육지원청의 추천도 받았다.

시작부터 해보고 싶은 주제가 학부모스터디와 시민참여학교 사업이었다. 그것을 기반으로 학교와 지역의 경계를 허물고 우리 아이들을 같이 키우자는 메시지를 던질 계획이었다. TF팀의 결과를 받아 든 담당 팀장은 난색을 표했다. 이것을 어떻게 하느냐는 것이었다.

"시민들을 끌어들여야지."

사무실에 앉아 행정 서류를 주로 보던 공무원들에게 밖에 나가 영업을 뛰라는 것과 다를 바 없었다. 모두들 해보겠다고 했으나, 일을 맡기는 나도 일을 맡은 직원들도 난감하기는 마찬가지였다. 하지만 나는 시대가 이미 우리에게 손을 흔들고 있다고 믿었다.

우선 혁신교육지구 선정을 위해서 직원들은 시장실에서 프레젠테이션 연습을 하고 TF팀이 몇 시간씩 함께 프레젠테이션 원고를 쓰고 고치는 등의 노력을 기울였다. 당시 혁신교육지구를 준비하며 서류를 만들 때 다른 기초단체들은 교육지원청에서 적극적으로 교육 정책을 지원했다. 하지만 오산시는 그렇지 못했다. 오산과 화성이 하나의 교육지원청으로 묶여 있는데, 당시 화성시도 혁신교육지구를 신청했기 때문이었다. 두 기초단체가 경쟁하는 꼴이라 교육지원청에서는 공정함을 유지해야 했다. 경기도 31개 시·군 가운데 프레젠테이션을 진행해야 하니 담당 직원에겐 엄청난 부담이었을 테다. 다른 지자체는 교육지원청에서 프레젠테이션을 담당했지만, 우리는 시청에서 준비했다. 치열하게 준비한 덕에 훌륭하게 프레젠테이션을 마친 담당 이상국 공무원은 심사위원들로부터 "대체 너는 누구냐?"라는 질문도 받았다. 2010년 12월 16일에 우선 협상 지자체가 선정되었다. 오산과 광명, 구리, 안양 4개 지역이 우선 협상 기초단체가 되었고, 시흥과 의정부가 예비 지정 지구가 되었다. 이 6개 기초단체는 경기도교육청과 MOU를 맺고 혁신교육지구를 만들어가게 되었다.

담당 직원이 결재를 받으러 들어오면 나는 끊임없이 내가 생각하는 교육의 지향점에 대해서 이야기했고, 직원에게도 스스로 어떻게 생각하는지 고민하길 권했다. 들리는 얘기로는 교육협력과 담당 직원이 결재를 받으러 들어오면 결재를 기다리던 여타 부서 직원들의 한숨이 터져 나왔다고 한다. 한 시간이고 두 시간이고 붙들고 놔주질 않는다고들 했다. 시청 내부에서도 계속 의아한 시선이 있었다. 교육청에서 해야 할 일을 왜 시청에서 나서서 하겠다는 것인지 이해하지 못하는 직원들도 많았다. 나는 행정은 모든 일을 할 수 있다고 자신했고, 모든 것을 해야 한다고 생각했다. 시청에서 어떤 한 분야라도 놓치게 되면 그 피해는 바로 시민들에게 돌아간다. 반면 시청이 모든 분야를 꼼꼼하게 챙기면 민생이 살아날 수밖에 없다. 직원들에게 학교 현장의 이야기를 듣는 것이 중요하다고 강조했고, 어떤 직원에게는 사무실에 앉아 있지 말고 계속 학교를 돌아다니라고도 권했다.

방향은 흔들림 없이, 방법은 유연하게

오산시청이 주도해서 혁신교육지구에 선정되고 혁신교육에 대한 정책을 시작하겠다고 하자, 왜 행정 기관이 교육에 손을 대느냐는 반발이 많았다. 시의회에서는 교육 예산이 과도하게 증액되는 것이 아닌지 추궁했다. 사실, 교육 분야 예산이 크게 늘어나진 않았다. 전체 시 예산 가운데 교육 예산은 3~4% 정도에 불과했다. 애초부터 시설 투자나 설비 지원과 같은 하드웨어보다는 프로그램 지원과 같은 소프트웨어를 만들어 지원하는 데 주력했기 때문이었다.

예산의 원활한 운용이 행정의 강점이자 해야 할 일이었다. 누구나 일할 수 있다고 믿었으므로 특별히 조직 구성을 개편하지 않았다. 부서에는 비전문가가 더 많았다. 그들은 모두 과거 언젠가는 교육을 받은 학생들이었다. 교육은 우리 생의 전반에 걸쳐 있기 때문에 꼭 전문가여야 할 필요가 없었다. 나는 직원들 각자 가진 강

혁신교육지구 MOU 체결식(2011년).

경기도 교육감과의 간담회에서
혁신교육에 대한 의견을 언제나 표현할 수 있었던 것은 신념과 열정 덕분이었다.

점과 특기가 있다고 믿었다. 교육으로 통합하기만 하면 되었다.

그동안 지역 행정 기관의 교육 행정은 학교별로 욕구와 수요가 있을 때 예산을 지원하는 것이 전부였다. 대체로 그런 풍토였다. 하드웨어에 관심을 가질 뿐 학교를 만들어나가는 소프트웨어에는 큰 관심을 기울이지 않았다. 교육청 전담 직원들과 시작은 좌충우돌 자체였다. 우리가 모든 것을 도와드릴 수 있으니 제발 같이 뭘 좀 해보자고, 우리 아이들에게 필요한 것이 무엇인지 찾아보자고 끈질기게 매달렸다. 문전박대나 다름없는 분위기와 갑론을박의 공격도 있었지만, 직원들은 무조건 앞서서 해보자는 당찬 기운으로 자기 일에 집중했다. 교육 문제를 상의할 사람들을 못 만나고 허탕 치는 일도 있었다. 직원들이 겪은 일을 내가 다 알 수는 없다. 아직도 내가 모르는 고달픈 현장 경험이 있었을 것이다.

"사업이라는 말은 빼주셨으면 좋겠어요. 무슨 돈 벌려고 하는 것 같네요."

이런 얘기를 들으면 직원들은 회의를 거쳐 '프로그램 지원'이라고 이름을 고쳤다. 행정과 교육 행정 사이에 간극이 컸다. 행정과 교육은 서로 보완하는 체계가 아니라 정서적으로 분리되어 있었다. 공동체라는 의식이 없었다. 마을교육공동체가 왜 필요한지 다시 깨닫는 계기였다. 서로 사전이 다르고 쓰는 단어가 달랐다.

하지만 곧 나는 교육 공무원들이 교육에 대해 대단한 자부심을 갖고 있으나 여태 드러낸 적 없다는 것을 알게 되었다. 우리가 추진해야 하는 방침을 기초 철학으로 삼으면서 교육 공무원들에게

교육에 꽂힌 사람, 시장실에서 아이들과 행복을 채우다.

익숙한 방법으로 맞춰나갔다. 단어 하나, 문장 하나, 어느 기관의 이름이 앞에 오는 것을 두고 직원들이 소모적인 업무도 많이 했다. 하지만 필요한 과정이었다. 하나하나 서로의 간극을 줄이기 위해서는 끊임없는 회의밖에 방법이 없었다. 누가 우격다짐으로 끌고 간다고 될 일이 아니었다. 시청에서 마구잡이로 진행한다고 한들 아무도 참여하지 않으면 모두 공염불에 지나지 않았다.

행정과 교육은 마음의 거리가 멀었다. 교육은 성역이라던 말이 떠오르기도 했다. 교육 행정과 자치 정부 행정의 괴리는 실무 현장에서 더 크게 나타났다. 그러나 마음은 하나였다고 믿는다. 모두가 더 나은 교육 현장을 원했고 우리 아이들이 더 행복하길 바랐다. 임기 첫해에 모든 것을 시작할 수는 없었다. 교육은 백년지대계다. 서툰 걸음을 엉금엉금 기어가는 심정으로 임했다. 시간이 지나가면 모든 일은 더 좋아질 것이라 생각했다. 행정의 힘이 때로는 얼마나 강력하게 작동하는지 잘 알기에 낮은 자세도 필요했다. 또한, 누구에게도 상처가 되지 않길 바랐다. 기도하는 마음으로 오산의 교육 현실을 다시 바라보았다.

혁신교육의 점을 찍다

지금 대한민국은 교육에 정부가 돈을 엄청 쏟아붓고 있는데,
그 내용은 '주어진 보기에서 답 찾기' 교육을 하는 거예요
답이 없는 상황은 어떻게 할 것인가에 대한 교육은 전혀 안 하고 있죠.
주어진 매뉴얼로 안 되는 사회가 왔는데,
왜 매뉴얼의 답을 강요하는 것을 지금도 계속하려고 하느냐는 거죠.
교육의 미래 컬처 엔지니어링

2011~2014년은 제가 민선 5기 시장 임기 중이었으며 혁신교육 지구 시즌 1 기간이었다. 모든 것들이 처음이었고 4년간 우여 곡절을 겪으며 혁신교육의 깃발을 꽂고 성장에 성장을 더한 시기였다. 공교육 혁신 모델 구축 사업으로 오산형 혁신교육 모델인 '물향기학교'를 육성했고, 미래 역량 인재 육성 사업으로 토론 문화 활성화와 생존수영, 학생 동아리 지원 등의 사업을 벌였다. 또한 지역 특화 사업으로 시민들이 공부하고 직접 참여하고 주도하는 시민참여학교와 학부모스터디, 꿈찾기멘토스쿨을 운영했고, '런앤런' 사업을 통해 시민들이 원하는 시간과 장소에 희망 강좌를 배달했다. 이렇게 시민과 시청이 마음을 모아 노력한 덕분에 국가 경쟁력 '교육 도시' 대상(2012), 경기도교육청 '혁신교육' 평가 우수상(2012), 대한민국 대표 브랜드 '교육 도시' 대상(2013), 제11회 대한민국 평생학습 대상 사업 부문(시민참여학교) 대상(2014)을 수상했다. 혁신교육지구 사업은 5년 단위였기 때문에 2014년 재선에 성공하지 못하면 다른 사람에게

모든 업무를 넘겨야 했다. 그래서 2014년은 선거가 6월이었기에 자칫 당선 유무에 따라 상·하반기의 진행이 조금 다를 수밖에 없었다. 다행히 시민들이 한 번 더 힘을 실어주어 재선에 성공했다. 연속성을 갖고 오산의 교육 정책을 진행할 수 있었다.

혁신교육지구 시즌 1

옛말에 굽은 나무가 마을을 지킨다는 말이 있다. 곧게 뻗어 잘 자라는 나무는 궁을 짓는 데 쓰이느라 성으로 들어간다. 반면 이리저리 휜 나무들은 오히려 마을에 남는다는 말이다. 잘나고 특출한 인재는 서울로 간다. 소위 출세를 한 것이다. 그들은 정부의 요직을 차지하거나 사회의 리더가 된다. 중앙 조직으로 들어간다는 말이다. 지역에서 성장했지만 지역으로 돌아오지 않는다. 그들은 중앙에서 더 넓은 뜻을 펼치기 마련이다. 그러면 마을엔 누가 남을까?

마을교육공동체가 시작되면서 마을에서 아이들을 기르자는 이야기들을 많이 한다. 마을에서 아이들을 기르자는 방과 후 수업과 지역 특강을 통해 아이들의 학습 능력을 향상시키거나 사교육 영역에 있는 프로그램을 공공의 영역으로 끌어들이는 것들이 있다. 돈 많이 드는 교육 영역을 공공으로 끌어들여서 우수한 인재로 키우는 것이다. 그러면 이렇게 해서 공부를 잘하게 된 아이들은 어디로 갈까? 서울로 간다. 오산에는 대학이 서울만큼 많지 않으니까.

그들이 오산으로 돌아올까? 쉽지 않다.

이것은 오산만의 문제가 아니다. 다른 지역도 마찬가지다. 인재를 키워 서울로 보내고 지역은 인재를 잃는다. 모든 것이 서울에 몰려 있는 이 나라는 기형적으로 서울과 수도권의 일부 도시만 성장했다. 오산에서 계속 살아도 오산에서 일할 수 있어야 한다. 또한 더 넓은 세상을 보고 일했더라도 언제든지 다시 돌아오고 싶은 도시가 되어야 한다. 주민자치권을 회복하는 도시가 되려면, 시민들이 오랫동안 살 수 있어야 한다. 머무는 시간이 길어야 자기 지역을 돌아보고 지역에서 시민으로서 할 일을 살필 수 있다. 또한 다른 사람과 소통하고 교류하며 함께 공동체를 형성할 수 있다. 세입자들이 계약 기간 2년을 주기로 계속 지역을 벗어나면 어떤 정책도 지속하기 어렵다.

내가 생각한 오산 교육의 기초는 생존과 공존이었다. 무한 경쟁체제에서 살아남을 수 있는 아이들로 키우는 것이 생존이다. 기술을 익히는 것부터 시작해 스스로 살아갈 수 있는 힘을 기르는 것이 생존이다. 자생력이다. 혼자서도 잘할 수 있는 아이들이 공부나 기술을 잘 배우고, 나중에 시민으로서 역량도 잘 발휘할 수 있다. 생존 능력은 자치 능력이기도 하다. 자기 생활의 자치가 이루어져야 공동체의 자치도 만들어낼 수 있다. 공존은 더불어 사는 능력이다. 다시 말해 생존 능력이 있어야 공존도 할 수 있다.

자립할 수 있는 능력을 키우는 것이 생존이라면, 자립한 사람들이 어울리는 게 공존이다. 개인의 삶이 바로 서고 자립할 수 있는 사람들이 시민이 되어 주권을 회복하면, 멀리 가지 않고도 내가 머무르는 삶터를 고치며 살 수 있다. 지금의 도시 체제는 삶터와 일터를 구분한다. 2017년 경기연구원 통계 조사에 따르면 경기도민의 25.8%가 서울로 통근을 하고, 12.1%는 경기도 내 다른 시·군으로 출퇴근을 한다. 서울로 통근하는 경기도민은 평균적으로 매일 64.5분을 쓰고, 한 달 최소한 35만 원가량을 출퇴근 비용으로 쓴다. 일터가 멀수록 삶의 질은 떨어진다. 지금 '저녁이 있는 삶'이 인기를 얻는 까닭은 많은 시민들이 저녁이 있는 삶을 살지 못했기 때문이다. 이동시간의 낭비를 줄이고자 하는 것은 대다수 시민들의 열망이지만 어쩔 수 없어 보인다.

생존이 기초가 되어 공존을 이루면 공동체를 만들고 더 효율적으로 움직일 체제를 함께 가꾸어나갈 수 있다. 공존하는 삶은 내 삶의 윤택함을 비롯해 내가 속한 공동체를 더 낫게 가꾸는 것이다. 내가 살아온 터전에서 가족, 친구, 이웃과 무엇이라도 함께해야 더 나은 삶이 보장된다. 기왕이면 내가 나고 자란 곳에서 함께 일하고 살아가는 것이 좋다. 지역 주민들이 공존하고자 한다면 '돈만 벌면 다른 곳으로 가야겠다'라는 결심에서 자유로울 수 있다. '돈 벌어서 우리 마을에서 더 재미나게 살자'라는 의식으로 전환이 필요하다. 살기 좋은 마을이 도시민의 정주성을 보장할 수 있다.

혁신교육지구 시즌 I은 2011년부터 2015년까지 5년간 교육청과 함께한 사업으로, 오산시의 생존과 경기도교육청과의 공존이 시작되는 원년이었다. 혁신교육지구는 재선에 성공한 경기도교육청 김 상곤 교육감이 추진한 공교육의 혁신 모델이다. 김 교육감은 이미 2010년 이전에 혁신학교 정책을 제안한 바 있는데, 이 안에는 학생인권조례 제정과 실행, 무상 급식 확대, 일방적인 교사의 주입식 수업 형태를 탈피한 스스로 배우는 공교육 운영 체제로의 변화가 담겨 있다. 경기도교육청에서 이러한 정책을 내놓은 것은 더 이상 학교 안에서 교사의 일방적인 수업으로는 새로운 시대를 살아갈 차세대 인재를 길러낼 수 없다는 판단에서였다. 각 지자체뿐 아니라 시민들도 이에 동조하고 있었다.

제1기 혁신교육지구 사업의 주체는 도교육청과 각 지자체로, 이들은 학교와 지역사회를 연결하는 중개 역할을 하고 지역 전체가 교육을 함께 책임지는 매뉴얼을 갖추고자 애썼다. 혁신교육이라는 모델을 일반화하는 것, 즉 널리 퍼뜨리기 위해 도교육청뿐 아니라 지자체의 예산과 인프라 지원이 절실했다. 학교의 문을 열어 지역과 학교가 교류하게 되면 학교 공동화 현상을 줄이고 공교육을 회복하면서 나눔과 배려를 배울 수 있다고 생각했다. 지역이 하나의 거대한 교육공동체가 되는 것이다. 학교에서 감당할 수 없는 것을 지역이 해결할 수 있고, 지역에서 학교를 중심으로 공동체가 형성될 것이라는 전망이 그 배경을 이루었다. 지역마다의 특색 있고 현황에 알맞은 교육을 펼칠 때가 된 것이다. 멀리 봐서는 지방자치제를 확립하고 좁게 봐서는 일방적 주입식 교육 형식의 탈피였다. 제1기 혁신교육지구 사업의 방향은 다음과 같았다.

첫째, 새로운 교육 협력 모델을 구축하기 위해 지역사회 혁신교육 협의체를 설치하고 운영하며 지역 교육 발전을 위한 의제를 개발한다.

둘째, 공교육 혁신 모델을 구축하기 위해 다양한 혁신교육 활성화 사업을 추진하고, 위기 학생 지원 센터를 설치하여 운영한다.

셋째, 미래 역량을 갖춘 인재를 육성하기 위해 교육과정 특성화 사업과 다양한 방과 후 학교 지원 및 학교 도서관 활성화 사업을 추진한다.

넷째, 보편적 교육 복지 실현을 위해 무상 급식을 실현하고, 유·초 방과 후 에듀 케어 사업을 지원하며, 초등 돌봄교실 운영을 지원하고, 평생교육을 지원한다.

혁신교육지구를 제대로 만들기 위해서 지방정부가 하는 일은 무상 급식을 비롯한 학교에 들어갈 예산을 지방정부가 일정 부분 분담하는 것과 지역의 인재와 자원을 학교에 제공하는 것이었다. 학교는 지방정부가 만드는 지역 자원에 의견을 보태 학교 교육에 필요한 것들을 제시하고 잘 활용하는 방안을 서로 만들어나가는 것이었다. 참여와 협의가 우선되어야 성공적인 혁신교육지구를 만들 수 있었다.

오산시도 교육청의 추진 방향에 동의하고 오산만의 교육 철학을 만들기 위해 본격적인 혁신에 들어갔다. 앞서 말한 대로 일단 조직을 정비했고, 시청과 지역이 동등하게 연구하는 TF팀을 운영했다. 직원들은 학교의 목소리를 듣는 데 주력했고 현장의 이야기를 담을 수 있는 프로그램을 개발해 지원하기로 했다. 이러저러한 반발은 차치하고 한쪽의 주장만으로 만들어나갈 수 없음이 확실해진 이상 더디더라도 함께하는 것이 가장 중요했다.

틀을 깨고 세우다

2010년 오산시장 취임 이후 첫해에는 혁신교육지구 선정을 위해 달렸다. 앞으로의 혁신교육을 담아낼 오산시가 되려면 무엇부터 바꿔야 할지 고민했다.

우선, 여성회관에서 진행하는 여성 대상 강좌를 살펴보니 고정 강사들의 천편일률적인 강의로 채워져 있었다. 특별할 게 없는 초급 수준 강좌들의 나열이었다. 이 수업을 계속해서 시민들이 가져가는 게 무엇인지 궁금했다. 딱히 답이 나오지 않았다. 여성회관이라는 건물 명칭이 우리 시대에 맞는지도 의문이었다. 여성의 사회 참여와 권리 보장은 당연한 일인데, 여성 시민만을 위한 건물이 과연 여성의 자치권을 보장하는 것인지에 대한 의문이었다. 여성으로의 국한이 오히려 여성 권리를 침해하는 것 같기도 했다.

여성회관의 모든 교양 프로그램을 없애기로 했다. 그러자 수강생들이 시청 앞으로 몰려들었다. 예상대로 반발이 거셌다. 여성회관 강좌 폐지와 함께 여성회관이라는 이름도 간판을 내렸다. 우리는 교양 프로그램을 폐지한다고 해서 시민 교양 강좌를 모두 없애는 것이 아님을 설명했다. 시민들이 자기 자산으로 만들 수 있는 교육이 필요하다는 점을 설득시켜야 했다. 고정 강사들이 꾸준히

오산혁신교육 철학

오산혁신교육은 인간에 대한 존엄성과 평등성에서 출발하고자 합니다.

이 세상에 태어난 사람은 오직 "나" 하나뿐입니다.

타고난 특성이 저마다 달라서, 그 무엇으로도 대체되지 않으며,

그 어떤 이유로도 차별받아서는 안 되는 존재입니다.

따라서 인간의 존엄성과 평등성이 보장된 학교 문화를 바탕으로 인간의 다양성에 기초한 개별화의 원리를 교육의 방법으로 삼아 저마다 타고난 특성을 살려 사람답게 사는 능력을 제대로 터득하게 하겠습니다.

오산혁신교육은 학생들이 장차 **'스스로 자기 앞가림하는 힘(생존)'**을 기르고 나아가 **'다 함께 서로 어울려 사는 법(공존)'**을 익히도록 할 것입니다.

이를 바탕으로 지고지선한 오산 물향기 교육, 생존과 공존의 힘을 길러주는 오산혁신교육을 통해 모두가 살맛나는 **[온 마을이 학교, 교육 도시 오산]**을 실현하고자 합니다.

밥벌이를 하는 강좌로는 시민들에게 딱히 소득이 없다는 점을 강조했다.

세금으로 지원하는 지역 강좌의 경우 시민들에게 실질적인 이득이 돌아가야 했다. 수백 명씩 강당에 들어앉아 웃고 즐기는, 연예인이나 스타 강사의 대형 강좌는 모두 폐지하기로 했다. 이런 대형 강좌는 강사비만 수백만 원에 달했고, 이미 텔레비전에서 볼 수 있는 내용이었다. 이런 교육이 과연 평생교육의 한 방법일까? 시민들에게 정말 도움이 될까? 한정된 시 자원으로 시민 대상 교육을 진행해야 한다면 아이들을 길러내는 교육, 혁신교육을 위한 시민 양성 교육에 우선권을 두고 싶었다. 골목 곳곳에 지속적으로 공부하는 사람들이 있어야 교육 도시 오산을 만들 수 있기 때문이다.

교육의 중심은 배우는 사람이어야 한다. 가르치는 사람을 중심에 둔 강좌는 한 번 스쳐가는 감정만 남는다. 돈은 돈대로 쓰고 실익이 없다. 배우는 사람들에게 진짜 도움이 되는 교육을 만들려면 일단 배우고자 하는 사람들의 동기가 중요하다. 왜 이 교육이 필요한지, 자기가 배우고 싶은 것이 무엇인지, 그리고 이 교육을 통해서 어떤 자아를 실현할 것이고 무엇을 실천할 수 있을지를 알 수 있어야 한다. 이것이 첫걸음이다. 강좌를 폐지했다고 항의하던 시민들은 시장과 시청이 일방적으로 밀어붙이는 광폭 행보를 보인다며 항의했다. 하지만 우리는 질문을 던진 것이었다. '왜 그걸 배우고 싶으십니까? 그동안의 교육은 여러분의 삶을 변화시켰습니까?'

2011년 7월에는 오산시 혁신교육지원센터를 만들었다. 혁신교육을 하기 위해 학교와 교육지원청, 시청의 의견을 조율하고 서로 만나 이야기할 장소가 필요했다. 장소라 함은 물리적 공간만을 말하는 게 아니라, 중간 다리 역할을 할 수 있는 정신적 공간도 포함한다. 완주군에 있는 커뮤니티비즈니스센터를 벤치마킹했다. 중간 지원 조직을 만들면 교육지원청과 학교, 시민과 시청이 함께 논의할 수 있는 틀이 될 수 있다. 교육지원청이 혼자 혁신교육지구를 전담하기는 어려웠다. 그리고 혁신교육지구는 오산시가 오산에 필요한 것을 적극 지원하겠다고 신청한 것이다. 거기에 교육의 주체인 아이들, 아이들의 가족이 함께 의견을 모아야 진정한 혁신교육지구, 마을교육공동체를 만들 수 있었다. 행정의 달인인 공무원들의 힘도 중요했으나, 현장 전문가들이 전문적 영역을 담아 펼칠 수 있는 기구도 필요했다. 또한 교육의 주인공인 아이들이 주로 생활하는 학교의 이야기도 담아야 했다. 그래서 TF팀과 함께 연구하는 것뿐만 아니라 향후 오산 교육 전반을 책임질 수 있는 곳으로 중간 지원 조직인 혁신교육지원센터를 만들었다. 이 센터는 대한민국 최초의 혁신교육지원센터였으며 훗날 만들어질 교육 재단의 토대가 되었다.

오산의 아이들이니 오산을 먼저 알아야 한다고 생각했다. 그것이 교육 혁신의 시작일 테다. 아이들에게 필요한 교육, 아이들이 재밌어할 교육을 만들어나가는 것이 필요했다. 지역에 대한 배움은 현장체험학습뿐 아니라 학교 정규 수업에서도 필요했다. 아이들에게 지역을 가르칠 수 있는 주체는 바로 오산시민들이었다. 그리고 아이들을 돌보는 학부모들이었다. 그래서 오산 혁신교육의 첫걸음으로 시민참여학교, 학부모스터디, 진로 교육을 가장 큰 주제로 잡았다.

오산만의 혁신학교, 물향기학교를 만들다

혁신교육지구로 선정된 지자체들은 각 지역만의 교육 브랜드를 만들고 지역형 혁신학교 모델을 만들었다. 오산은 '물향기학교'라는 이름으로 오산형 혁신학교를 설계했다. 물향기학교는 경기도교육청의 혁신학교와 예산 구성 요건이 조금 다를 뿐 교육청의 혁신학교 모델을 기초로 한다. 혁신학교는 혁신공감학교를 거쳐야 혁신학교가 될 수 있다. 지정 후에도 매년 지원 금액이 달라지는데 연차를 거듭할수록 지원 금액이 줄어든다. 매년 학교 공개로 컨설팅과 평가를 받는다. 그래서 혁신학교를 해보겠다고 마음먹을 때 교사들은 어느 정도 부담을 안을 수밖에 없다.

오산시청은 현장의 목소리를 듣고 다양한 제안을 내놓으려고 했지만 현장의 반응이 없었다. 그렇지 않아도 업무량이 많은 학교에서는 경기도교육청의 혁신학교로 지정받는 것도 부담인데, 오산형 혁신교육학교를 또 지정한다니 일거리가 너무 늘어날 것 같다는 반응이었다. 그렇다면 교사들의 업무 강도를 높이지 않고 혁신학교 모델을 오산으로 만들 방법은 없을까? 방법은 오산형 혁신학교를 만들어 평가나 부담을 줄이는 것이었다. 공개 모집을 통해 학

물향기학교 선포식(2011년).

물향기학교를 통해 각급 학교들은
또 다른 교육의 혜택을 누릴 수 있게 되었다(2011년 화성초).

교로부터 사업계획서를 받아 심사와 검토를 거치기는 하지만, 혁신교육의 방향을 함께 도모하고 학교 형편에 맞게 프로그램을 진행하도록 돕는 방법이었다.

오산형 혁신학교를 염두에 두는 학교들은 우선 혁신교육지구의 기본 사업 방향과 목표를 얼마나 달성할 수 있었는지를 점검하고 향후 발전 가능성을 점검했다. 학교 문화를 개선하고 공교육의 본질을 회복하는 데 어떤 일을 했는지, 나눔과 배려를 통한 배움 중심 학습 공동체를 구현할 역량이 있는지, 교무 업무 경감을 통해 수업에 전념할 수 있도록 지자체 및 타 기관의 협조와 도움을 받을 수 있는지 확인했다. 교육은 공적 영역으로 인정받아 왔지만 사실 공적 영역에서 학교를 얼마나 이해하고 있었는지가 의문이다. 학교 민주주의와 교수 학습 방법의 혁신을 학교 자원만으로는 해낼 수가 없기 때문이다. 물향기학교로 지정된 학교에 시정의 철학을 강요하지 않고 각 학교에 어울리는 조건과 환경에 기반해서 필요한 물적, 인적 자원을 준비하는 것이 관건이었다.

2011년 3월 말, 오산시 혁신학교 브랜드인 물향기학교가 드디어 태어났다. 지역에 있는 물향기수목원에서 이름을 따왔다. 물향기학교에는 특기 적성 프로그램과 교무 행정 인력 지원, 토론 수업 확대를 위한 교사 연수와 혁신교육 과정을 위한 교사 연수, 교과 연구회 운영, 해외 연수 등을 지원했다.

교육청이 지정하는 혁신학교와 시청이 지원하는 물향기학교를 동시에 진행하니, 학교에서는 선택지가 두 개나 생겨 무엇이 더 우리 학교에 걸맞을까 살펴보게 되었다. 학교 형편상 혁신학교나 물향기학교로 지정되는 게 부담일 수도 있었다. 당시에는 혁신교육의 중요성에 대해서 아무리 강조해도 시민들에게 녹아들지 않는 상황이었다. 학교 내부에서 조차도 기피하려는 분위기도 있었다. 그 이유는 오랫동안 고정된 방식이랄까 단단히 틀에 쌓여진 제도와 문화 속에 우리 모두가 갇혀 있었기 때문이라 생각했다.

첫해에는 오산시 혁신학교로 초등학교와 중학교 몇 곳을 선정했다. 직원들은 발로 뛰며 학교 현장에 가서 관리자들을 만났다. "우리가 특별히 이런 것을 준비했습니다, 아이들이 좋아하는 교육을 할 수 있도록 시정이 최선을 다해 돕겠습니다"라며 마음에 호소하고 감정에 읍소했다. 2011년에 초등학교로는 성호초, 화성초, 운천초 3개 학교, 중학교로는 매홀중, 고등학교로는 운천고를 물향기학교로 선정했다. 학교 구성원들의 지원이 우선이었다. 이 학교들에 50%는 도교육청의 지원 예산으로, 50%는 오산시 예산으로 지원했다. 각 학교마다 1억 5천만 원의 사업비를 지원했다. 매홀중의 경우 수업 보조 교사 제도를 잘 활용했는데, 6명의 보조 교사를 각 학년에 배치하고 논술과 체육 특기 교사도 채용했다.

도교육청의 혁신학교 지원 예산은 경기도 내의 많은 혁신학교를 지원하기 때문에 그 내용에 비해 빠듯하다. 부족한 부분을 시에서 메우기로 했다. 시에서 부족분을 적극 지원하겠다고 하니 그래도 몇 개 학교가 용기를 내어 나섰다. 1억 5천만 원은 어떻게 보면 큰 돈이 아니지만, 학교 입장에서는 보너스 같은 돈이었다. 갑자기 예산이 생기니 예상대로 어떻게 써야 할지 모르는 상황이 발생했다. 되도록 아이들의 교육 환경을 좋게 바꾸는 쪽으로 써달라고 했으나, 학교에서는 외부 지역으로 교사 연수를 가거나 기자재부터 바꾸기도 했다. 관리자의 인식이 얼마나 고착화되어 있는지 확인할 수 있었다. 사실 학교 현장에서는 어쩔 수 없는 경우도 많았을 것이다. 학교는 늘 돈이 없었다. 그러니 차일피일 몇 년을 미룬 낙후 시설을 바꾸는 일이 우선 과제일 수도 있었다. 시설 개선하라고 지원한 것은 아니었는데 말이다. 그러나 충분히 예상했던 일이고 일부 예산이 우리가 바라는 대로 쓰여지지 않기도 했지만 변화는 시작됐다.

오산형 혁신학교인 물향기학교는 2011~2013년에 5개 학교를, 2014년에 6개 학교를 지원했다. 2015년에는 혁신학교를 제외한 28개 학교, 2016~2017년에는 오산시 초·중등학교 전부(31개)를 지원했다. 2018년에는 초등학교는 학교의 운영 형편에 맞춰 차이를 두어 지원하고, 중학교는 일괄적으로 똑같은 예산을 지원했다. 이제 오산은 모든 초등학교와 중학교가 혁신교육을 하고 있는 셈이다. 고등학교도 고교특성화프로그램 지원을 모두 받고 있다. 아무튼 '시작이 반이다'라는 마음이랄까. 진정한 혁신의 바람을 기대하지 못하더라도 교육 현장과 연애가 시작되는 기분이랄까.

초기에 우리는 혁신교육을 무엇으로 독려할 것인가 고민했다. 인사 고과 점수를 더 주면 교사들이 더 적극적으로 임할 동력을 얻을 수 있지 않을까 조심스럽게 생각했다. 그때 한 교사가 분명히 말했다. 인사 고과로 혁신교육을 끌어내면 안 된다고. 그것은 혁신교육을 거스르는 것이라고 말이다. 그는 혁신교육은 의식이 우선이고, 그 다음에 교육 문화 변화의 흐름으로 가져가야 한다고 말했다. 적잖게 감동했다. 사람들의 마음을 바꾸기 위해 직원들이 고군분투하는 방법밖에 없었다.

예산 확보를 위한 조례 개정

애초 도교육청과 50:50으로 예산을 분담하기로 했으나 도교육청 여건이 좋지 못해 지자체의 예산 분담률이 높아졌다. 오산시가 부담해야 할 비율은 72.4%로 40억 원 가까이 배정해야 할 난관에 놓였다. 교육청과 업무협약을 맺은 이후 사업비 예산을 분담하고 조정해야 하는 어려움이 있었다. 시의회에서 반발했다. 시의회는 혁신교육지구와 교육 협력과 사업에 대해 깐깐한 심사를 요구했다.

시에서 지출할 수 있는 교육 경비 총량은 시세수입 비율이 정해져 있다. 혁신교육지구에 예상보다 많은 예산을 쓸 경우 관련 조례를 바꾸거나 사업을 포기해야 했다. 2008년 10월 6일 개정한 오산시 교육 경비 보조에 대한 조례에서는 그 비율을 아래와 같이 정하고 있었다.

제2조(보조기준액의 제한) 시장은 각급 학교에 지원되는 교육
경비 보조기준액을 전전연도 일반회계 세입결산서 상의 시세

수입(세외수입은 제외한다)의 100분의 3 이상 100분의 7 이하의 범위에서 세출예산으로 편성하여 지원할 수 있다. 다만, 시장이 보조사업비 증액이 필요하다고 인정할 때에는 100분의 1 이내에서 지원할 수 있다.〈개정 2008. 10. 6〉

이 부분을 2011년 1월 10일에 상향 조정해서 아래와 같이 변경했다. 시세수입 비율을 3/100~7/100에서 5/100~10/100으로 늘린 것이다.

제2조(보조기준액의 제한) 시장은 각급 학교에 지원되는 교육경비 보조기준액을 전전연도 일반회계 세입결산서 상의 시세수입(세외수입은 제외한다)의 100분의 5 이상 100분의 10 이하의 범위에서 세출예산으로 편성하여 지원할 수 있다. 다만, 시장이 보조사업비 증액이 필요하다고 인정할 때에는 100분의 1 이내에서 지원할 수 있다.〈개정 2008. 10. 6, 2011. 1. 10〉

그런데 교육에 집중하기로 한 이상, 이로써도 모자란 상황이 계속 발생할 것이 분명했다. 같은 해 4월 18일 일부 개정안에서 2조를 다시 변경했다.

제2조(보조기준액의 제한) 시장은 각급 학교의 교육경비를 예산의 범위에서 지원할 수 있다.〈개정 2008. 10. 6, 2011. 1. 10,

2011. 4. 18〉

아예 비율 제한을 없앤 것이다. 그리고 '제3조 보조 사업의 범위'에 기존에 없었던 혁신교육지구 지원 사업에 대한 내용을 추가했다. 시의회에서도 교육 경비 지출 확대를 적극 지지한 셈이라 천군만마를 얻은 기분이었다. 이때 개정한 제2조는 지금도 그대로 쓰이고 있다.

그리고 이 조례의 제15조에는 교육 경비 지원의 제한 규정이 있었다. 최근 2년간 2억 원 이상의 교육 경비를 지원받으면 교육 경비 지원을 제한하게 한 것을 2011년 10월에 삭제했다. 요컨대, 기존의 조례에서는 한 학교에 1억 원 이상 지원하면 다음 해에는 지원을 받을 수 없게 정해두었다. 고르게 예산이 돌아가게 하기 위해서 만든 장치였다. 하지만 오산시의 경우 교육 도시를 표방하고 나섰기 때문에, 한 학교를 지원했으면 그 학교를 계속 지원해야 아이들이 방해받지 않고 교육을 계속 받을 수 있었다. 고르게 예산을 분배하는 것만큼이나 지속적인 지원도 중요하다. 더구나 학교는 수익을 내는 집단이 아니므로 지자체의 예산 지원 없이는 새로운 사업을 아무것도 할 수 없다. 확고한 지자체의 지속적인 지원이 아이들이 한 학년 한 학년 올라가면서 필요한 교육을 받을 수 있는 토대가 된다.

시민참여학교

지역에서 지역 사람들이 지역을 가르치는 것이 가장 이상적이지 않을까? 오산 지역 시민들이 오산을 먼저 알고 이를 토대로 아이들을 가르칠 수 있다면 좋지 않을까? 이런 취지에서 우선 '시민참여학교'를 만들어 학교 교육을 뒷받침할 지역 시민 발굴을 목표로 삼았다. 또한 아이들을 가르칠 수 있는 학부모들의 역량을 강화하기 위해 '학부모스터디'를 출범시켰다. 아이들의 진로를 함께 고민할 수 있는 '꿈찾기멘토스쿨'도 준비했다. 지역사회의 학교 지원과 협력은 이렇게 세 가지 축으로 시작되었다.

오산은 교사들이 오랫동안 재직하기에는 별 이득이 없었다. 교육 지원이 특별히 좋은 것도 아니고, 교사 개인의 경력에 도움이 되는 이렇다 할 장점이나 가산점도 없었다. 그래서 교사들은 기본적으로 2년만 근무하면 수원, 영통 같은 다른 지역이나 대도시로 옮기려고 했다. 사명감으로 오산의 아이들을 지켜달라고 호소하려면, 사명감을 갖고 일할 수 있는 환경을 만들 수 있다는 확신이 있어야 했다. 교사들이 오래 머물러야 지역 교육을 지속적으로 바꿔나갈 수 있다. 새로 온 교사가 업무 파악을 할 때쯤 떠나버리면 지역에서 무엇을 준비할 수도, 시작할 수도 없다. 늘 검토만 하다가 십 년이 지나갈 수도 있다. 아이들을 지키는 선생님들이 필요했다. '오산혁신교육아카데미'를 운영해 교원들의 전문성을 확보하겠다고 외쳤다. 처음 교육 정책을 발표했을 때만큼은 아니었지만, 의심의 눈초리로 보는 교사들이 많았다. 시청에서 지나치게 교육 정책에 개입한다는 교육 현장의 불만도 있었다. 하지만 시청의 개입이 아니라 지역의 협조로 봐달라고 설득하고 또 설득했다.

관내 교사들이 지역을 너무 몰랐다. 관내에 처음 부임한 교사들 대부분은 지역 사정에 문외한이었고, 학교와 집을 오가며 출퇴근 시간에 보는 것이 오산의 전부였다. 오산을 모르는 교사들이 아이들에게 오산을 가르치긴 어려웠다. 혁신교육을 준비하며 공부해 보니 교육 문화의 선진을 달리는 북유럽 나라들의 경우 교실 안에서의 수업 외에 교실 밖 체험 교육의 비율이 높았다. 수업의 효과적 측면에서 체험 교육이 최고라면 우리도 그렇게 하면 되지 않을까? 우리는 오산 교사들이 오산을 먼저 알 수 있도록 오산의 역사와 현재를 알리는 교재를 만들었다. 기초 단계였지만 지역의 토양을 다지는 작업이었다. 흩어져 있는 오산에 대한 정보를 찾아내고 정리했다. 이것을 교사, 학부모와 함께 나누면서 시민참여학교를 만들었다.

시민참여학교는 혁신교육도시 특화 사업의 한 종류다. 오산 전역을 교육의 현장으로 만들겠다는 야심찬 계획을 바탕으로 하고 있다. 학생과 시민들이 오산의 문화, 역사, 환경, 행정 등 지역의 모든 자원을 교육 현장 체험소로 만들어 각 현장마다 개성 있는 교육 프로그램을 만들어 체험하게 한다. 오산시 전역이 학교, 즉 '온 마을이 학교'라는 슬로건을 내걸었다. 오산시 전역은 현장체험학습의 장으로 충분했다. 아이들이 지역으로 나가 지역 문화를 배우고 체험하는 것이다.

독산성 탐방학교 — 사회 교과 과정의 연계로 우리 고장의 문화 유적지를 탐방하며 권율 장군의 지혜를 엿볼 수 있다.

지역과 시민이 함께라서 더 의미 있는 배움의 현장, 고인돌 탐방학교.

2020 학년별 교과연계 프로그램(41개)

학년	내용
1학년(6)	생활예절, 식품안전체험관, 어린이박물관, 연꽃단지-오산천, 전통햇살, 음악놀이(신규)
2학년(7)	경찰서, 물향기수목원, 서랑문화마을, 소방서, 시립미술관, 에코센터, 음악감상
3학년(7)	고인돌, 꿈두레도서관, 도예체험, 보건소, 요리교실, 전통시장, 평화공원(신규)
4학년(7)	문헌서원, 계정생태, 시청-시의회, 타악기앙상블, 인성학당, 기후변화체험관(신규), 메이킹교실(신규)
5학년(7)	궐리사, 나너우리, 독산성, 메이커교육센터, 심폐소생센터, 자원재활용센터, 아트뮤지엄(신규)
6학년(7)	아모레퍼시픽, 에코리움-맑음터공원, 유엔군초전기념관, 융건릉, 상상캠퍼스, 스마트시티, 나눔교육(신규)

2020 또래끼리 방학 프로그램(6개)

프로그램	대상	비교
도시탐험	초등학교 4~6학년	대중교통 체험
박물관탐험	초등학교 4~6학년	주제별 박물관 탐방
마을탐험	초등학교 5~6학년, 중학교 1학년	특색 있는 마을 탐방
평화탐험	초등학교 5~6학년, 중학교 1학년	DMZ 땅굴 평화누리 공원 탐험을 통한 평화교육
천문탐험	초등학교 3~6학년	천문학 관련 탐방
낭만문학기행	초등학교 5~6학년, 중학교 1학년	문학작품 배경지 답사

문화는 결국 사람들이 만든다. 아이들이 만난 사람들이 오산의 문화를 만드는 사람들이다. 이들을 만나기 위해 친구, 선생님과 동행했을 때 호기심이 증폭된다. 호기심이 생기면 의문이 생기고 거기서부터 탐구가 이루어진다. 시민참여학교를 주재하는 시민들이 먼저 직접 체험한다. 그들이 바로 우리 아이들의 엄마, 아빠이고 가족이며 지역 주민이다. 어린 시절의 현장 체험이 잊지 못할 추억이 되고, 보이지 않는 재능 기부로 교육을 받았던 기억이 어떤 가치를 갖는지 우리는 잘 알고 있다.

시민참여학교는 체험형이다. 가장 먼저 계획한 곳은 공공 기관이었다. 예를 들어 소방서에 가면 소방관이 어떤 일을 하는지 알 수 있고 소방서의 역할에 대해서도 배울 수 있다. 게다가 소방서는 안전과 재난에 대한 설명을 가장 잘할 수 있는 기관이다. 보건소에 가면 건강 검진과 보건 정책에 대해 배우면서 건강하게 살기 위해 어떤 음식을 먹고 어떻게 자기 몸을 대해야 하는지를 배울 수 있다.

오산시 곳곳이 시민참여학교가 될 터였다. 시청에 오면 지방자치와 민주주의를 배운다. 시장을 만나고 공무원에게 무슨 일을 하는지 배운다. 등본을 떼거나 도장을 찍을 수도 있다. 의회에 가서 의사 결정 과정을 참관하고 직접 의사봉을 두드리기도 한다. 전통시장에서는 자주적인 경제 교육을 할 수 있다. 직접 물건을 고르고 계산하고 봉투에 물건을 받아 온다. 직접 돈을 내고 상품을 산 아이들은 물품의 가치와 화폐 교환의 경로를 체득하게 된다.

목표는 근사했고 시작은 미약했다. 첫해에 시민참여학교는 물향기수목원, 오산천 에코리움, 오산시청, 오산시의회였다. 초반에는 시민들의 참여를 바로 이끌어내기 어려워서 시청 산하 공공 기관과 유관 기관부터 개방해 교육 현장으로 활용했다. 최종 목적은 시민들이 각자 자기의 삶터와 일터를 교육 현장으로 아이들에게 제공하는 것이었다. 새로 시설을 만들 필요는 없었다. 시민들의 생활공간이 모두 학습의 장이었다. 전문가와 함께 공부하면서 교육안을 만들면 누구나 탐방 공간의 교사가 될 수 있었다. 시민들이 학교의 훌륭한 주인이 되고 교사가 되었다.

학교에서 소그룹으로 일정을 짜면 시에서 다리 역할을 했다. 시에서는 버스를 마련해 아이들을 계속 현장으로 데려다주었다. 시청에도 아이들이 수시로 들락거리기 시작했다.

2011년 여름부터 오산 전 지역으로 시민참여학교를 확대했다. 시민참여학교를 진행할 자원봉사자를 모았고, 40여 명이 그 출발이 되었다. 학부모스터디 회원들이 다수를 이루었다. 여기에 관광해설사와 숲 해설사 들이 힘을 보탰다. 독산성, 궐리사, 고인돌, 유엔 초전비에서 역사를, 시청과 시의회에서는 사회를 배웠다. 전통시장, 막사발 도예 체험장에서는 문화 교육을, 하수처리장, 빗물펌프장, 음식물 자원화 시설에서는 환경 교육을, 물향기수목원과 오산천에서는 생태 교육을 맡았다.

체계적이고 효과적인 학습 결과를 만들기 위해 교재가 필요하다는 의견이 모였다. 분야별로 시민들이 모여 교재편찬위원회를 꾸렸다. 서른다섯 명이 모여 교육안과 현장 교재를 연구해 2011년 말에 첫 교재를 만들었다. 그야말로 시민이 만든 체험 교과서의 탄생이었다. 학부모 강사들은 저학년과 고학년에 따라 눈높이 교육을 실천하는 것까지 수업 내용도 진화 발전했다.

학부모스터디

각 기관의 직원들이 교육자와 가이드 역할을 계속할 수는 없었다. 각 기관에서 맡은 고유한 역할이 있기 때문이었다. 시민단체와 시민 교육 분야 자원봉사자들도 한계가 있었다. 교육을 지속하기 위해서는 더 많은 시민들의 참여가 필요했다. 그래서 만든 것이 '학부모스터디'다.

학부모스터디를 출범시키기 위해서는 학부모들을 설득하는 게 우선이었다. 오산 혁신교육의 시작은 끊임없이 얼굴 보고 설득하는 것이 거의 다였다고 해도 과언이 아니다. 학교에 호소했다. 학교별로 10명씩만 추천해달라고. 말이 추천이지, 시청에서 이런 부탁을 하면 학교에서는 동원으로 이해하기 십상이다. 대부분의 행정 기관이 그렇게 해온 것도 사실이다. 학부모들이 스터디를 조직해 스스로 공부한 내용을 아이들에게 돌려주는 것이 핵심이라고 설명했다. 하지만 처음부터 이 말을 진심으로 받아들인 사람들은 없었다.

우리는 대략적으로 월별 운영 계획안을 만들었다. 3~4월에는 학부모스터디의 역할, 서술형 및 창의성 교육 방안 연구, 혁신교육과 각 학교 교육과정 연구, 5~6월에는 학부모 자아 발견과 토론 문화

학부모스터디를 통해 학부모들은 스스로 공부해
지역의 자원으로 활동하는 교육생태계의 첫 그림을 그렸다.

활성화, 학교 교육과정과 학부모의 역할, 7~8월에는 분야별 연구 주제 선정, 각 학교별 정책 방향 설정, 10~12월에는 학부모의 자원 봉사 역할, 전문적 참여 방안 강구 등으로 나누었다. 이 기초안을 토대로 스터디별로 자율적인 학습을 진행했다. 시청에서는 필요한 모든 인적, 물적 자원을 지원하되 학부모스터디의 의미가 퇴색하지 않도록 조력하는 입장을 고수했다.

처음 시민참여학교와 학부모스터디를 위해 모인 사람들은 390명이었다. 어쨌거나 학교 현장에서는 이런 부탁을 받으면 인원수를 채워준다. 관행이 그러하니 억지로 보낸 것이다. 우리는 학부모스터디의 필요성을 역설했다. 대다수는 어머니들이었다.

"부모가 공부하면 아이들도 공부합니다."

누구나 알고 있지만 실천하기 어려운 이야기로 서두를 열었다.

"학교에서 봉사 활동을 해보셨겠지만 우리 아이가 학교를 졸업하면 그 활동도 끝나지 않습니까? 그리고 우리 아이들이 졸업하면 내 활동도 끝나는 것 아니겠습니까? 그렇게 하지 맙시다. 이제는 우리도 배우고, 우리가 배운 걸 아이들에게 전달하는 지속가능한 교육 봉사 활동을 해봅시다."

모임이 끝나고 학부모들이 모여 스터디를 구성하면 필요한 것들을 제공하고, 그 이후에는 학교나 지역에서 강사 활동을 하게 돕겠다고 했더니 130명이 남았다.

나는 암담했다. 사교육 현장에서 얻은 '경험의 통계'가 있기 때문이었다. 나는 담당 팀장에게 말했다.

"130명으로 시작하면 연말엔 40명도 안 남아요. 이렇게 되면 학부모스터디는 와해될 겁니다."

담당 팀장은 그렇지 않을 거라고 호기를 부렸다. 도대체 무슨 자신감으로 경험의 통계를 역변하겠다는 것인지 이해하기 어려웠다. 하지만 그의 자신감을 믿어보기로 했다.

담당자는 이날 내 말에 바짝 긴장해 학부모스터디를 늘리기 위해 혼신의 힘을 다했다. 머리를 짜내며 스터디 활성화에 최선을 다한 것이다. 그는 이런 방법을 택했다. 그날 모인 학부모들 외에 이미 생태 쪽에서 활동하는 학부모들 모임을 찾아냈다. '의제21'에서 생태와 환경 강사팀이 꾸려져 있었다. 생태 쪽은 전국 어디를 가나 교육 활동이 제일 활발하다. 이미 교육 현장에서 활동하는 경우도 있었다. 강사가 많이 필요하기 때문이다. 이분들을 우선 만나 알리며 계속 홍보했다. 어떤 주제라도 학습 동아리를 꾸리면 시청에서 모든 걸 지원한다면서 계속 시민들을 만났다.

"어머니, 친구 데려오세요. 동네 언니 데려오세요."

담당자의 노력이 빛을 발했다. 2011년 말에 40명밖에 안 남을 것이라는 나의 비관적 예측과 달리 학부모스터디는 200명이 되었다. 크게 칭찬하지 않을 수 없었다. 사교육 현장에서의 내 전술 경험이 무색했다. 어떻게 무너지지 않고 더 늘어날 수 있었을까? 시민들은 돈을 내고 자기 경험을 만드는 것보다, 돈과 상관없이 자기 경험을 쌓고 나누는 과정에서 더 큰 성취감을 얻는다고 생각했다.

다양한 스터디 모임이 꾸려졌다. 10명 이내의 팀원들이 한 달에 두 번도 모이고 세 번도 모였다. 모임마다 활동이 바쁘게 시작되었다. 3년을 단위로 스터디를 진행하자고 했다. 처음엔 너무 길지 않으냐는 반응이 많았다. 하다 보면 주제를 바꿀 수 있고, 심화할 수 있고, 그래야 발전하지 않겠느냐고 설득했다. 전래놀이, 동화 구연, 토론, 아동 권리, 인성 교육, 다문화, 북아트, 한국사, 보드게임 등 전 분야에 걸쳐 어머니들이 모였다. 시청은 오산시 전역에서 서로 배우고 가르치는 일이 일어날 수 있도록 지원하기 시작했다. 학부모스터디는 자연스럽게 학부모 모임으로 이어졌고, 학부모회가 활성화하는 계기가 되었다. 때마침 도교육청에서도 새로 조례를 만들어 학부모회에 예산을 지원했다.

그러자 시민참여학교에 참여한 학부모스터디 구성원들이나, 자발적으로 학부모스터디에 참여한 시민들에게서 배움에 대한 욕구가 일었다. 무얼 하다 보면 배움에 대한 욕구가 생기기 마련이다. 그래서 시작이 중요하다. 강사들이 강사비만 챙기는 대중 강좌 말고, 정말 필요한 것들을 스스로 배우는 진짜 배움이 필요했다. 자기 안에 숨어 있는 욕구를 끄집어낼 수 있어야 했다. 북유럽의 학습 동아리가 벤치마킹 대상이었다. 대여섯 명만 모이면 공부한다는 그들의 문화를 가져오고 싶었다.

배달 강좌 런앤런

배달 강좌 런앤런(Run and Learn)은 2012년에 시작했다. 평생학습의 기반이 되는 기회를 제공하기 위해서였다. 그때는 평생학습이라는 단어도 입에 익지 않았다. 학교 교육을 살리고 도시 전체에 교육 문화를 확산시키기 위해서 학부모와 시민의 공부가 절실했다. 배달 강좌는 말 그대로 강좌를 배달하는 것이다. 지역 내에서 인재를 발굴해 전문 강사진을 만들고, 필요한 곳에 연결하는 것이 시의 역할이었다. 멀리 가지 않고 내가 사는 지역에서 동네에 필요한 강좌를 받아 보는 것이 배달 강좌다. 단, 5~6명 이상 모여야 한다는 조건은 붙는다 강좌(강사)는 달려가고 시민은 배운다는 의미로 런앤런이라는 이름을 붙였다. 학부모스터디와 시민참여학교의 공부를 강화하기 위한 방법이기도 했다. 단지 일부 여유 시간이 많은 시민들만이 아니라, 직장인 그리고 특별한 여건에 있는 시민들이 주말이나 저녁 시간을 활용하는 평생교육의 장이 되고 싶었다. 교육을 받기 위해서는 교육 시설을 찾아가야 하고 그 시설의 시간과 운영 계획에 맞추어 내가 신청하고 따라가야 하는 현실을 역발상으로 내가 주체가 되어 나의 계획대로 가장 편리한 공간에서 교육을 받을 수 있는 전략이다.

시민들의 호응이 좋았다. 세금을 돌려받는 기분이라고 했다. 무엇을 배우기 위해서는 교육 기관에 가야 하거나 특별히 시간을 내야 하거나 돈을 따로 내야 했다. 하지만 언제 어디로든 달려가는 학습 배달은 온 마을이 학습 공동체가 되는 결정적인 역할을 했다. 배달 강좌를 통해 자기 능력을 키운 사람들은 또 다른 배달 강좌를 개설하는 강사가 되었다. 지역교육공동체의 선순환이 이루어지는 순간이었다.

수요자 중심의 맞춤형 학습을 펼치는 배달 강좌 런앤런.

아이들의 미래를 위해 토론 문화를 심자

혁신교육을 위해서는 밖에서의 지원도 필요하지만, 사실 학교 수업을 바꿔나가는 것이 가장 중요하다. 아이들이 가장 행복할 수 있는 방법을 찾고, 주입식이 아닌 스스로 생각하는 교육으로 나아가기 위해서 뒤에서 지원하는 것이 목표였다. 이런 목표를 이루기 위해 학교 안에서 무엇을 할 수 있을까? 생존과 공존을 위해 우리 아이들에게 어떤 교육이 필요할까?

세상은 엘리트 집단이 주도한다. 엘리트 집단의 특성은 무엇보다 언어 표현력이 뛰어나다는 점이다. 주입식 교육이 기본인 한국에서 자기주장과 의견을 타인에게 전달하는 일은 뒷전이다. 살면서 우리가 겪는 수많은 주제들에 대해 입장을 명확하게 하려는 노력을 기울여야 삶의 원칙이 생긴다. 이런 노력 없이 청소년기를 지내면 자기 생각이 무엇이고 자기 철학이 무엇인지 모호해진다. 타인의 말에 쉽게 휩쓸리게 되는 것이다. 세상은 행동하는 자들보다 말하는 자들이 주도권을 쥐는 경우가 많다.

언어 표현력은 장시간에 걸친 훈련과 독서, 문화적 자산으로 이루어진다. 집 안에 책과 책을 읽는 부모가 있어야 한다. 아이들 언어력을 강화할 수 있는 이런 환경이 부족하다면, 시가 그 역할을 대신해야 한다. 그래서 오산시는 토론 교육을 실시하기로 했다.

첫해에 토론 수업을 진행할 교사들을 모았다. 역시 쉽지 않았다. 각 학교에 공문을 보내 시청에서 토론 수업을 준비할 테니 이를 전담할 교직원들, 관심과 애정이 있는 사람들을 보내달라고 했다. 학교에서는 업무가 또 하나 늘어난 셈이다. 교사들을 기준 없이 선발해서 보냈다. 토론 수업을 잘 이끌 수 있는 교사가 아니라 연수에 참여할 수 있는 사람을 보낸 것이다. 학교 도서관 사서, 계약직이나 기간제 교사가 온 경우도 있었다. 물론 그분들도 역량 있는 토론 수업 전담자가 될 수 있었지만, 고용 보장이 애매했다. 고용 보장이 어려우면 지속적인 교육을 진행하기 어렵다. 책임지고 권한을 발휘할 수 있는 사람이 집중적인 연수를 받으면 그가 배운 교육을 학교 교육 현장에서 활용할 수 있다.

일단 토론 교육이 왜 필요한지 시민과 학교를 설득해야 했다. 한국에서 토론을 교육으로 이끌어낼 수 있는 전문가를 담당자들이 열심히 물색했다. 그때 미국에서 토론으로 학위를 받은 분이 있다는 정보를 누군가 가져왔다. 하버드 로스쿨에서 공부한 조슈아 박 교수였다. 전공 분야가 토론, 교육, 협상이었다. 신선했다. 우리는 토론 교육에 대한 거시적인 전망을 들어보기 위해 연수 프로그램의 특별 강사로 그를 초청했다. 조슈아 박 교수는 대전 우송대학교가 설립한 솔브릿지 국제경영대학에서 토론과 스피치, 비판적 사고방식, 비즈니스 법률과 협상을 가르치고 있었다.

이런 분이 우리 오산시 토론 교육에 지침을 준다면 얼마나 좋을까. 직원들과 함께 조슈아 박 교수에게 우리 꿈을 이야기했다. 조슈아 박 교수는 오산처럼 하나의 지방정부가 통째로 토론 교육을 진행하겠다고 야심차게 준비하는 곳을 처음 봤다며, 자기에게도 신선한 도전이 될 것이라고 했다. 우리는 시 차원에서 오산의 모든

학교 수업 바꾸기의 첫걸음, 토론 수업.

아이들이 토론 교육을 받는 체제를 만들고 싶다고 전했다. 말 잘하는 사람들이 권력을 쥐는 세상에서, 문화 자산을 물려받지 못한 아이들을 가르쳐 계층의 차별을 막아보고 싶다는 우리의 이상에 조슈아 박 교수가 적극 협조하겠다는 뜻을 밝혔다.

조슈아 박 교수의 특강을 시작으로 토론 전문 교사 연수를 진행했다. 처음에는 애로 사항이 있었다. 하지만 점차 자발적으로 토론 수업에 관심을 갖는 교사들이 늘어났다. 토론 전문가를 멘토로 삼자 토론 수업의 질이 향상되었다. 교사들이 열심히 공부했고, 조슈아 박 교수도 자기 일처럼 오산의 토론 교육 정착을 위해 힘을 쏟았다.

오산중학교와 운암고등학교의 선생님들이 토론 수업을 자청했다. 시청 직원들은 이 선생님들을 귀인이라고 불렀다. 선생님들이 필요한 과정을 설정했고 우리는 필요한 것들을 지원했다. 교재, 강사, 연수 과정을 모두 참가자들이 조직했다. 누군가의 확고한 의지로 한 사람이 주도한 프로그램은 없었다. 모두 협의를 통해 만들었다. 시의회에서도 적극적으로 협조했다. 학교에서 토론 수업을 진행할 수 있을 만큼 역량이 커지자 직접 수업에 적용하는 교사들이 늘어났다.

당시에는 찬반 형태의 토론이 혁신교육과 어긋난다고 해서 한때 각광받던 토론 수업이 조금씩 사라지고 있었다. 하지만 오산시는 토론의 걸음마를 떼던 중이라 일단 대립식 토론으로 시작했다. 우리의 열정을 토론 방식이 가로막을 수는 없었다. 어떤 방식이든 일단 시도하고 활용하는 것이 중요했다. 토론 연수를 마친 뒤 2012년에 본격적으로 학생 동아리를 만들었다. 조슈아 박 교수가 자기 제자들이 오산 청소년들의 멘토 역할을 해줄 수 있을 것이라고 제안했다. 솔브릿지 대학에 다니는 수십 명의 학생들이 대학생 멘토가 되어 오산 어린이들과 청소년들의 토론 역량을 키우는 데 일조했다.

토론 수업의 도입은 유대인들의 하브루타 교육에서 착안했다. 나이와 계층을 뛰어넘어 용기 있게 말하는 방식이 유대인들의 발전을 꾀했다는 것은 잘 알려진 사실이다. 한국 사회는 먼저 손들고 질문하는 사람에게 곱지 않은 시선을 보내곤 한다. 자기 의견을 개진하는 것에 주눅 잡혀 있다. 의견과 사람을 분리하지 않는 것이 보편적인 사고방식이다. 토론이 일상화되면 자기 목소리를 낼 수 있는 사람들이 많아지고, 자기 목소리를 내면서 억울한 일을 조금 덜 수 있지 않을까? 또한 남의 말에 고개나 끄덕이다가 내 생각인지 남 생각인지 분간 못 하는 태도를 극복할 수 있지 않을까? 행복하려면 자기 생각을 가지고 자기 가치관에 맞게 살아야 한다. 그러려면 자기 생각을 타당한 논리로 뒷받침할 수 있는 능력이 필요하다고 생각했다. 타당한 논리를 갖춘 조리 있고 용기 있는 발언이 우리 아이들의 미래를 조금 더 밝게 만들어줄 것이라 믿었다.

2012년 첫 토론 대회를 개최했을 때 다들 깜짝 놀랐다. 기대 이상으로 아이들이 정말 훌륭하게 해냈다. 선생님들도 아이들의 변화한 모습을 보며 더욱 열심히 공부하고 연구했다. 기존의 토론 대회들은 어딘가 모르게 연출된 느낌이었는데 우리의 토론 대회는 진정성이 엿보인다는 평가도 받았다. 2015년에 범위를 넓혀 전국 학생토론대회를 추진하고 나니 각 학교 현장에서 교사들이 큰 감흥을 받았다. 제대로 한번 할 수 있겠다는 확신에 찬 교사들이 몰려들었고, 최고의 찬사로 나를 격려했다. 대한민국 선거방송토론위원회 위원장도 자청해서 교육부와 함께 후원에 동참했다.

하나의 실패

모든 것이 순조롭지만은 않았다. 오산시의 혁신교육지구 사업 가운데 고등 심화 과정을 준비하는 'TOP 프로젝트'는 큰 비판을 받았다. 고등학생 가운데 우수 학생을 선발해 고등 심화 교육을 지원하고 대학 진학을 돕는 프로젝트였다. 지역에서 우수한 인재들을 지원하는 것도 필요하다고 생각했기 때문이다. 시 예산을 투입해 서울 입시 학원과 계약을 체결해서 오산시의 우수 학생 40명을 선발해 특별 교육을 받게 하고 싶었다. 그러나 TOP 프로젝트는 우수한 학생만 가려내는 셈이라 혁신교육에 걸맞지 않는다는 비판을 받았다. 당시 일부 시의원은 "오산시가 혁신교육지구의 방향성을 제대로 정립하지 않았다"라고 지적했다. 공교육을 훼손하고 사교육을 조장하는 행위라며 시민단체들이 기자 회견을 열고 시위도 벌였다.

다양한 계층의 다양한 학생들이 가진 역량은 모두 다르다. 교육 환경이 열악하거나 학습이 부진한 아이들을 지원하듯이 성적이 우수한 학생들을 지원하자는 취지였는데, 찬반양론으로 갈려 의견이 분분했다. 결국 실행할 수 없었다. 도교육청에서도 혁신교육지구 사업과 맞지 않는다는 의사를 분명히 밝혔다. 혁신학교의 교육은 우리 모두를 위하고 낮은 곳, 어려운 곳을 우선해야 한다는 것을 뼈저리게 느낀 사건이었다.

아이들 입장에서 필요하고 절실한 부분이라고 생각했지만, 일부 부모들의 욕구가 큰 것도 사실이었다. 수요에 맞는 지원 사업이라고 여겼지만, 냉정한 가치판단이 결여된 사업으로 남게 되었다. 문제가 불거진 뒤 학교 및 학교운영위원들과 충분한 회의를 거쳐, 학교에서 학생들의 자발적 신청을 받아 전문 교사들이 특별 수업을 진행하는 것으로 결론을 내렸다.

아무도 전문가가 아니니까

2011년부터 2014년까지는 그야말로 고군분투였다. 특히 혁신교육 첫해인 2011년은 지금 돌아봐도 교육협력과의 업무 부담이 너무 컸다. 직원들은 폭탄이 떨어진 전쟁터를 뛰어다니는 꼴이었다. 현장을 돌아보라는 내 요구에 직원들은 매일 학교를 찾아갔다. 교육지원청 담당자와 일주일에 두세 번씩 회의를 했다. 시장실에 들어오면 나는 계속 직원들에게 교육이 왜 중요한지, 한 말을 반복하기도 했다. 힘들었을 것이다. 하지만 모두들 묵묵히 임무를 수행했다. 무척 고마웠다.

이들이 어떻게 이렇게까지 할 수 있었느냐는 질문을 많이 받았다. 시장이라는 권력을 이용해 직원들을 혹사시킨 게 아니냐는 뼈 있는 농담도 들었다. 혁신교육을 전담한 팀에 교육 전문가는 없었다. 이건 단점으로 보이겠지만 장점이기도 했다. 한 분야에서 전문가가 되려면 자기 철학이 우선이다. 오랜 경험을 통해 축적된 논리를 가지고 있기 마련이다. 나 역시 마찬가지다. 사교육 시장에서 성공한 기억이 있다. 이것은 노하우이기도 하지만 고정관념이 되기도 한다. 한 사람의 성공적 경험은 일이 잘되게도 하지만 일을 완전히 망치기도 한다. '내가 이렇게 해보니 잘되더라'는 위험 요소다.

일이 되게 하는 것은 무엇일까? 전문성일까, 성실성일까? 나는 성실성과 책임감, 개방성이라고 생각했다. 교육 담당 공무원 가운데 교육 전문가도 없었을뿐더러 특정한 교육 전문가가 일을 주도하지도 않았다. 혹자는 파격적 인사 개혁이라고 했지만, 사실 파격적으로 인사 개혁을 단행한 것은 아니었다. 내가 취임하기 전에 있던 직원들을 굳이 내치거나 보직을 변경하지 않았다. 철학을 공유하고 타인의 말을 잘 이해하는 사람이면 충분했다. 내가 중점적으로 생각한 것은 분야 전문성보다 어떤 분야에서도 발휘할 수 있는 개인의 기술적 능력이었다.

직원들은 스스로 교육 전문가가 아님을 잘 알고 있었다. 그래서 현장의 이야기에 더 귀 기울였다. 수많은 전문가들이 각자의 입장과 철학을 설파했다. 직원들은 수첩을 들고 부지런히 그들의 이야기를 들었다. 공무원이 할 일은 시민의 욕구를 찾아내고 그 욕구를 구체화할 수 있는 틀을 짜는 것이다. 시민이 주도하고 행정은 지원하면 된다. 만나주지 않는 학교 관리자의 방 앞에서 문전박대 당하고 풀이 죽어 시청으로 돌아온 것도 잘 알고 있다. 하지만 이들은 꾸준히 현장을 찾았다. 오늘 안 만나주면 내일 만나주겠지. 오늘 애기가 안 되면 다음 주에는 애기가 되겠지.

교육 담당 부서는 기피 부서가 되었다. 들어올 때도 마음대로 못 들어오지만 나갈 때도 쉽지 않다고들 했다. 모든 것이 처음이었다. 듣고 정리하는 것 외에 다른 방법이 없었다. 직원들이 하도 사람을 많이 만나니 듣기 선수가 되었다. 요점 징리를 잘했고, 상대방의 욕구를 제대로 읽기 시작했다. 민원부터 정책 제안까지 교육팀의 책상은 언제나 새로운 아이디어와 주제들이 빼꼭히 적힌 문서들로 가득했다. 교육이라는 한 가지 주제에 이렇게 많은 의견이 있을 줄 몰랐다. 나 역시도 내가 가진 성공의 경험을 깨는 과정이 있었다. 동의하지 않는 사람들을 설득하는 기술이 좋아졌고, 꾸준함보다 더 나은 전략은 없다는 사실을 깨달았다. 오산시의 모든 직원들은 교육 도시 오산을 만들기 위해 각자의 자리에서 최선을 다했다. 교육 담당 공무원들은 햇수를 거듭할수록 열정을 더해갔다. 왜 중요한지 온몸으로 깨달았기 때문이었다.

아이들이 행복해하는 모습도 현장에서 지켜보았다. 그만큼 힘이 되는 것은 없었다. 전학 가는 학교에서 전학 오는 학교, 떠나는 오산에서 돌아오는 오산이 되려면 아이들이 행복하고 제 힘으로 더불어 살아갈 수 있어야 했다. 아이들의 자생력이 좋아질수록 굳은 땅에 씨앗이 뿌리를 내리고 잎을 틔우는 것과 같은 감동을 느꼈다.

하나의 점들이 모여 선을 이루다

2012년에 토요 휴업제가 전면 실시되면서 지역사회의 역할이 더욱 중요해졌다. 시에서 진행한 시민참여학교는 1년 만에 1만 3천 명의 학생들이 현장체험학습을 갈 정도로 괄목할 만한 성장을 이루었다. 2011년에 운산초가 처음 혁신학교로 지정된 뒤 2012년에는 필봉초와 매홀초가 예비 지정교로 선정되었다. 멘토 프로그램이 회차를 거듭하며 자리를 잡아가고 참여자도 늘어났다. 토론 수업도 오산고현초, 운산초를 중심으로 활성화되었다.

다른 학교에서도 학부모 재능 기부를 바탕으로 한 학부모들의 교육 참여가 빈번하다. 학부모를 대상으로 학교 문을 여는 것은 일선 학교 교사들의 결단 없이는 불가능하다. 학부모는 시민을 기르는 중차대한 임무를 맡는다. 하지만 이익 집단이나 민원 발생이 많은 집단으로 오인받기도 한다. 학부모는 목숨보다 소중한 내 자식이 학교생활에서 최고가 되길 학수고대한다. 가녀린 아이를 험난한 세상으로 내보내야 하니 불안하다. 학부모들의 욕구를 희망적이고 바람직한 학부모 재능 기부로 이어갈 수 있을까? 내 아이만 챙기는 학부모 재능 기부가 아니라 내 아이의 친구와 동네 아이들도 함께하는 재능 기부를 고민했다. 학부모들이 원하는 삶의 방향이 무엇인지 같이 모여 토론했다. 이들이 공부하는 동안에는 누군가의 부모에 그치지만, 배운 것을 펼치는 선생님이 되면 그때부터 사회의 일원이 되고 지역사회의 인재가 된다. 사람들은 사회적 성취를 꿈꾼다. 성공적인 사회적 성취는 살아가는 힘이 된다. 이들의 성공 경험이 모여야 작은 공동체가 일을 함께할 수 있다. 나아가 작은 공동체들이 모여 건강한 사회를 만든다.

사회운동에서 많이 쓰는 표현이 '하나의 점들이 모여 선을 이루고 그 선을 이어 면을 만든다'이다. 2011년부터 준비한 혁신교육지구 조성은 정주성 도시 오산을 만드는 데 점을 찍는 단계였다.

학교 안팎 연결하기

도교육청이 의지를 갖는다면 교육 공무원들의 힘과 학부모들의 응원을 받을 수 있을 것이라고 생각했다. 한 가지 정책을 밀어붙일 수 있으려면 그 정책이 시대의 요구에 맞아야 한다. 물방울의 표면장력처럼 터지기 직전까지 솟아올라 있는 학부모의 요구, 그것이 바로 시민의 요구이기도 하다. 이제는 너무 흔해서 식상할 법한 '한 아이를 키우기 위해 온 마을이 필요하다'라는 표현은 시민을 학부모와 비학부모로 구분할 필요가 없다고 말한다. 학부모이거나 아니거나를 떠나, 오산의 모든 시민은 아이들을 기를 수 있는 인재들이다. 시민은 도시의 가장 강력한 추진체이며 자산이다.

미래를 책임질 아이들을 위해 모두가 협력하려면 학교를 중심으로 움직이는 것이 가장 좋은 방법이다. 공간을 학교로 한정했을 때 학교는 안과 밖으로 나눌 수 있다. 학교 안에는 기존에 진행하던 교육 방식이 공고히 서 있다. 학교 밖에서 학교를 개방하라고 오래전부터 교문을 흔들었지만, 학교는 일종의 성역이었기에 그 담장을 쉽게 넘지 못했다. 교육청의 혁신교육 철학과 오산시의 물향기학교로 시작한 혁신교육지구는 '혁신교육을 통한 공교육의 변화'를 꾀했다. 2011~2013년에는 공교육 지원을 세 개 분야로 나누었다. 공교육의 혁신, 미래 역량 인재 육성, 지역 특성화. 각 분야별로 필요한 것들을 논의해 중점적으로 키워나갔다. 다섯 개 학교를 물향기학교로 선정해 수업과 행정 혁신을 지원했다. 수업 보조 교사를 지원하고, 교과 연구회를 조직했다.

2012년부터는 영어 회화 활성화를 추가했다. 오산의 지역적 특성을 이용한 사업이었다. 영어만큼 사교육이 비대한 교과도 없다. 학교에서 영어 교육을 시작한 지 20여 년이 넘었다. 하지만 영어는 애초 시작이 사교육 분야였기 때문에 공교육만으로 우수한 인재를 길러내기 어려웠다. 언어는 문화다. 외국인을 만나고 원어민 회화를 사교육에서 꼭 집어넣는 이유는 문화를 체득해야 언어 습득이 빨라지기 때문이다.

오산과 가까운 평택에 미군 부대가 있다. 오산에 있지 않은 비행장을 오산베이스로 불러 오산을 실상과 다르게 미군 부대와 기지촌으로 오해하는 사람들도 있다. 그렇다면 우리에게 오명을 안겨주었던 미군 부대를 다시 긍정적으로 검토할 필요가 있었다. 생각을 바꾸면 모든 것이 선물이 된다. 미군 부대의 우수 장병들을 학교 교육으로 끌어들이는 구상을 했다. 어차피 오산베이스로 알려져 있고 오산에 있거나 없거나 접근성이 괜찮은 편이라면, 그 자원을 활용해보자는 의도였다. 게다가 미국에서는 자원봉사, 재능 기부 등이 보편적이니, 공무원이나 마찬가지인 군인이라면 얘기가 더 잘 통할 것이라는 기대도 있었다. 나는 직접 미군 부대 관계자들을 만나 오산과 미군은 떼려야 뗄 수 없는 역사적 관계가 있다는 이야기로 운을 뗐다. 한국전쟁 당시 오산에서 인민군과 유엔군의 첫 전투가 있었고, 그래서 유엔군 초전 장소를 우리가 내내 기념하고 있으니 이제 우리 오산을 위해 함께 더 나은 협력 관계를 모색해보자고 했다. 군부대와 협력해서 무엇을 할 수 있는지 공보관과 연락해 협의를 추진했다. 하지만 선뜻 이루어지지 않았다. 부대에서도 적지 않은 부담이 있었을 테다. 시민들이 미군을 대하는 태도가 예전 같지 않고, 미군 부대가 환영받기보다 기피 시설로 여겨진 지 오래이니 말이다.

최인혜 시의원의 특별한 관심, 그리고 미공군 부대 안에서 오산 출신 한국인으로서 소통 창구가 된 김국휘 관리팀장의 적극적인 지원으로 우리의 바람과 의도를 잘 알려서 공식적인 협의 창구가 열렸다. 크게 교육적 기술이 필요하지 않을뿐더러, 원어민이 학교에 와서 아이들과 소통하고 문화를 알리면 미군 부대로서는 긍정적인 홍보 효과도 거둘 수 있다고 피력한 게 받아들여진 것 같다. 또한 아이들에게 영어 회화를 상시적으로 가르치는 것이 아니라 일종의 체험학습이라는 점을 강조하며 재능 기부의 가치를 존중하고 감사하는 마음이 통한 것일까? 학교에서도 거부감이 있을까 우려했지만, 원어민이며 공무원인 미군 장교와 장병들이라고 하니 별 탈 없이 잘 실행되었다.

2012년부터 22개 초등학교에 영어 회화 전문 강사를 지원하고 미군 장병의 영어 회화반을 운영했다. 미7공군에서는 영어 회화 프로그램에 관심 있는 장병들 가운데 학생 수업이 가능한 자원봉사자를 면접을 통해 선발했다. 수업만 진행한 것이 아니고 미군 부대를 방문하거나 야외 체험활동도 병행해서 문화 교류에도 힘쓰도록 했다. 아이들은 현장체험학습 장소로 부대를 방문해 안보 문제도 같이 살필 수 있는 기회를 얻었다. 미7공군에서는 에어쇼가 있으면 아이들을 초대해 자신들의 위상을 높이는 기회도 만들었다.

외국어 교육 외에도 혁신교육지구 사업에는 스스로 배우는 창의적 인재 육성 사업이 있었다. 미래 역량 인재 육성을 위해 다양한 교과 과정과, 각 학교마다 가지고 있는 특성을 살린 프로그램을 만들어보자고 제안했다. 2012년부터 이 정책이 자리 잡아 새로운 형태의 수업들이 많이 살아났다. 하지만 전문 영역이 관건이었다. 그중 예체능 교육은 빠질 수 없는 분야였다. 한국의 예체능 교육은 안정적 환경을 지녔거나 문화적 자산을 물려받은 아이들에게만 국한되어 있다. 이걸 극복해야 했다.

운암중학교는 구스타보 두다멜이라는 클래식 스타를 만든 베네수엘라의 엘 시스테마를 벤치마킹해 2011년부터 학생 오케스트라를 운영했다. 이전에도 학생 오케스트라에 대한 욕구는 각 지자체

인근 지역의 자원을 활용한 미군 장병 영어 회화 재능 기부 프로그램으로
언어와 문화를 익히다.

마다 있었다. 오산의 학생 오케스트라도 그런 욕구를 반영해 일단 시작했다. 물향기 엘 시스테마 오케스트라는 운암중학교를 거점으로 지역의 초등학생과 중학생이 함께 배우고 연주했다. 악기는 모두 시에서 빌리거나 기증받아서 지원했다. 전국 학생 오케스트라 운영 학교 가운데 최우수 학교로 교육과학기술부의 표창도 받았다. 학생 오케스트라는 2014년을 기점으로 각 지역에서 사라지는 반면, 오산은 2015년 이후 오히려 더 활성화되었다.

매홀중학교는 다문화 거점 학교가 되어 다양한 다문화 프로그램을 운영했다. 영어뿐만 아니라 중국어, 베트남어, 한국어를 공부하는 프로그램을 운영했고, 기초 학습 능력이 필요한 학생들을 위해 맞춤 학습을 제공했다. 다문화 가정 학부모를 위한 한국어 교육과 자녀 교육 상담, 중도 입국자에 대한 교육 서비스도 마련했다. 이 프로그램은 매홀중학교에만 국한하지 않고, 매홀중학교가 거점이 되어 지역 내 다문화 가정에 교육 인프라를 제공했다. 이렇게 오산의 혁신교육은 한 학교를 거점으로 지역을 연결하는 데 중점을 두었다. 위에서 말했듯이 점을 찍고 그 점들을 이어 선을 만드는 일이었다.

학교 동아리 활동은 진로 진학의 대안으로 생각했다. 동아리 활동을 통해 함께 일을 추진해나가는 사회인으로의 역량을 강화할 수 있고, 아이들이 꿈꾸는 일을 찾아 하나씩 주어진 과제를 해결하다 보면 희망과 현실이 가까워질 것이라고 생각했다. 학교 동아리 활성화를 위해 각 동아리마다 100만 원씩 지원했다. 오산시학생회 연합회도 동아리 사업의 지원을 받았다. 지원 동아리 숫자는 점점 늘어났고 초·중·고등학교를 가리지 않았다. 신나는 학교 다니기 페스티벌과 동아리 축제가 열렸다. 동아리에 공적 자금을 지원하면 아이들이 필요한 교육을 받을 수 있다. 공예품을 만드는 데 재료비로 쓸 수도 있고 필요한 강사를 초청할 수도 있다. 학생들이 능동적으로 자기들에게 필요한 교육을 찾아내고 교사가 이를 촉진하는 역할을 한다.

학교 교육을 지원하는 경우 시설 지원 이야기를 피해 갈 수 없다. 시청에서 학교 교육에 예산을 증액하는 경우는 대부분 기자재와 시설을 개선하기 위해서다. 이것은 초창기에 불가피한 편성이다. 시대는 바뀌고 아이들은 무럭무럭 자라는데 학교 예산은 늘 턱없이 부족해 교실이나 도서관 시설이 열악하기 때문이다. 2011년에 총 50억 원의 시비를 들여 교과 교실을 더 짓고 학습실과 컴퓨터실, 도서관, 어학실을 구축했다. 이미 있어야 하는 것들이었다.

하지만 시의 역할이 꼭 시설 지원만 잘하면 되는 것일까? 우리는 소프트웨어를 고민하기 시작했다. 이후 2012년에 시설 개선 사업비는 28억 원으로, 2013년에는 9억 원으로 줄어들었다. 학교 시설 개선은 필요하다. 급식실이 따로 있으면 교실 환경이 쾌적해지고, 식사 위생도 관리할 수 있다. 학원에는 어학실이 있는데, 교실 환경은 이를 따라가지 못한다. 사교육 시장에 비해 20~30년 뒤처져 있다. 코딩 교육이 열풍이지만, 학교에서는 10~20년 전 컴퓨터를 관리도 제대로 하지 못한 채 그대로 가지고 있다. 아이들에게 부끄럽기 짝이 없다. 다 필요한 것들이다. 학교는 늘 황량하고 별로 예쁘지 않고 위험한 곳이 너무 많지만, 한정된 예산으로 부족한 점을 모두 메꾸기는 불가능하다. 하지만 하드웨어의 부족으로 교육이 망가지는 것은 아니다. 스프트웨어로 균형을 맞추는 게 중요하다.

학교 밖의 공교육 지원 사업으로는 지역 특성화를 꼽을 수 있다. 혁신교육지원센터 설립, 진로 상담 지원, 학부모스터디 지원, 시민참여학교 지원이 대표적이다. 혁신교육지원센터는 2013년에 '혁신교육 박람회'를 열 정도로 역량이 강화되었다. 학부모스터디는 2012년에 50개로 늘어났고, 비전스쿨은 90여 개가 되었다. 시민참여학교는 대단한 인기를 누리며 수백 개의 수업이 만들어졌다.

또한 교육 전문 사회적기업이 태동해 지역 교육을 바꿔나가는데 일조했다. 사회적기업은 학교 밖에서 아이들을 지킬 수 있는 좋은 기업 모델이 될 것이라 생각했다. 이 사회적기업은 창의 지성 교육을 바탕으로 한 인문, 체험, 토론 논술을 진행했다. 이 사회적기업은 오산의 교육 역사와 더불어 성장해 지금도 운영되고 있다.

2012년에는 학교 밖에서 학교를 운영하는 프로그램도 만들었다. '함께하는 한울타리 토요학교'다. 교육부가 주관하는 '가정과 사회가 함께하는 토요학교' 공모에 선정되었다. 국비 1억 원과 시비 7천 5백만 원으로 진행했는데 토요 휴업일이 확정되면서 토요일을 더욱 알차게 보내기 위한 아이들을 위해 기획했다. 이 역시 관내 11개 단체의 15개 사업을 공개 모집해 지원했다. 토요학교는

2012년과 2013년 만족도 조사에서 93%, 92%로 매우 만족한다는 긍정적인 점수를 얻었다. 즐겁고 의미 있는 토요 문화 조성에 기여한다는 평가를 받았다.

혁신교육의 점을 찍다

지금도 마찬가지지만 2013년 무렵엔 오산시 인구의 평균 연령이 30.7세였다. 미취학 아동들이 많은 도시이고 이 아이들이 곧 공교육 시설로 진입할 예정이라 보육도 더없이 중요했다. 수요가 많은 부분에 지원을 집중하는 것은 시의 당연한 의무다. 오산시는 2011년 초에 보육 출산 모범 도시로 선정되었다. 시흥시도 함께 뽑혔는데, 경기도 내 출생률이 2위이고 정부 지원 시설인 국공립 보육 시설이 다른 시·군보다 우수하고 평균 연령이 낮아서였다. 국공립 시설이 이미 타 시·군보다 2배에 달했지만 그래도 부족했다.

유치원의 교구와 교재비 지원은 기존에 해왔던 지원 외에도 셋째 아 이상의 유치원 수업료를 지원하는 것부터 시작해 임기 중에 국공립 보육 시설 30개를 만드는 것을 공약으로 삼았다. 다른 시·군에 비해 두 배 규모였다. '맞벌이 부부를 위한 365.24' 제도는 365일 24시간 돌봄을 추구한다. '언제나 어린이집'도 동별로 하나씩 설치했다. 언제나 아이를 돌볼 수 있는 종일 돌봄제의 시작이었다. 이 돌봄 사업은 온종일 돌봄 사업에 선정되어 전국으로 확대되는 역할을 했다. 시간 연장형 어린이집도 동마다 하나씩 설치했다. 보육 사각지대 해소를 위해 취약 보육 시설을 9개소로 확대했고, 어

'문화공장 오산' 개관식 이후 오산미술관으로 거듭나다.

오산의 아이들은 누구나 무대에 서봐야 한다.

린이집을 다니지 않는 영유아를 위한 아이러브맘 카페를 설치했다. 아이러브맘 카페는 현재까지 다섯 개소를 운영하고 있다. 수시로 엄마와 아이가 들러 이용할 수 있다. 아이러브맘 카페에는 공동놀이 시설에 보육 교사가 상주해 있으면서 영유아를 위한 다양한 프로그램을 진행한다. 이를테면 대도시 유통 업계가 주로 진출해 있는 문화 센터의 프로그램을 공공의 영역으로 끌어들인 것이다. 오산에 딱 필요한 정책이었다.

혁신교육의 근간은 문화, 예술, 체육이기도 하다. 2011년에 공사를 착공해 2012년에 개관한 시립미술관의 이름은 '문화공장 오산'이다. 체험학습실과 강의실, 전시실을 만들어 오산시의 문화 환경을 새롭게 다졌다. 아이들의 특별한 경험을 위해 필요한 요소들을 갖추기 위해 애썼다. 체험형 미술 교육 프로그램을 운영해 언론의 주목을 받았다. 처음엔 76억 원이 드는 시립미술관을 짓는 것 자체가 어불성설이라고 했지만, 시민들의 지지로 오산천 인근에 미술관을 지을 수 있었다.

가까운 화성과 평택에서도 유치원과 초등학교의 단체 관람이 이어졌다. 어린이들은 체험 놀이로 미술을 배우고, 어른들은 아이들이 교육을 받는 동안 작품을 관람할 수 있다. 레지던시도 운영해 창작 스튜디오에 다양한 작가들이 입주했다. 작가들은 오산시의 공공 예술에 도전해 인근 가게의 간판을 디자인하기도 했다. 2014년 '문화공장 오산'은 6만 명의 관람객을 기록했다. 경기문화재단과 외부 기관으로부터 수억 원의 사업비를 지원받아 이주 여성과 한국인 여성들이 함께 공연을 만드는 무지개다리 사업, 엘 시스테마와 '꿈의 오케스트라'도 좋은 평가를 받았다.

3만여 명의 우리 학생들이 어떻게 하면 다양한 문화 체험을 할 수 있을까? 이를 위해 문화재단을 설립하는 것도 중요한 정책이었다. 인구 20만 명 도시에 무슨 문화재단이 필요하냐는 얘기도 있었다. 의회, 공무원들도 반대했다. 그러나 혁신교육의 성공을 위해 전문 기관과 지원이 필요했다. 결국 재단을 설립했다. 보통의 아이들이 보편적인 문화·예술·체육 교육을 받고 삶의 가까운 곳에 문화예술체육 활동을 영유할 수 있게 하는 일, 이게 바로 행복을 향해 가는 첫걸음 아닐까?

2011년부터 시작한 오산의 교육 혁신, 그중 경기도교육청과 MOU를 맺어 추진한 혁신교육지구 사업 시즌 1은 2011년부터 2015년까지였다. 혁신교육지구 시즌 2가 시작될 수 있을지는 예측할 수 없었다. 내 임기는 2010년 7월 1일부터 2014년 6월 30일까지. 시정을 지속할 수 있어야 기틀을 잡기 시작한 혁신교육을 완성할 수 있었다. 재선에 도전하기 전인 2013년에는 설령 내가 시장이 아니더라도 그동안 시민들과 함께 만들어낸 교육적 자산이 유지되기 바라는 마음을 담아 '교육 도시 오산'이라는 도시 브랜드를 만들었다. 다행히도 초선이었던 나의 무모한 여러 도전을 이해해준 시민들 덕분에 민선 6기 재선에 성공했다. 2014년에도 계획했던 일들을 하나씩 해나갈 수 있었다.

|참여글|

오산 교육은 학생이 미래를 꿈꿀 수 있게 만들어주는 꽃길

허현주 (오산교육시민회의 마을교육공동체분과 위원)

부모라면 아이들의 목소리에 귀 기울여야 해요

"현주야, 밥 먹어."

멀리서 부르는 엄마 목소리. 엄마의 목소리는 놀이터의 폐장을 알리는 소리였다. 친구들과 더 놀고 싶은 마음에 못 들은 척 놀다 보면 어느새 엄마가 화난 얼굴로 우리를 찾아왔다.

"빨리 들어오라고 했지? 해가 졌으면 밥을 먹으러 집에 와야지!"

몹시 화가 난 엄마의 목소리에도 "싫어, 조금만 더 놀고." 놀이터에서 더 놀고 싶은 나와 엄마의 싸움이 매일 반복되었던 그 시절.

1980년대 내가 어릴 적에는 해가 져서 엄마가 밥 먹으라고 부르러 올 때까지 놀이터는 학교를 마치고 친구들과 함께 있을 수 있는 유일한 공간이었다. 하지만 지금의 아이들은 어떠한가? 누가 단짝 친구인 아이들과 놀이터를 갈라놓았을까? 놀이터에서 즐겁게 놀던 아이가 자라서 된 부모다.

놀이터에 아이들이 없다? 유치원이나 어린이집에 다니기 시작하면서 내 아이들의 놀이터가 사라졌다? 아이들은 놀이터가 없어졌다 하고 놀이터는 아이들이 없어져 갈 곳을 잃고 서로를 찾는 아이러니한 세상. 아이들이 없어진 놀이터는 우리들의 기억에서 사라지고 우리 아이들은 학원이라는 놀지 못하는 감옥에 갇혔다.

아이들은 놀면서 자라야 한다. 입으로만 놀이 교육의 중요성을 강조하던 나의 이야기를 하려 한다. 큰애가 유치원을 다니면서부터 놀이는 아이 교육에서 배제되었다. 아이가 1등이 되어야 좋은 부모가 되는 줄 알았다. 유치원 때 독서를 많이 해야 해서 매일 책을 40권씩 읽어주고 읽게 했다. 독서는 그만큼 중요하니까. 다 아이를 위해서다. 초등학교 입학해서는 학교에서 하는 모든 대회에 참여시켜 경험을 키워준다는 이유로 잠도 안 재우고 아이를 새벽 1시에 재웠다. 내 아이는 다른 아이보다 앞서야 하니까. 시간이 지남에 따라 아이를 위해선지 내가 원해선지 모를 정도로 1등병에 잠식되어갔다.

내가 안 되면 사교육의 힘을 빌려서라도 큰애는 1등이 되어야 했다. 큰애는 엄마의 무지로 일곱 살부터 입시 영어를 가르치는 학원을 다녔다. 그땐 뭐가 잘못된지도 몰랐다. 그 방법이 아이를 위한 최선책이라 생각했기 때문이다. 아이 정수리에 스트레스로 인해 변해버린 하얀 머리카락을 보기 전까지. 큰애 초등 5학년 때 수학 문제를 가르치다 문득 보게 된 아이의 정수리. 검은 머리카락이 있어야 할 자리에 하얀 머리카락이 가득했다. 무서운 엄마한테 말 한마디 못하고 혼자 힘겹게 매일매일 학원과 집을 오가며 살고 있었던 내 아이. 불쌍했다. 나도 힘겹게 하루하루를 살고 있는데 아이도 행복하지 못했던 시간들을 돌이켜보니 이건 아니다 싶었다. 사랑하는 딸을 위한다는 길이 잘못되었다는 걸 깨달았다.

그래서 바뀌기 시작했다. 하교 후 엄마와 함께 강제로 해야 했던 공부 시간을 돌려주기로. 맘껏 놀 수 있게, 최대한 그동안 놀지 못했던 시간들을 즐겁게 노는 데 쓸 수 있게. 다니던 학원도 그만뒀다. 아이에게 행복한 시간을 만들어주고 싶어서 놀이터에서 실컷 놀게 해주었다. 눈이 오면 옷이 더러워져도 신경 쓰지 말고 눈밭에 누워 천사가 되어보라고 했다. 놀이터를 생각하면 젊은 엄마와 아빠의 사랑을 듬뿍 받고 친구들과 즐거웠던 그때의 내 모습을 아이에게 주고 싶었다. 해질녘 친구들과 놀이터에서 놀지 못하는 서운함을 엄마에게 짜증으로 풀던 내 모습을 아이가 가질 수 있게.

아이들이 단단하게 뿌리를 내릴 수 있게 돕는 마을교육공동체

아이가 학원이 아닌 놀이터에서 친구들과 어울려 놀면서, 싸우면서 자라야 지금 일어나고 있는 사회 문제를 줄일 수 있다. 우리는 놀이터에서 질서를 배웠다. 그네를 타기 위해 줄을 서서 기다렸다. 줄을 서다 오줌이 마려워서 화장실에 다녀오면 다시 순서를 기다려야 했다. 이 모든 질서를 학교에서가 아니라 놀이터에서 또래끼리 배웠다.

《아이들이 가진 생각의 힘》(2014, 맘에드림)의 저자 데보라 마이어는 "누구도 진정한 변화를 위로부터 강요할 수 없다. 적어도 그것은 오래 지속될 수 없고, 한 세대를 다음 세대와 격리시킬 수도 없다. 그것이 비도덕적이거나 불쾌하기 때문일 뿐 아니라 효과도 없기 때문이다. 그리고 명령에 의해 과거를 완전히 없애버리려고 한다면 막대한 대가를 치러야 한다. 우리가 암기를 강요하는 방법으로 사려 깊고 비판적으로 생각하는 사람을 양성할 수 있다거나 위로부터 거대한 변화를 강요하면서 그 변화를 싫어하는 사람들이 무엇을 생각하고 느끼는지 아무 상관없는 척하는 태도로 튼튼한 지적인 이해력을 만들어낼 수 있다고 생각하는 것은 비논리적"이라고 한다. 어른들의 눈높이에서 아이를 내려다봐서는 안 된다. 부모라면 아이들의 작은 목소리도 들을 수 있어야 한다. 아이가 지금 무엇을 하고 싶은지 보지 못하면 아이가 자랄수록 '내 아이지만 속을 모르겠다'라고 말하는 학부모가 될 수밖에 없다.

《세계미래보고서 2055》(2017, 비즈니스북스)에 따르면 "인공지능 시대, 안전한 직업은 없다. 일자리의 변화는 일어나고 있고 우리는 결국 소득을 위해 일할 필요가 없어진다"라고 한다. 미래를 살아가야 할 우리 아이들에게 주입식 교육은 더 이상 최선책이 아니다. 미래는 오늘날보다 일을 즐길 수 있어야 한다. 자신이 선택한 길에서 어려움을 맞더라도 혼자서 헤쳐나갈 수 있는 힘을 길러주어야 부모다.

우리 세대의 일이 노동이었다면 다음 세대의 일은 즐거움이어야 한다. 미래의 인재는 일에 대한 열정과 창의성을 발휘할 수 있는 여유를 가지고 있어야 한다. 이런 미래 인재를 키우기 위해서 부모뿐 아니라 마을 전체가 함께해야 한다. 마을공동체를 이루어야 홀

량한 인재를 키울 수 있다. 마을공동체는 한 지역에 모여 사는 사람들을 말하는 것이 아니다. 구성원들이 같은 목적과 가치를 공유하면서 서로 참여하고 협동해서 연대를 이루는 것이 마을공동체다.

한 아이를 키우기 위해 온 마을이 필요하다는 말이 있다. 아이 교육을 부모나 학교에만 떠넘기지 않고 온 마을이 함께해야 한다는 말이다. 마을교육공동체 아이들의 바른 교육을 위해서 마을의 공동체 구성원들이 힘을 합쳐 아이를 교육하는 데 협동하고 연대해야 한다. 아이들이 큰 나무로 성장할 수 있게, 뿌리가 단단히 자리를 잡을 수 있게 함께해야 한다.

마을과 함께 자라는 우리 아이들을 응원해요

오산시에는 학생들의 인성 교육이라는 공동의 목적을 가지고 마을교육공동체 문화를 선도하고 있는 '세교(世交)누리단'이 있다. 학생, 학부모, 지역사회와 함께 마을교육공동체 문화를 만들고자 2015년 5월 경기도교육청 마을교육공동체 동아리 공모 사업에 선정된 자원봉사 단체. 세교누리단은 대대로 이어져 내려온 친분을 유지시키겠다는 데 목적을 두고 만들어졌다.

25가족 봉사단을 모집한 후 자원봉사센터 자원봉사자 교육 실시 → 독거노인 사업 전 독거노인 자택을 사전 방문해 환경 조사서 작성, 결연을 맺게 될 가족봉사단 설명회를 개최해 1독거노인과 1가족봉사단의 결연 맺기 → 매월 4주 토요일 오전 9시~12시

71명의 가족봉사자들은 독거노인 집을 찾아가 반찬 배달 및 말벗 봉사를 실시 → 말벗 봉사 후 자원봉사 일지를 작성하고 다음 봉사 전까지 가족 체험 보고서를 작성, 확인을 받는 과정을 거쳤다.

2015년 처음 발대할 때만 해도 이렇게 많은 인원이 오랜 시간 정기적으로 봉사할 거라 생각하지 않았다. 학생들과 학부모들이 끝까지 참여할까 싶었다. 왜 그런 어리석은 걱정을 했을까 싶을 정도로 누리단을 이루는 모든 구성원들의 참여는 적극적이었다. 지금은 결연을 맺은 어르신들을 어떻게 하면 더 도와드릴까를 고민하는 구성원들의 모습은 교육공동체의 표본이 되고 있다.

세교누리단을 처음 운영하던 2015년도에는 자녀들의 봉사 시간을 채워주기 위해 봉사 신청을 한 학부모가 많았다. 하지만 3년을 함께해온 시간만큼 우리들의 정은 깊어가고 있다. 추운 날씨에 왜 왔냐며 어서 들어오라며 언 손을 꼭 잡아주시는 할머니, 꼬깃꼬깃한 쌈짓돈을 학생들에게 주시는 할아버지들. 할아버지 기일 준비하며 구운 녹두전을 따뜻할 때 먹으라며 주시는 할머니, 병중이신 할아버지를 떠나보내신 할머니, 쓰레기를 줍기 위해 주말에도 자주 뵐 수 없는 할아버지들이 내 부모같이 느껴진다는 학부모. 세교누리단 방문 날이면 아침부터 단장하고 기다리게 된다는 독거어르신들. 어르신들과 말하는 걸 어려워하던 학생들이 이제는 "우리 할머니, 할아버지를 뵙는 게 즐겁고 봉사 하루 전날에는 무조건 일찍 자려고 한다. 왜냐하면 우리 할머니, 할아버지께서 나를 기다리고 계시기 때문이다"라고 말한다. 또 우리 손주들 준다고 아껴

두신 참외 1개를 보며 감사하고 너무 안타까운 마음이 들어 어머니, 아버지 손을 잡아드리게 된다는 학부모를 보면서 우리 가족봉사단 마음속 깊이 인성의 꽃이 활짝 피어나고 있음을 느낀다.

마을교육공동체는 서로를 이해하고 보듬어주는 마음에서 시작된다

2016년은 세교누리단이 경기도교육청 마중물 꿈의학교로서 지역사회와 함께 진정한 마을교육공동체 역할을 하기 위해 더 많은 단체와 협력한 해였다. 특히 2016년 5월 5일 오산시청 대회의실에서 열린 오산하이리그 꿈의학교 개교식은 참여봉사자만도 세교누리단, 세마중학부모회, 운천중학부모회, 학생 봉사자들 50여 명이 참여해 마을교육공동체가 함께하는 자원봉사의 참모습을 보여줬다.

일주일 전부터 하이리그 개교 행사 순서를 어떻게 진행할 것인지 김규정 목사님과 누리단 운영진이 함께 협의하고 개교식 3일 전에는 개교식과 풍선 아트에 필요한 물품을 구입했다. 풍선 아트 전문 봉사자인 류미영(전 세마중학부모회장) 씨의 도움으로 개교식 2일 전에 오산시청 대회의실을 방문해 풍선 아트 디자인을 구상한 후 하루 전 5월 4일 오전 11시~8시까지 세교누리단, 세마중학부모회, 운천중학부모회 20명이 함께 풍선 아트로 시청 대회의실을 꾸몄다. 하이리그 개교식은 참여 인원만도 500명이 넘어 학생들의 꿈과 끼를 키우는 데 마을교육공동체가 중심축 역할을 할 수 있음을 보여준 사례라 할 수 있다.

세교누리단장으로서 마중물 꿈의학교 사업을 진행하면서 오산 하이리그 운영의 어려움을 처음 접했다. 그래서 2016년 6월 24일 화성오산교육지원청학부모네트워크 4권역 대표를 맡아 '오산 혁신교육과 꿈의학교 활성화 방안 연구'를 기획, 오산시 자원봉사센터에서 진행했다. 이 행사는 오산 중·고 17개 학부모회장단이 하이리그를 혼자 힘으로 10년간 이끌고 계신 김규정 목사님을 돕기 위해 나선 것이었다. 1부 오산 혁신교육의 이해와 2부 꿈의학교 활성화 방안을 함께 논의해보고자 마련된 자리이니 만큼 오산시 중·고등학교 학부모회의 참여는 대단했다. 행사 준비를 위해 TF팀을 구성해 장소 섭외, 홍보, 실내장 준비 모두 학부모라는 이름으로 함께 움직였다. 실수가 있어도 서로 이해하고 보듬어주니 모든 일이 척척 진행됐다.

1부는 '오산 혁신교육의 이해'라는 주제로 화성오산교육지원청 이세웅(현 능동고 교감) 장학사가 오산 중·고등학교에서 진행하고 있는 혁신교육에 대해 발표했다. 이 시간을 통해 각 학교 학부모회와 학교가 학생들이 행복한 교육을 만들기 위해 함께 고민하고 공감을 할 수 있었다. 신임회장들이 특히나 학교를 이해하는 데 도움이 되었다. 학교 안팎의 학생들이 꿈을 실현하기 위해 스스로 참여·기획·운영하는 학교 밖 교육 활동(학생이 만들어가는 꿈의학교)으로 마을교육공동체 구성원들이 학생들이 배움의 주체로서 무한히 상상하고 질문하고 스스로 기획·도전하고 성찰하면서 자기 삶을 개척해나가도록 촉진하고 지원하는 학교(학생이 찾아가는 꿈의학교)가 경기꿈의학교다.

2부는 경기꿈의학교 안에서 오산꿈의학교 이야기를 듣고 활성화할 수 있는 방안을 마련하기 위해 4명의 패널을 초대해 각자의 관점에서 꿈의학교에 대한 의견을 들었다. 경기꿈의학교 이야기는 광주하남교육청 유영주 장학사, 기자가 본 꿈의학교는 〈오마이뉴스〉 이민선 기자, 꿈의학교 사례 발표는 오산하이리그 김규정 목사, 마중물 꿈의학교 이야기는 세교누리단 박경선 학부모가 맡았다. 학교 밖에 있는 학생들의 탈선을 막기 위해 처음 만들어졌다는 김규정 목사의 오산하이리그 이야기는 많은 학부모회를 감동시켰고, 한 사람의 힘이 아닌 오산 학부모 모두가 마을교육공동체로서 하이리그를 도와야 한다는 공감을 얻어냈다.

학부모 패널인 박경선 씨의 "부끄러운 얘기지만 봉사라는 단어 자체도 생소하게 느껴지고 처음이라 아이들과 말벗 봉사를 어떻게 해야 할지 고민이 많았습니다. 하지만 서로 서먹서먹한 어색함이 한 달 두 달 지나고 나서는 서로의 안부도 궁금해하며 세상 사는 이야기도 나누게 되었습니다. 어느 더운 여름에는 직접 정성스럽게 가꾸신 상추를 조금이라도 나눠 먹어야 한다며 신문지에 싸서 주시는 데 감동을 받았습니다. 마트에 가면 쉽게 살 수 있는 상추지만 우리를 위해 한 장 한 장 정성을 담아 따신 고운 상추를 보니 말입니다. 요즘 아이들은 너무 풍족한 환경 속에 살고 있습니다. 이웃 간 나눔의 정, 상대방에 대한 배려들이 너무 부족한 세상이지만 한 달에 한 번 할머니와 말벗이 되어드리는 시간들이 모이면 우리 아이들이 이기적이지 않게 자랄 거라 믿습니다. 세교누리단 활동을 통해 작은 실천이 세상을 바꾸는 힘이 된다는 것을 배웁니다"라는 말은 생활 속의 작은 봉사가 아이들의 인성 교육에 큰 도움이 되고 있음을 알려주는 사례라 하겠다.

마을교육공동체 속에서 자라는 아이들의 변화

세교누리단에서 인성의 꽃을 활짝 피우고 있는 학생들의 변화를 살펴보자.

현재 흉부외과 의사가 꿈인 문경민(세마고 1) 학생은 중학교 2학년 때부터 독거노인 말벗 봉사를 하고 있다. 경민이는 학교와 마을이 연계한 다양한 마을교육공동체 주체들이 참여하고, 학생들의 자유로운 상상력을 바탕으로 학생 스스로 기획, 운영하는 해부학 꿈의학교 교장이다.

"저는 이국종 교수님처럼 권역외상센터에서 위급한 환자의 생명을 살리는 외상외과 의사가 되고 싶습니다. 그래서 '뻔뻔(funfun)한 해부학 꿈의학교'를 운영하고 있습니다. 제가 친구들과 함께 해부학 꿈의학교를 운영하면서 특히나 중요하게 생각하는 부분이 생명 존중입니다.

세교누리단이라는 이름으로 처음 결연을 맺은 이봉우 할아버지. 2015년 9월에 할아버지와 이별을 했습니다. 할아버지를 처음 뵈었을 때부터 식도암 말기로 힘들어하셨던 할아버지. 할아버지와 만나기 전까지 가난을 알지 못했습니다. 그 더운 여름 비닐하우스에서 투병 생활을 하고 계시는 할아버지를 뵐 때마다 내가 할 수 있는 일이 아무것도 없다는 것에 화가 났습니다. 할아버지께서 제게 꿈이 뭐냐고 힘겹게 물으신 적이 있습니다. 의사가 되고 싶다고 했습니다. 너라면 좋은 의사가 될 거라고 말씀해주셨습니다. 그 말이 할아버지께서 제게 해주신 마지막 말씀이셨습니다. 할아버지와 이별한 후 환자의 마지막을 함께하는 좋은 의사가 되겠다고 다짐했습니다. 생명은 누구에게나 소중한 것이라는 걸 압니다. 생명 존중에는 빈부의 차이를 두면 안 된다고 생각합니다.

　해부학 꿈의학교를 운영하면서 가장 많이 듣는 질문이 재미로 동물 해부를 하는 것 아니냐는 말이었습니다. 실험동물들의 희생으로 우리 인간의 과학은 발전했습니다. 의사를 꿈꾸는 학생이라면 실험동물의 해부 실험이 타당한가에 대해 고민해보아야 합니다. 그래서 친구들과 교육을 위한 동물 실험이 타당한가를 놓고 토론해보았습니다. 많은 사람들이 학생의 해부 실험을 반대하고 있는 것을 이해합니다. 하지만 우리는 해부 실험을 할 때 동물의 생명을 경시하지 않습니다. 생명의 소중함을 모르지 않습니다. 우리는 동물 실험을 대체할 수 있는 해결책을 찾고 있는 중입니다. 그래서 실험을 할 때 진지하게 임합니다. 어른들이 생각하는 재미로 해부학을 공부하려고 모인 것이 아니기 때문입니다. 그래서 친구들에게 소중한 생명이 우리를 위해 희생되는 것이니 진지하게 임하라고 말합니다. 저는 앞으로 많은 사람들을 살리는 의사가 될 것입니다."

뻔뻔(Fun fun)한 해부학 꿈의학교를 2년째 운영하고 있는 경민이는 학교를 운영하는 과정에서 스스로 질문하고, 그 질문을 해결하기 위해 계획하고 실행하고 스스로 평가하면서 자기 삶의 역량을 강화하고 있다.

고령화 사회에서 소외된 노인 복지를 심각하게 고민하고 있는 김병지(안화고 1) 학생은 "우리 가족이랑 결연을 맺으신 분은 92세 되신 할머니십니다. 저는 독거노인 말벗 봉사에 가서도 조용히 엄마가 할머니랑 말씀하시는 걸 보고 올 때가 많습니다. 할머니께서는 가끔 흐뭇하게 나를 보실 때가 많습니다. 따뜻한 시선이 싫지 않습니다. 낯을 많이 가리는 편이라 할머니와 이야기하기까지 1년이 걸렸습니다. 지금은 외할머니 같습니다. 이제는 할머니께 한 달 동안 있었던 이야기를 먼저 할 수 있게 됐습니다. 누리단 활동으로 낯가림이 많이 없어졌습니다. 그래서 학교 뮤지컬 동아리에서 활동하고 있습니다. 중학교 때 같으면 꿈도 못 꿀 일입니다. 작년에는 오산시 독도사랑운동본부에서 개최한 독도의 날 행사로 다케시마의 날 규탄 대회에도 참여해 가두 캠페인도 했습니다. 학교 행사에도 적극적으로 참여하게 되었습니다. 아직 무엇이 되고 싶은지 모르겠습니다. 그래서 더 많은 것을 경험해보려고 합니다. 엄마와 할머니가 대화하시는 모습을 보면서 배우게 된 나의 변화입니다"라고 말한다.

오산시 16, 17기 차세대위원회로 활동하고 있는 문주연(문시중 1) 학생은 초등학교 5학년 때부터 누리단 활동을 함께하고 있다.

"올해 어린이날 행사에 오산시 차세대위원회와 함께하는 전통놀이 체험 부스를 운영했습니다. 날씨가 너무 덥고 체험에 참여하겠다는 어린이들이 많아 힘들었습니다. 하지만 우리가 계획하고 준비한 전통놀이 체험을 통해 오산시 어린이들에게 잊혀져가는 전통놀이의 재미를 알려줄 수 있어서 기뻤습니다. 또 오산시민의 날 행사 기획을 오산시체육회 어른들과 함께했습니다. 어른들이 하는 행사에 어리다는 이유로 무시하는 것이 아니라, 우리가 참여할 수 있는 행사들을 제안하도록 들어주시는 어른들이 계셔서 좋았습니다. 그리고 우리의 의견이 시 행사에 반영될 때는 내가 좋아하는 EXO를 눈앞에서 본 것처럼 기뻤습니다.

처음에는 엄마의 권유로 누리단 활동에 참여해야 해서 굉장히 피곤하고 귀찮았습니다. 특히 세마동 체육대회 때는 친구들과 놀지도 못하고 어르신들을 위해 식사를 가져다 드려야 해서 짜증도 났습니다. 하지만 억지로 하는 일임에도 칭찬해주시는 할머니, 할아버지들이 계셔서 점점 누리단 활동에 빠져들고 재미가 있었습니다. 칭찬받는 재미로 엄마가 누리단 간다고 하면 바로 쫓아가서 같이 활동을 하면서 지역사회 문제에도 관심을 갖게 된 것 같습니다. 차세대위원회 임기는 2년입니다. 오산시 차세대위원회로서 활동도 올해가 마지막입니다. 내년에는 경기도 차세대위원회에 참여해 경기도 청소년을 위한 정책을 만드는 데 참여하고 싶습니다."

꿈을 찾고 싶지만 여러 가지 문제 때문에 자신이 하고 싶은 것을 펼치지 못하는 친구들을 위해 서로 진로에 대해 고민하고 충고하며 봉사하는 '2016 세상에서 가장 찾기 쉬운 Dreamer, 모두의 꿈의학교'를 운영한 김효경 학생(능동고 3)도 있다.

"세교누리단 활동을 처음 시작하는 학생들에게는 그저 봉사 시간을 채우기 위한 수단일지 모르는 활동입니다. 하지만 지역사회와 연계한 활동을 지속할수록 단순하게 봉사 시간을 얻기 위한 프로그램이 아니라 진심으로 다른 사람을 위하는 봉사 활동이라는 것을 느낄 수 있습니다. 학생들이 봉사하는 내용을 살펴보면 청소 봉사를 많이 합니다. 청소를 통해 봉사의 기쁨을 알기는 쉽지 않습니다. 그러나 누리단 활동은 다릅니다.

꿈의학교를 처음 접하게 된 것도 누리단 활동 중 하이리그를 돕는 학생운영위원을 하면서입니다. 축구를 좋아하는 아이들을 지원하는 일을 처음에는 책임감에서 시작했으나 나중에는 다른 친구들의 꿈을 도울 수 있어서 기뻤습니다. 제게 독거노인 도시락 배달과 말벗 봉사는 봉사의 참뜻을 깨닫게 해줍니다. 우리 할머니(결연을 맺은 할머니)를 뵙고 진심이 담긴 이야기를 나눌 때 제가 누리단 활동을 통해 성장하고 있음을 느낍니다. 그래서 친구들의 이야기에 귀 기울일 수 있었던 '세상에서 가장 찾기 쉬운 Dreamer, 모두의 꿈의학교'를 운영할 수 있었던 것 같습니다."

효경이는 사회에서 소외된 이웃을 위해 봉사하는 사회복지사가 되기를 꿈꾸며 노력하고 있다.

수영 선수의 꿈을 키우고 있는 정승기(세마중 2) 학생은 "저는 할머니와 할아버지를 뵈러 갈 때 부담이 없습니다. 할아버지 텃밭 농사도 도와드리고 항상 허리를 구부리고 일하시는 할머니 어깨도 주물러드릴 수 있어서 좋습니다. 제가 수영 시합으로 못 가는 일이 있으면 엄마와 함께 시합 전날 인사를 드리러 갑니다. 그러면 우리 할머니 할아버지께선 1등 안 해도 되니까 최선을 다하고 다치지 말고 오라고 응원을 해주십니다. 그래서 더 힘이 날 때가 많습니다. 할머니 할아버지께서 오래도록 저랑 함께해주셨으면 좋겠습니다"라고 말한다.

모든 학생이 미래를 꿈꿀 수 있게 만들어주는 꽃길

교육은 모든 학생이 미래를 꿈꿀 수 있게 만들어주는 꽃길이어야 한다. '개천에서 용 난다'는 이미 옛말이라고 아이들이 말한다. 흙수저는 희망이 없다고 말한다. 우리 아이들의 희망을 꺾은 것은 어른들이다. 아이들의 꿈을 지지해주지 못하고 학원이라는 감옥에 가둔 어른들의 책임이다. 뿌린 대로 거둘 수는 없다. 미래를 바꾸어야 한다. 학생들이 자신의 미래를 고민하고 자기의 인생을 주도적으로 설계할 수 있게 도와주는 것이 마을교육공동체를 구성하고 있는 우리 어른들의 의무다.

학생들은 끊임없이 도전하고 스스로에게 자문하며 자신이 하고자 하는 것이 무엇인지를 찾아야 한다. 학생은 실패해도 된다. 실패를 두려워하지 말아야 한다. 실패도 경험이다. 실패의 경험이 축적될 때 성공이 찾아온다고 믿어라. 실패하지 않는 사람은 성공의 기쁨을 제대로 누릴 수 없다. 지금은 못해도 언젠가는 할 수 있다는 긍정적인 사고를 가져야 한다. 그리고 자신들의 꿈을 지지하고 격려해주는 어른들이 만들고 있는 마을교육공동체를 믿어야 한다.

오산 교육은 학생들이 미래를 꿈꿀 수 있게 꽃길을 만들어주고 있다. 아이들을 믿어주고 지지해주는 오산시가 우리나라를 이끌어 갈 미래 주역들의 큰 놀이터가 되고 있는 것이다. 큰 놀이터 오산의 교육이 성공할 수 있도록 꽃길을 수놓는 일은 마을교육공동체의 책임이다. 세교누리단, 오산시, 화성오산교육지원청, 오산시학부모회 모두가 우리 학생들을 위해 나서줄 마을교육공동체다. 오산의 모든 학생이 좌절하지 않고 미래를 꿈꿀 수 있도록 마을교육공동체 구성원 모두가 앞장서야 할 때가 왔다.

3장 확산기(2015~2016)

도시가 바뀌기 시작했다

우리는 우리 자신과 우리의 힘이
혁명을 가져온다는 사실을 기억해야 한다.
파커 J. 파머

사과나무가 최고의 열매를 맺기 위해서는 양질의 풍토가 필요하다. 마찬가지로 아이를 창의영재로 키우기 위해서는 가정에서 4S 풍토를 만들어줘야 한다. 4S 풍토는 아이의 창의력 계발을 위한 풍토와 태도로 나의 30여 년 창의력 교육 연구 결과인 'CAT 이론'에 근거한 햇살(Sun), 바람(Storm), 토양(Soil), 공간(Space)의 양육법이다.

햇살 풍토에서 아이는 호기심 가득한 눈으로 세상을 보고 배움을 놀이처럼 즐기게 된다. 여기서는 긍정적 태도, 크게 보는 태도, 즉흥적 태도, 유머러스한 태도, 열정적 태도, 호기심 많은 태도를 기를 수 있다.

바람 풍토가 만들어지면 아이는 뚜렷한 목표를 가지고 설사 실패를 하더라도 다시 우뚝 서며 전문성을 쌓게 된다. 여기서는 목표 의식 태도, 철저한 태도, 자기 효능 태도, 독립적 태도, 불굴의 태도, 위험 감수 태도, 끈기 있는 태도, 불확실 수용 태도를 기를 수 있다.

토양 풍토를 통해 아이는 다양한 경험을 쌓으며 전문성을 교류하게 된다. 여기서는 다문화적 태도, 전략적 태도, 개방적 태도, 복합적 태도, 멘토를 찾는 태도를 기를 수 있다.

공간 풍토에서 아이는 톡톡 튀는 생각으로 색다른 것을 만들어낸다. 여기서는 감성적 태도, 공감하는 태도, 재고하는 태도, 자기 주도적 태도, 공상하는 태도, 튀는 태도, 양성적 태도, 당돌한 태도를 기를 수 있다.

'틀 밖에서 놀게 하라' 미국 윌리엄메리대학교 김경희 교수

2014년 4월 16일에 전 국민이 기억하는 세월호 참사가 일어났다. 경기도 전역이 충격에 휩싸였다. 아이들을 위한 교육 도시를 만들자는 신념을 다시 돌아보게 되었다. 그동안 아이들을 위해 무엇을 했는지, 다시는 이런 비극이 일어나지 않으려면 어떻게 해야 하는지에 대해 처절히 고민했다. 때로 눈물이 솟구치고 무력감에 휩싸였다. 하지만 행정은 쉴 수도, 포기할 수도 없었다.

지역에서 아이들을 키우는 일에 모두가 동참하길 바랐다. 지난 3년간의 노력이 조금씩 결실을 보기 시작했다. 각 학교에서는 교과 과정을 파격적으로 바꾸기 시작했다. 초등학교는 교과 과정 재구성이 중·고등학교에 비해 다소 용이하다. 담임교사가 교과 재구성을 전담할 수 있으니 필수적인 교과 과정 안에서 교사들도 혁신을 거듭하려고 애썼다. 세월호 사건이 준 충격은 우리가 더 나은 세상으로 나아가야만 한다는 책임감을 불러일으켰다.

2013년 혁신교육 원탁 토론회로 다양한 분야의 시민들과 소통하다.

혁신교육지구 시즌 II MOU 체결(2016).

여러 가지 도서관 만들기

경기도교육청도 이재정 교육감이 새로 취임하면서 혁신교육의 두 번째 장을 열었다. 새로운 제도들이 생겼다. 자유학기제와 꿈의 학교를 비롯해 아이들의 교육에 현장성을 더했다. 오산이 추구해왔던 혁신교육이 더 뻗어나갈 수 있는 계기가 되었다. 모든 사업들이 진화하고 발전하는 모습을 발견할 수 있었다.

혁신교육 사업은 쉼 없이 계속되었다. 물향기학교를 확대하고 수업 혁신을 위한 수업 보조 교사 지원, 전문성 신장 연수, 사서 지원, 혁신교육지구 전담 직원 지원은 변함없이 지속됐다. 물향기학교는 2011~2013년에 성호초, 운천초, 화성초, 오산중, 운암고 등 5개 학교였는데, 2014년에 대호중이 합류하면서 6개 학교가 되었다. 운산초등학교는 서술형 평가를 도입했고, 학부모 동아리가 더 활발해졌다. 성산초등학교는 안전한 현장체험학습을 위한 학교 공동체 토론회를 개최했다. 생태 텃밭 가꾸기 체험도 했다. 운천초등학교는 학생자치회에서 토론 캠프를 진행했다.

교사들이 주축이 되어 시작한 토론 연구 모임이 어느 정도 결실을 거두었다. 토론 동아리가 조금씩 퍼져나갔고, 오산형 토론이 자리 잡을 수 있을 만큼의 성과가 나기 시작했다. 오산 학생 토론 동아리들을 모아 여름에 토론 캠프를 열기도 했다. 영어 스피치 사업이 시작되면서 토론 문화가 정착하는 모양새를 지켜볼 수 있었다. 또한 학부모스터디가 활성화되면서 오산좋은아빠 스터디 모임은 독서 동아리 운영 결과물을 책으로 펴내기도 했다.

오산에는 중앙도서관, 초평도서관, 햇살마루도서관, 청학도서관, 양산도서관 등 시립 도서관이 다섯 개 있다. 이보다 조금 더 큰 도서관이 필요했다. 혁신교육도시 이미지에 걸맞은 도서관 건립을 꿈꾸었다. 이 꿈의 성과가 꿈두레도서관이다. 꿈두레도서관은 8,342㎡ 부지에 지었다. 오산 시립 도서관 가운데 가장 넓다.

꿈두레도서관은 기존의 딱딱한 도서관, 열람실 위주의 도서관에서 탈피하고자 하는 의도를 담았다. 각 지자체마다 시립 도서관을 운영하고 있다. 도서관을 개인의 사적 공간으로 이용하려는 이용객들이 많으면 도서관의 공적 기능은 축소되기 마련이다. 자기 공부거리로 열람실을 채우는 시민들 중심으로 도서관을 운영하면 특정 자격증과 시험 위주의 학습 분위기가 조성된다. 자유롭게 책을 통해 세상과 인생을 배우기는 어렵다. 도서관에서 조용히 해야 한다는 개념도 공공 도서관을 사적 영역으로 사용했기 때문에 생겼을 것이다. 아이들은 책을 통해 서로 가치관을 공유하고 간접 체험을 한다. 그렇다면 도서관이 꼭 조용할 필요가 있을까? 우리는 기존의 고정관념을 탈피하는 도서관을 만들기로 했다. 떠들어도 되는 도서관, 공연과 전시를 보는 도서관, 문화예술 감각을 일깨우는 도서관이다. 가족과 함께 1박 2일 독서 캠프를 하고, 주말에 공연을 펼치고, 책을 기증하고 빌리고, 서로 재능을 기부하는 것이 이 도서관의 철학이다. 혁신교육과 발 맞추어 아이들이 더 넓은 세상에서 스스로 배우는 지역의 분위기를 만들기 위해 전략적으로 만든 곳이 꿈두레도서관이다.

보고 듣고 즐기며 꿈꾸는 꿈두레도서관.
〈5가지 철학〉 ① 떠들어도 괜찮다. ② 1박 2일 체험 ③ 책을 빌려주고 빌리는 도서관
④ 매주 공연을 볼 수 있다. ⑤ 차량 없이 걸어서 온다.

꿈두레도서관은 1박 2일 독서 캠프를 할 수 있도록 별도의 공간을 만들었다. 동그란 원통으로 된 캠핑 하우스가 있고 바로 옆에 나무 데크를 설치했다. 텐트를 설치할 수 있고 취사도 가능하지만, 안전을 위해 숯불이나 장작불은 사용할 수 없다. 개수대와 냉장고도 공동으로 사용할 수 있다. 알록달록한 캠핑 하우스는 아이들이 특히 좋아한다. 여기서 부모 중 한 명이 함께하는 조건을 전제로 가족이 1박을 하며 독서 캠프를 할 수 있는데, 이용료 대신 독서 감상문이나 캠프 소감문을 제출하면 된다. 한국의 독서 인구가 점점 줄어든다고 하는데, 오산시의 이런 캠프 운영을 다른 지자체에서도 해보면 효과가 있을 것이라 자신한다.

현재 오산시에는 큰 규모의 도서관이 여섯 개 있다. 중앙도서관은 오산시의 도서관 업무를 관장하는 대표 도서관이고, 다른 도서관들은 각 도서관마다 특별한 주제가 있다. 초평도서관은 가족 친화, 햇살마루도서관은 어린이 전문, 청학도서관은 열람실 중심, 양산도서관은 오산의 역사와 전쟁을 큰 주제로 잡고 있다. 도서관마다 특성이 있으면 더 흥미로운 공간이 된다. 도시의 공공 도서관은 시민들에게 매력적인 공간이 될 필요가 있다. 책이 모자라 못 읽는 시대는 지났다. 이제 공공 도서관은 특별한 경험과 체험을 제공할 필요가 있다.

공부하는 도시가 되려면 도서관은 필수적이다. 아이들이 도서관을 친근하게 느끼면 어른들도 따라가게 되어 있다. 어른들이 먼저 도서관을 선점하는 것이 아니라, 아이들이 즐겁게 드나들어 지역이 아이들을 따라가는 모습을 꿈꾸었다. 멀리 있는 도서관은 접근성이 떨어진다. 우리는 마을 단위로 작은 도서관이 늘어날 수 있도록 지원했다. 학교에서 도서관을 지역사회에 개방하는 시도를 할 경우에도 적극적으로 도왔다. 시청에서 주도적으로 이끌었다고 보기는 어렵다. 행정력으로 견인하는 것은 한계가 있다. 지역의 중심이 될 도서관에 시민들이 즐길 수 있는 프로그램을 배치하면서 욕구를 자극하면 자연스럽게 시민들도 '우리 집 가까운 도서관에서 여가를 즐길 수 있길' 소망하게 된다. 기대한 대로 시민들이 스스로 작은 도서관을 만드는 일이 많아졌다.

이 시기에 처음으로 시민들의 학습 욕구가 상승하기 시작했다. 새로운 아파트 건설과 도시 개발이 이루어지면서 아파트와 마을 단위에서 작은 도서관을 만드는 주민들이 생겼다. 신규 아파트 단지 가운데 건설사에서 1천만 원가량을 커뮤니티 기금으로 기부하겠다는 곳이 있었다. 주민들이 모여 그 돈으로 무엇을 할까 고민했다. 천만 원이 개인에게는 클 수 있지만 주민 공동체 시설을 만들기에는 부족한 돈이다. 이 마을은 벤치, 나무, 놀이터 등을 고민하다가 설치 비용이 너무 많이 든다는 걸 깨닫고 단지 내 유휴 공간에 책을 사서 꽂았다. 막상 천만 원어치 책을 사서 꽂아보니 정말 얼마 안 되더라고 했다. 누군가 그 책들을 정리하기 위해 시간을 내어 마을 공간을 가꾸기 시작했고, 지나가던 사람들이 기웃거리다 여기가 뭐 하는 곳이냐고 물었다. 그렇게 하나둘씩 주민들이 모여들어 마을 도서관이 만들어졌다. 지금은 30여 개나 생겨났다.

이제 주민과 함께하는 학교 도서관 시대를 펼쳐야 한다.

어린이와 어른이 함께하는 생존수영

2014년은 새로운 혁신교육지구를 위한 조사와 연구에 집중했다. 그런 해였다. 모두가 한 걸음 물러서서 스스로를 돌아봐야 했다. 세월호 참사로 생존수영에 대한 관심이 높아지자 2013년에 시범적으로 시도한 오산시의 생존수영 수업이 주목을 받았다. 오산에서는 2013년에 전국 최초로 21개 초등학교 3학년을 대상으로 생존수영을 시범 운영했다. 어릴 때 배운 체육 교육은 일종의 생존 기술이 된다. 한번 자전거를 배운 아이가 오랫동안 안 타다가도 다시 자전거를 탈 수 있듯이 수영도 마찬가지다.

사실 수영 수업은 학교를 바꾸는 수업 혁신의 일환이었다. 초등학교 3학년 체육 교과서에 '물살을 가르며'라는 단원이 있다. 이론적으로 수영의 원리를 풀어놓았다. 아이들이 모두 수영장에 갈 수 없으니 교실에서 영법 위주의 이론 교육을 한다고 들었다. 어떤 아이들은 엄마 아빠와 함께 도시락과 수박을 싸서 한여름에 수영장에도 가고 해수욕장에도 가겠지만, 그러지 못 하는 아이들도 있다. 경제적인 여유뿐 아니라 부모가 시간적 여유가 있어야 아이들이 수영을 경험할 수 있다. 어린아이들은 수영장에 가서 입고 벗고 씻는 것도 누군가의 도움이 필요하다. 이 모든 걸 해줄 수 있는 가정이 얼마나 될까? 우리는 당장 시범적으로 수영 수업을 시도해보기로 했다.

지역이 함께하는 생존수영 교육과정에서 배우다.

오산에 수영장이 있나? 있다. 시설관리공단에서 운영하는 수영장이 있다. 담당 직원들이 시설관리공단을 찾아가 생존수영을 얼마나 진행할 수 있을지 확인했다. 한 번에 몇 명이나 들어갈 수 있는지, 한 반 30명의 아이들이 수영 수업을 배우려면 몇 명의 어른이 필요한지, 안전장치는 잘되어 있는지, 구조 요원은 모자라지 않는지 알아봤다. 시설관리공단에서는 어느 시나 그렇듯이 정규 강좌를 수강하는 시민들이 있었다. 기초반부터 초급반, 중급반까지 다양한 수준의 시민들이 수영 강습을 받는다. 우리 오산의 아이들에게 수업을 하는 일인데, 학교에서 하는 체육 수업인데, 시민들에게 도움을 요청하면 어떨까?

먼저 시설관리공단의 체육 시설을 이용하는 시민들의 동의를 얻어야 했다. 아이들이 오전 시간에 수영장을 이용하면 다른 시민들의 이용 면적이 그만큼 줄어든다. 어른들이 강습을 받는 동안 옆에 한 줄만 사용해도 한 반은 수업을 할 수 있었다. 생각보다 정말 쉽게 시민들이 동의했다. 3학년 모든 아이들에게 차별 없이 교육을 실시한다고 하니 다들 좋은 일이라며 흔쾌히 지지했다.

아이들이 학교에서 수영장까지 가는 데 이동 수단이 필요했다. 시에 버스가 있는 것도 아니라서 아이디어를 짜냈다. 차량 지원을 해줄 회사를 찾았고, 버스를 가지고 있는 교회와 중·고등학교를 찾았다. 대부분 아이들이 수영 수업을 하러 움직일 오전 9시 이후부터 오후 2~3시까지는 쉬고 있는 버스들이었다.

"우리 오산의 아이들이 모두 똑같은 수영 수업을 받으려고 합니다."

생각보다 쉽게 협조가 이루어졌다. 마을버스 회사도 협력했다. 옛날 같으면 돈 있는 애들만 다닐 수 있는 수영장인데, 시에서 이렇게 지원하고 자기들도 역할을 하게 되어 무척 보람차다는 반응이었다. 문제는 현장에 있었다.

"3학년이면 혼자 머리 감고 옷 갈아입기 잘 못해요. 누가 도와줘야 해요. 학부모들이 이런저런 활동으로 바쁜데, 애들 수영장까지 따라다닐 수 있을지 모르겠어요."

일부 교사와 학부모들의 지적이었다. 아차 싶었다. 내가 어릴 때에 비해 지금 아이들은 자치 생활 능력이 조금 다르다. 떨어진다고 볼 수도 있겠지만, 시대에 따라 필요한 기능이 다르므로 다르다고 표현하고 싶다. 초등학교 고학년이 되어도 운동화 끈을 잘 못 묶고, 머리를 혼자 감고 말리는 데 미숙한 3학년들이 많단다. 이 문제를 어떻게 해결해야 할까? 우리는 수영을 몇 년씩 했지만, 혼자 즐기는 것 외에 적당한 다른 봉사 활동을 찾지 못하고 있는 시민들을 떠올렸다.

답도 현장에 있었다. 아이들이 수영장에 도착하면 강습을 받는 시민들이 재능기부단으로 모였다. 강사의 손길이 미치지 못하는 아이들을 시민들이 따로 가르치고 돌봤다. 일반 시민들이 보조 강사 역할을 하며 명예교사가 되었다. 우리는 재능 기부 시민들에게 명예교사라는 이름을 붙였다. 학부모들이 걱정한 샤워장에서 씻고 머리 감는 일도 명예교사들이 도왔다. 시민 명예교사들은 그동안 수영을 배우기만 했는데 지역의 아이들을 가르치게 되어서 뿌듯하다고 했다. 훈훈한 장면들이 곳곳에서 펼쳐졌다. 단순히 수영을 배우는 것 이상으로, 지역 어른들이 나를 돌보고 가르친다는 사실이 아이들을 따뜻하게 감싸 안았을 것이다. 어른들도 우리 오산시에 이렇게 예쁘고 건강한 아이들이 많다는 사실을 새삼 깨닫고 흡족해했다.

세월호 참사 이후 우리는 수영 수업을 생존수영으로 이름을 바꿔 확대하기로 했다. 초등학교 3학년만 실시하던 생존수영을 초등 4학년, 그리고 중학생 전체로 확대해 가르치기로 했다. 그간 구상해왔던 생존과 공존의 구체적인 실현이었다.

안민석 의원의 제안으로 수영 콘퍼런스가 교육부 주관으로 오산에서 열렸다. 수영 수업을 확산하자는 취지로 사람들이 모여 학교 체육 교육의 문제점을 토로하며 이 사업의 필요성을 역설했다. 지역의 작은 활동, 수업의 변화가 전국적으로 퍼져나가 우리 아이들의 교육 현실을 공론화하는 계기를 만들었다.

시민들이 없었다면 과연 이 일을 할 수 있었을까? 시청에서 밀어붙인다고 오산의 아이들이 모두 생존수영을 경험할 수 있었을까? 절대 아니다. 이 모든 것은 시민들의 자원봉사, 재능 기부가 있어서 가능했다. 물심양면으로 도운 시민들의 생각은 한뜻이었다. '우리 아이들, 우리가 키우자.' 아주 단순한 명제였다. 2019년에는 중학교를 빼고 초등학교 3, 4, 5학년과 유치원생들이 생존수영을 배운다. 이렇게 바꾼 까닭은 학교와 학부모들의 요청이 있었기 때문이다. 오산의 아이들은 특별한 돌봄을 받고 있다.

안전수영 교육의 메카 오산시에 두 개의 복합시설 수영장이 추가로 들어설 계획이다. 2022년 완공을 목표로 관내 중학교에 부지 14,085㎡, 연면적 2,000㎡ 지상 2층, 지하 1층 규모로 수영장을 건립한다.

또한, 오산세교2지구 내 벌음동에 위치한 오산 국민체육센터 건립을 계획하고 있다. 부지 3,500㎡, 연면적 3,600㎡, 지상 2층, 지하 1층 규모이다. 이 공간에는 수영장 25미터 5레인이 들어가고, 다목적체육관, 헬스장(GX룸), 놀이형 체육공간 등이 들어설 예정이다.

아마도 대한민국 지자체 중에서 인구 대비, 면적 대비하여 수영장을 가장 많이 갖춘 지자체는 오산시가 유일할 것이다.

2014년 민선 6기를 시작하며 잘해왔던 사업들은 모두 지속하고 확장하고 지역과 더 결합하도록 설계했다. 시민들의 응원을 느낄 수 있었다. 시민들의 참여와 지지는 시청에 큰 힘이 되었다. 2015년부터는 그간 해왔던 경험을 바탕으로 본격적인 혁신교육 2기에 진입했다. 또한 아이들을 길러내기 위한 교육 도시 오산의 토대를 더욱 굳건하게 만들기 위해 평생학습 도시 확대 조성이 얼마나 중요한지에 대한 당위성이 생겨났다.

학교 안의 혁신, 자리를 잡다

2015년 오산은 혁신교육 시즌 1의 마무리 단계에 진입했다. 그간 공들였던 학부모스터디, 시민참여학교, 멘토스쿨이 자리를 잡았다.

2015년이 되자 내가 취임했을 때의 초등학교 고학년 아이들이 중·고등학생이 되었다. 학부모들은 아이들과 함께 자란다. 오산시도 마찬가지다. 우리가 처음 혁신교육의 모델을 만들 때 새로운 교육에 어리둥절하던 아이들은 이제 오산형 혁신교육에 익숙한 청소년이 되었다. 곧 성인이 되어 사회로 나갈 준비를 시작해야 했다. 아이들의 진로 교육에 박차를 가할 때가 된 셈이다.

2010년 첫 취임 후 2015년이 되기까지 많은 제도가 새로 생기고 변화했다. 경기도 혁신교육이 기반을 잡으며 혁신교육이라는 단어가 더 이상 낯설지 않게 되었다. 자기 주도 학습과 진로 탐색을 겸하는 자유학기제가 시작되었고, 학교 밖 학교를 키우는 꿈의학교도 생겼다. 토요일에 언제 학교를 갔었느냐는 듯이 토요 휴업이 일반화되었고, 경기도 내 무상 급식도 당연한 일이 되었다.

2015년 오산형 혁신학교인 물향기학교는 총 28개교로 늘어났다. 초등학교 20개교, 중학교 8개교가 되었다. 2015년부터는 물향기학교를 공교육 혁신의 모델로 삼고 다양한 프로그램을 진행했다. 오산형 토론식 수업 문화, 자유학기제 지원을 통한 '미리내일학교', 일반고 진로 진학 프로그램인 '얼리버드', 학생 1인 1악기 1체육 운영, 안전수영이 기본 골자였다. 그동안 시범 사업으로 해왔던 일, 동아리를 만들어 리더를 양성하는 일이 빛을 발할 순간이었다. 미군 부대와 협력해서 진행한 미군 장병 영어 회화는 관내 6개 학교에 확대 실시되었다.

2011년부터 2015년까지 혁신교육지구 시즌 1이 지역 주민에게 신뢰받는 공교육 혁신을 이루었다면, 2016년부터 2020년까지 혁신교육지구 시즌 2는 학생과 학교, 주민과 지역이 함께 행복한 교육 실현으로 기본 방향이 바뀌었다. 진로직업, 문화예술체육, 창의 체험, 생명 안전 교육에 필요한 지역사회의 다양한 인적, 물적 자원을 발굴해 교육 인프라를 구축하고 공유해 지역 돌봄 학교, 꿈의 학교, 학교 밖 청소년 지원 등 지역 여건에 맞는 학교 밖 운영에 추진 방향을 두었다.

1인 1악기, 통기타를 배우자

혁신교육에는 문화예술체육 교육을 지역사회와 함께 실천한다는 기조가 있다. 수영도 그렇지만, 어떤 아이들은 문화예술을 어릴 때부터 많이 접하는 반면, 어떤 아이들은 완전히 동떨어진 상태로 자란다. 오래전 피에르 부르디외가 《구별짓기》에서 말한 것처럼 가정의 문화적 자산이 아이들에게 대물림된다. 경제적 사정이 꼭 개입하지 않아도 음악을 자주 듣는 집안에서 자란 아이는 음악이 익숙하고, 가족 가운데 악기를 연주할 줄 아는 사람이 있으면 아이들도 그렇게 될 가능성이 높다. 1년에 한 번 이상 공연을 보러 갈 수 있는 아이가 있고, 고등학교를 졸업하도록 단 한 번도 공연장에 못 가는 아이도 있다. 문화와 예술은 경제적, 시간적 여유를 담보로 한다. 차별과 양극화가 가능한 분야이기도 하다. 과거 화려했던 서양 국가들의 문화를 살펴보면 귀족 문화의 산실처럼 느껴진다.

이 간극을 메꾸는 일이 혁신교육의 임무가 아닐까?

아이들에게 발레와 뮤지컬을 보여주고 싶었다. 나도 어릴 때 보지 못했던 공연들이다. 오산에 살면서 제대로 된 공연장이 없어 멀리 아이들을 데리고 나가야 하는 것이 안타까웠다. 취임 직후 문화예술 사업을 전담할 문화 재단을 만들었다. 기존에 있던 문화예술회관을 정비해 '문화공장 오산'을 만든 것도 그런 이유다. 실력이 되든 안 되든, 무대에 서본 경험과 그렇지 않은 경험은 유년기의 풍요를 결정짓는 중요한 변수다. 학교 안팎에서 아이들이 일상적으로 문화예술 공연을 접할 수 있도록 하고 싶었다. 눈처럼 하얀 무희들이 오와 열을 맞춰 춤추는 〈백조의 호수〉와 〈호두까기 인형〉을 본 아이들은 어른이 된 다음에도 힘들고 지칠 때 한 편의 공연, 한 가지의 문화 콘텐츠로 다시 힘을 얻을 수 있다. 어릴 때 접했던 문화예술 작품은 인생에서 생명수 같은 역할을 한다.

문화 재단에서는 아이들에게 공연 관람뿐 아니라 백스테이지 투어 프로그램도 제공했다. 무대 뒤가 어떻게 생겼는지 보면서 무대와의 거리를 좁히고, 나도 이 무대에 한번 서 보고 싶다는 욕구를 자극하기 위해서였다.

또한 수동적 입장에서 공연을 보는 것에 그치지 않고 직접 무대에 오를 기회를 만들고 싶었다. 오케스트라 사업도 아이들이 무대에 오르는 것이 중심이었다. 꿈의 오케스트라와, 베네수엘라의 엘 시스테마를 토대로 만든 물향기 엘 시스테마 오케스트라가 대표적인 사업이었다. 베네수엘라의 빈민가 아이들을 위해 시작한 엘 시스테마, 이 음악 교육으로 열 살에 바이올린을 배운 한 청년이 있다. 부유층 아이들의 전유물이었던 현악기를 배운 이 청년은 국가의 무료 음악 교육 프로그램으로 클래식에 입문한다. 뛰어난 실력을 보인 이 청년은 18세에 관현악단장이 된다. 구스타보 두다멜이다. 두다멜이 '말러 지휘 콩쿠르'에서 입상하며 전 세계적인 광풍을 불러일으키자 엘 시스테마는 국가의 음악 교육 복지 사업의 대표적인 성공 사례가 되었다.

한국에서도 수많은 지자체들이 엘 시스테마를 표방한 오케스트라를 만들었다. 그러나 시간이 지나자 하나둘씩 사라졌다. 오산도 지휘자의 교체 등으로 어려움을 겪었다. 하지만 시청이 지원하고 다시 시민들이 힘을 모으면서 훌륭히 운영되어 그 명맥을 이어나갔다. 이제 물향기 엘 시스테마 오케스트라와 꿈의 오케스트라는 우리의 자부심과 자랑거리가 되었다.

오케스트라는 인원에 한정이 있어 모든 학생들이 할 수 없었다. 나는 한 사람이 한 가지 악기를 다룰 수 있는 오산시가 되길 바랐다. 직접 배우고 연주하는 것만큼 좋은 음악 체험 교육은 없을 테니까. 팀장에게 1인 1악기에 적절한 악기가 무엇이겠느냐고 의견을 물었다. 1년에 10회에서 20회 정도 강습을 받고 무대에 오를 만큼 기량이 향상될 수 있는 악기여야 했다. 소금, 단소, 리코더 같은 악기 교육은 학교에서 1년이나 6개월 정도로 진행된다. 게다가 여러 명이 함께 연주했을 때 화음을 만들어낼 수 있는 악기여야 했다. 음악 전문가가 아니기 때문에 어떤 악기가 좋을지 의견을 들었다.

직원들에게 자꾸 물었다. 바이올린은 너무 어려워서 안 된다, 비싸다, 리코더도 수준 있는 연주와 협주가 가능하던데 어떻겠느냐. 나는 내심 통기타가 좋을 것 같다고 생각했지만, 직접 실행할 직원의 생각이 중요했기 때문에 기다렸다. 하루는 담당 팀장이 출장을 다녀와서 나에게 상기된 얼굴로 말했다.

"시장님, 통기타는 10주, 20주 수업만 해도 무대에 설 수 있답니다."

담당 부서에서 1인 1악기에 대해 서두르지 않은 까닭은 단발적인 행사로 끝날까 걱정해서다. 학교 수업에 음악 특기 적성 교육이 진입하는 데는 한계가 있다. 잠깐 배우고 말면 아이와 학교에 부담만 주는 꼴이기 때문이다. 현실적으로 실행 가능한 일을 찾는 것이 공무원들이 할 일이었다. 시간이 조금 걸렸지만, 마침내 즐겁게 잘할 수 있는 주제를 찾아냈다. 1인 1악기 사업을 실행한다는 걸 알리니 안민석 의원이 적극 나섰다. 삼익악기에서 통기타 700대를 기증받는 행운을 거머쥐었다. 초등학교 6학년 전체가 통기타 수업이 가능하게 되었다.

경제적으로 여유가 있는 집 아이들은 문화적 소양을 기르기 위해 어릴 때부터 예체능 교육을 받는다. 나 어릴 때도 부잣집 아이들은 바이올린이나 피아노를 꼭 배웠다. 건강의 중요성이 알려지면서부터는 아이들에게 체육 교육을 전문적으로 시키는 문화가 생겼다. 잘사는 집 아이들은 어릴 때부터 수영이나 테니스, 골프를 배운다. 인근 도시에서는 초등학교에 들어가면 바로 팀을 짜서 야

오산에는 3개의 오케스트라(물향기 엘 시스테마 오케스트라, 꿈의 오케스트라,
청소년 기타 오케스트라)가 있다.

혼자 때로는 여럿이 하나의 소리로 지성과 인성이 자라는 1인 1악기 통기타 수업.
학생과 교사가 함께하는 문화의 변화를 이끌다.

구나 축구 교육을 시키기도 한다. 오산 아이들 모두가 그런 환경을 갖춘 것은 아니었다. 우리는 한 명의 아이가 한 가지 악기를 다루고 한 가지 운동을 배우면, 이 아이들의 나머지 삶이 훨씬 풍요로워질 것이라 믿었다. 가장 보편적이고 쉽게 배울 수 있으며 바로 써먹을 수 있는 악기. 누구나 휴대할 수 있고 넓은 장소가 필요하거나 비싸지 않고 어디서나 연주할 수 있는 악기. 통기타가 제격이었다.

초등학교 4개를 중점 학교로 선정해 시범 운영했다. 운산초, 가수초, 성호초, 문시초에 학급별로 주 2회 수업을 진행했다. 학교별로 전담 강사를 2명씩 두고 전체 450명의 6학년 학생들이 기타를 배웠다. '오산시 학생 1인 1악기 사업 운영위원회'가 운영 사항을 협의했다. 2015년 11월에는 통기타를 배운 아이들이 오산문화예술회관에서 '우리들의 사계'라는 제목으로 합동 연주회를 가졌다. 1년 사이에 아이들이 열 곡 정도를 연주할 수 있게 된 것이다.

삼익악기에서 기증한 통기타는 학교에서 보관하고 아이들과 함께 관리한다. 6학년 시범 사업 실시 이후 우쿨렐레 300대도 기증받았다. 6학년만 했더니 5학년도 해야 한다고 해서 2017년부터는 23개 초등학교 모두에서 5~6학년 아이들이 기타를 배우고 있다. 모두 4,700여 명이 수업을 받는다. 아이들이 기타 연주에 재미를 들이자 집에 가서 기타를 배우겠다고 조르기도 했다. 새로 악기를 사기도 하고 더 배우고 싶은 아이들이 모여 동아리를 꾸리기도 했다. 이 동아리에 기타를 칠 줄 아는 어른이 지도자가 되기도 한다.

오산초등학교의 경우 아침 시간에 조금 더 일찍 나와 기타 연습을 하는 동아리가 생겼다. 필봉초등학교에서는 쉬는 시간, 점심시간에 교내에서 버스킹을 열어서 교사와 학생 모두가 즐긴다. 또한 모든 초등학교 발표회, 생일잔치, 졸업식, 축제 등에 기타로 하나 되는 학교 문화의 변화가 생겨났다.

아이들이 기타를 배우자 어른들도 다시 기타를 잡았다. 한때 기타 좀 쳐본 사람들이 어디 한둘이겠는가. 통기타 동호회가 여기저기서 생겼고 합동 공연도 펼쳤다. 초등학교 여자 교장 선생님들만 모인 통기타 동아리도 있다. 다시 포크 열풍이 불기도 했다. 2015년 이후 오산에는 청소년 기타 오케스트라가 생겼다. 아이들을 따라 기타를 다시 배운 어른들이 지역 강사가 되었다.

청소년 기타 오케스트라가 있긴 하지만, 학교마다 기타를 못 치는 아이들이 없으니 누구나 공연이 가능하다. 모두가 무대에 오를 수 있게 된 것이다. 처음 외부에서 강사를 초빙해 아이들에게 기타를 가르칠 때 우리가 부탁한 것은 한 가지였다.

"가르치다 보면 잘하는 아이와 못하는 아이가 있을 겁니다. 하지만 우리 목표는 모든 아이가 무대에서 연주를 하는 것입니다. 한 명의 아이도 포기하지 않고 다 함께할 수 있도록 돌봐주세요."

수업 시간은 옹기종기 모여 함께하는 시간이다. 연주를 잘하는 아이, 못하는 아이, 아무래도 손이 느린 아이, 모두 섞여 있다. 잘하는 친구가 못하는 친구에게 설명하고 도우며 꼬마 선생님이 된다. 함께하는 공동체, 배려하는 마음, 그 하모니의 느낌, 그 표정들을 잊을 수 없다. 싸움도 미움도 적어지기 마련이다. 아이들에게 음악을 전하는 강사들이 이 뜻을 잘 받아주었다. 기타를 배운 아이들은 모두 멋진 연주자가 되어 공연의 주체가 되었다. 통기타 수업은 지역의 문화를 바꾸는 계기가 되었다. 선한 의도가 아무리 작더라도 모이면 커다란 기쁨을 누릴 수 있다는 걸 확인했다. 이제 우리는 클래식 오케스트라에 이어 통기타 오케스트라는 대한민국 최고의 악단이 만들어지는 기쁜 일도 생겼다. 오케스트라는 오산의 아동, 청소년 모두가 음악교육을 통해 아름다운 화합과 조화를 이루어내고 큰 감동을 만들어낼 수 있다. 기타 오케스트라를 통해 청소년들이 음악적 재능은 물론 정서적인 안정감과 사회성을 키울 수 있는 인성교육의 장이 되고 있다. 오산의 아이들은 기타를 통해 보다 친숙하게 문화예술을 향유할 수 있다.

한국에서 유일한 소리울도서관을 만들다

통기타는 오산의 특별한 문화가 되었다. 1인 1악기 도전에 어느 정도 성과를 이루었다고 본다. 학교에서 악기 연주를 배운 아이들이 성장해 시민이 되었을 때 '어릴 때 악기 한번 배운 적 있지'라고 추억하며 잊어버리는 것이 아니라, 이 교육이 삶의 자산이 되게 하기 위해선 어떤 방법이 필요할까 연구했다.

우리는 대한민국 유일의 악기 도서관인 소리울도서관을 개관하기로 했다. 박물관이 아니라 도서관이다. 악기 도서관이라 하니까 악기 박물관을 잘못 적은 게 아니냐는 얘기들도 했다. 도서관의 원래 취지와 뜻에 충실하되 책과 악기가 어우러지는 공간이 소리울도서관이다. 국내 최초의 모델일 것이다. 모든 시민이 악기를 연주할 수 있는 악기, 소리 나는 도시에 걸맞게 시민들의 뜻으로 만들어가는 악기 도서관이다. 주변 경관을 고려해 환경을 해치지 않고 자연과 잘 어우러지는 건축물로 설계했다. 음악은 사람과 어우러지고 삶의 든든한 바탕이 된다. 주변 경관과 환경을 고려한 이유는 어울림을 중요하게 생각했기 때문이다. 도시 경관과 어울리지 않는 건축물은 조화를 깬다. 음악은 바로 조화의 결정체 아니겠는가? 음악을 다루는 전문 도서관이라면 기이한 조형물을 들여다 놓거나 자연환경에 잘 어울리는 디자인이어야 더욱 그 진가를 발휘할 수 있을 것이다. 건축물은 그 모양으로 의도를 표현하는 법이니 말이다.

소리울도서관은 시민 모두가 누릴 수 있는 음악감성 도서관이다. 특히, 이 도서관은 단순히 도서 대출 및 반납하는 개념을 넘어 악기를 전시, 체험, 대여하는 전국 최초 악기 전문 도서관이자, 지역사회 시민참여 문화활동 공간으로 시민 중심의 서비스를 제공하는 공간이다.

이 도서관은 2019년 7월 총사업비 93억 원 공사비를 투입하여 지하 1층, 지상 3층 규모로 건립됐고, 총면적은 4,924㎡, 건축면적 2,995㎡이다.

오카리나, 기타, 피아노, 바이올린 등 총 241종 1,224대의 악기가 있다. 음악 전문 서적과 악보를 포함해 27,726권의 도서를 보유

소리울도서관 전경

책과 악기가 어우러진 공간
소리울도서관에서 시민 모두가 감성의 메이커로 성장하길 바란다.

중이다. 또한 악기 전시 체험관과 연주홀, 음악동아리실, 녹음실, 연습실 등으로 구성됐다.

개관(2019. 7. 22.) 이후 매주 주말 상설공연과 특별공연을 비롯하여 다양한 음악실기 강좌, 악기 대여, 연습실 대관, 악기전시·체험관 등을 통해 시민들에게 힐링 공간과 꿈을 찾아주는 가교 역할을 하고 있다.

교육과 문화예술의 이음, 이처럼 소리울도서관은 음악실기 강좌, 시민참여학교, 청소년 만능뮤지션 기획단, 음악동아리 활동 등 활발한 움직임을 보이고 있다. 하루 평균 800명 이상이 이 도서관을 방문하고 있다. 개관 이후 관람객들은 평소 접하기 힘든 악기들을 보고 만지며 체험할 수 있어 좋았다는 평과 함께 연습실 대관과 다양한 음악 자료를 많이 구비하여 오산의 명물로 자리 잡고 있다는 평가가 나오고 있다. 실제 타 지자체, 교육청에서 오산 교육의 현장을 방문할 경우 벤치마킹 필수 코스 중의 하나이다.

이 소리울도서관에서는 악기를 전시하고 체험할 수 있을 뿐만 아니라, 공연과 강좌도 진행한다. 동아리 방도 만들어 음악과 관련한 평생학습을 진행할 수 있다. 악기도 대여한다. 퇴근 후 직장인들이 들를 수 있도록 저녁까지도 개방할 예정이다. 일본의 하마마츠시 악기 박물관은 서양 악기 산업이 유명한 시의 특성을 고려해 만들었다. 그 지역에서 만드는 악기를 전시하고 체험할 수 있게 했다. 오산시의 소리울도서관은 시민 설문 조사를 토대로 체험하거나 배우고 싶은 악기의 수요를 조사해 시민들이 원하는 악기를 준비하고 프로그램을 계획할 것이다. 시민과 지역사회의 기증도 적극 유치해서 내가 만들어가는 도서관으로 자리매김할 것이다.

오산의 명소와 공동체의 공간을 돌아보는 시민참여학교의 공간으로도 활용하면서 학교 교육과정뿐 아니라, 음악과 배움이 연결되는 장소로 활용할 계획이다. 음악 교육의 특성은 지속성, 즉 꾸준함이다. 한번 배우고 끝나는 음악 교육은 무슨 의미가 있는지 모르겠다. 기능적 측면만 강조할 때는 음악이 지루하고 괴로운 공부가 되지만, 내 삶의 일부분으로 인정하면 음악은 죽을 때까지 함께할 수 있는 좋은 친구가 된다. 학교에서 교육과정이 끝나더라도 소리울도서관에 오면 악기 교습과 음악 교육을 계속 연결해서 할 수 있도록 각종 교육 프로그램을 열어둘 생각이다. 또한 자유학기제의 진로 탐색과 주제 탐구를 연결해 소리울도서관의 자산을 학생들이 맘껏 영유할 수 있도록 준비하고 있다. 특히 고등학생의 경우 K-pop 등 대중문화까지 아우를 수 있는 음악 교육과 음악 산업까지 사고의 확장을 꾀할 수 있는 진로 프로그램을 운영할 것이다. 학생과 시민들의 동아리 연습과 연주, 공연 공간으로서의 본연의 임무도 당연히 충실하게 지켜나갈 생각이다.

2016년에 자유학기제가 도입되자 중학교 1학년들이 보다 자유로운 체험학습을 할 수 있게 되었다. 자유학기제를 활용해 뮤지컬 공연 체험하기를 시도했다. 몇몇 학교에서 뮤지컬을 배우고 직접 공연하는 프로그램을 진행했다. 프로그램을 운영한 학교들이 연합해서 시청 대강당에서 공연했다. 아이들이 직접 대본을 쓰고 소품을 만들며 무료로 할 수 있는 시간을 보람차게 보냈다. 뮤지컬과 연극이 가져다주는 교육적 효과는 상상의 크기를 뛰어넘는다는 것을 믿고 싶다. 이제 소리울도서관이 개관하면 지역 주민 누구나 배우가 되고 가수가 되어 무대에 설 수 있는 기회가 더 많아질 것이다. 오산시민 모두가 음악을 가까이하며 자기 삶의 자양분으로 삼길 소망한다. 오산에서 미래 최고의 훌륭한 뮤지션들이 배출되는 것은 당연한 기대가 아닐까?

더블더치와 축구

학교 체육 수업은 생존수영으로 그치지 않았다. 어디서나 간단하게 시작할 수 있는 음악 줄넘기 수업을 중학생을 대상으로 시에서 지원해 시범 사업으로 시작했다. 줄넘기는 초등학교 저학년부터 쉽게 시작할 수 있는 운동이다. 누구나 간편하게 시작할 수 있고 건강 증진에도 효과가 크다. 하지만 자칫 지루해질 수 있다는 것이 우리의 고민이었다. 음악 줄넘기는 어떨지 의논하던 차에 줄넘기 국제 대회가 있고 더블더치(Double Dutch)라는 종목이 있다는 것을 발견했다. 더블더치는 기다란 줄을 여러 명이 다양한 방식으로 음악과 함께 통과하는 종목이다. 협동심을 기를 수 있는 교육적 효과뿐 아니라, 상당히 재미있어 보였다. 전체적으로 체력이 저하된 요즘 아이들이 웃고 떠들며 함께하기 좋아 보였다. 시민들과 함께 줄넘기 도입을 의논했고 몇몇 학교에서 시범 운영하기로 했다. 중학교 1학년은 자유학기제 시범 사업이 시작되어 교과 외

분야로 부담 없이 시작해보자고 했다. 체육 수업으로 들어가면 수행 평가 등 아이들에게는 해결해야 할 또 하나의 과제가 되기 때문이다.

오산시체육회에서 줄넘기 강사 역량 강화 연수를 맡고 학교마다 전담 강사를 투입했다. 오산시와 오산시체육회, 대한더블더치협회가 협력해 민관 합동의 교육 활동을 진행한 것이다. 2015년에는 자유학기제 수업의 일환으로 5개 학교만 시범적으로 운영하다가 다음 해에 9개 학교로 늘렸다. 2017년에는 1, 2학기를 모두 운영하며 전체 발표회도 진행했다. 줄넘기는 혼자서도 할 수 있고 둘이서도, 셋, 넷 그룹으로도 할 수 있다. 함께하는 체육, 호흡을 맞춰야만 잘할 수 있는 체육 활동이다. 오산시의 함께하는 교육의 지향점을 운동으로 보여주는 상징적인 의미가 있어 흐뭇하다.

초등학교 교사들과 이야기를 나누다 보면 체육 교육의 절실함을 느낀다. 아이들에게 아침이 더 이상 상쾌하지 않기 때문이다. 양극화 시대에 형편이 좋으면 아이들은 사교육에 시달리고, 형편이 안좋으면 빈곤이 아이들을 덮친다. 스트레스 가득한 상태로 학교에 등교하는 아이들을 볼 때마다 교사들은 가슴이 아프다고 했다. 아이들에게 더 많이 뛰어놀 시간을 줄 수 있어야 한다는 교사들의 이야기를 들으며 체육 수업을 재미있게 할 수 있도록 시청이 적극 협조하기로 마음먹었다. 교사들이 아이들의 모든 체육 활동을 수업으로 만들기는 어렵다. 전문 체육인이나 다양한 체육 활동 노하우를 가진 지역 시민들이 함께해야 우리 아이들을 더 잘 돌볼 수 있다.

체육 교육이 거둔 오산시의 성과 가운데 또 다른 하나는 오산 축구 하이리그다. 최근에 하이리그는 오산의 대표적인 꿈의학교로 알려지기도 했다. 사실 오산하이리그는 이미 오래전에 시작되었다. 2008년쯤 오산시민 한 분이 피시방에서 죽치고 있던 아들을 보며 속이 터졌다. 왜 요즘 아이들은 방에서 모니터만 보고 앉아 있는 가. 답답했다. 그래서 아들에게 물었다.

"내가 보니 게임이 자극적인 것 같은데 다른 것 좀 하고 놀면 안 되냐?"

"대체 뭘 하고 놀아요?"

아버지는 게임 말고 아들에게 놀고 싶은 뭔가가 있을 거라고 생각해 다시 물었다.

"뭘 하고 싶으냐?"

"축구라면 할 만하겠는데 같이 할 사람이 없어요."

아버지는 친구들 몇 명만 모아 오면 축구 대회를 열 수 있도록 적극 돕겠다고 약속했다. 설마 했는데 아들이 축구팀을 꾸릴 친구들을 모아 왔다. 아버지는 아들의 축구를 위해 사람을 모으고 리그전을 만들었다. 이게 오산하이리그의 시작이다. 피시방에 가는 아들에게 축구를 권유한 분은 오산시민 김규정 목사다.

축구 선수도 없고 축구 선수 지망생도 없다. 아이들이 스스로 규정과 규칙을 만들었다. 대회 주관만 어른들이 했다. 점점 아이들이 늘어났다. 아침에 일어나, 주말에 모여 공을 차기 시작했다.

아이들의 변화하는 모습을 보자 어른들도 신이 났다. 오산하이리
그는 자발적인 시민들의 공동체로 시작해 미들리그와 주니어리그
로 확대되었다. 이후 경기도교육청의 공모 사업인 꿈의학교로 지정
되기도 했다. 2012년 하이리그 대회에는 나도 선수로 출전했다.

2017년에 대표 역할을 하던 김규정 목사가 건강상의 이유로 더
이상 운영을 못 하게 되었다. 오산의 자랑거리 하이리그를 아끼고
사랑하는 시민들이 있기에 시청이 이어받았다. 시청이 뭘 더 할 것
이 있겠는가. 아이들이 필요하다는 걸 지원하고 응원하고 격려하
면 될 일이었다. 시민들이 만들어놓은 좋은 사례가 이런저런 이유
로 맥이 끊기게 되면 행정이 그 일을 대신하면 된다.

아이들이 학교에 들어가면서 사교육을 통한 스포츠 활동을 하
는 사례가 많다. 일부 특정한 아이들만 스포츠가 주는 건강한 삶
을 체험하는 셈이다. 우리는 오산의 모든 아이들에게 공교육에서
이 부분을 해결하는 것이 목표였다. 초·중·고등학교 모두가 각자 원
하는 대로 스포츠 클럽을 운영하고 격차와 차별을 없앤 스포츠 활
동을 한다. 준비된 학교에 행정이 지원하면 아이들이 알아서 프로
그램을 만든다. 어떤 축구 선수를 만나고 싶다고 하면 섭외를 돕기
도 한다. 오산의 성호고등학교는 점심시간에 축구를 할 수 있다.
축구에 참여할 학생들은 급식을 조금 일찍 먹는다. 이렇게 입시와
생활에 치인 학생들이 운동을 통해 스트레스를 푼다. 일선 교사들
은 확실히 효과가 있다고 입을 모은다. 오산하이리그를 통해서 아
이들이 변화했다. 학교 폭력이 사라졌다는 이야기도 나왔다. 아이

줄넘기(더블더치)와 오산축구하이리그
— 땀을 흘리며 하나 되는 공동체를 익히다.

들이 힘껏 뛰놀고 자기 자리를 찾으면 문제는 자연스럽게 해결된다. 방과 후에 여러 종목들이 생겨나고 참여가 늘었다. 스스로 조직하고 강사를 섭외하고 운동을 하면서 팀을 조직하고 운영하는 과정을 배운다. 규칙을 세우고 내부 지침을 협의하며 토론과 협의를 이끌어낸다.

줄넘기와 축구는 오산만의 특별한 교육 프로그램이 될 수 있다는 확신을 안겨주었다. 반응이 정말 좋았다. 1인 1체육 방과 후 활동이 학교마다 스포츠클럽 중심으로 8개 중학교 전체 모두와 초, 고등학교까지 학교마다 10여 개 이상의 (180여 개 동아리) 종목 클럽이 조직되어 활성화되고 있다.

내일을 준비하자

청년실업률 30% 시대라고 한다. 20대 자녀를 둔 학부모에게 자녀가 어디에 취업했느냐고 묻는 것은 예의가 아니라고 한다. 한 달에 50만 원, 100만 원 수입으로 아르바이트에 노출되어 있는 청년들이 어마어마하다. 우리 아이들이 뚜렷한 목표와 꿈이 없이 중·고등학교 시절을 오직 대학 입학으로 귀결되는 6년의 해를 보낸다. 독일이나 유럽 국가의 대학 진학률은 한국과는 큰 차이를 보인다. 약 20% 정도의 진학률과 거의 100% 가까운 장학금 지원으로 공부하고 싶은 학생들만 진학하는 환경이다. 우리는 왜 70% 이상의 학생들이 대학을 가야만 하는가? 왜 우리도 일찍부터 기술을 배우고 현장 체험을 통해 고등학교를 졸업하면 선 취업이 가능하지 않은가? 왜 우리 모두가 대학을 진학해야 하는가?

아이들이 자라면서 오산을 떠나지 않고 오산을 지키는 시민이 되기 위해서는 오산에서 일할 수 있는 조건이 필요했다. 어떤 준비를 하고 어떤 교육과정을 마련하면 좋을까? 대학 입학보다 진로교육과 자신의 인생 방향을 설정하는 것이 중요함을 강조하고 싶었다. 마침 학교 현장도 너 나 할 것 없이 진로 교육에 대한 욕구로 가득 차 있었다.

중학교에서 '진로 체험의 날'과 '진로 교과의 날'이라는 이름으로 지역사회 인사들을 초청해 직업 세계에 대한 체험학습을 실시했다. 학부모 동아리에서도, 일반 시민들 사이에서도 자기 직업에 대해 설명해줄 자원봉사자들을 찾아나섰다. 학교마다 학부모들과 졸업생의 학부모들이 지역의 아이들을 위해 나서주었다. 세마중학교에는 학부모 진로코치단이 출발했고, 오산시 혁신교육센터는 행복한 진로 교육 체험을 실시했다.

또한 일반 고등학교 가운데 여섯 개 학교가 거점 학교가 되어 2학년 학생들 중심으로 진로 진학 프로그램을 운영했다. 바로 얼리버드 프로그램이다. 오산에서 고등학교를 졸업하고 대학에 진학한 선배들, 지역에 있는 한신대와 오산대의 선배들이 후배들을 찾아왔다. 지금 자기가 공부하는 것을 알려주고 앞으로의 진로에 대해서도 이야기하는 시간을 시 곳곳에서 가졌다. 직업 진로로는 관광경영과 뷰티, 방송예술, 디자인 분야에 주력했다.

2014년 어느 날이었다. 성호고등학교의 교장 선생님을 만날 일

독일, 프랑스, 한국의 일학습병행제 운영 현황

구분	독일	스위스	한국
주요 대상	·의무교육 이수자 (중졸) 이후	·의무교육 이수자 (중졸) 이후	·고졸 이후, 특성화고, 마이스터고 졸·재학생 중심으로 설계 ·일반고는 적용 제외
참여 현황	·전체 중등학생 대비 54% ※ 약 157만 명(2013년 기준) ·전체 기업의 22.5% ※ 50만 개 기업(2010년)	·전체 중등학생 대비 71.3% ※ 약 8만 명(2011년 기준)	·고등학생 및 고졸자 대비 1% 미만 ※ 약 1만 명(1%도 안 됨) ※ 고등학교 재학생 수 172만 명(일반고 126만 명, 특성화고 29만 명 등)
정부 지원	·이론 교육(정부 재원) ·사내 교육(기업 담당) ·예산: 약 23조 원 지원	·이론 교육(정부 재원) ·사내 교육(기업 담당)	·이론 교육(정부 재원) ·사내 교육(정부 일부 지원) ·예산: 3,525억 원(2016년)
관련 법령 및 질 관리 체계	·직업교육훈련법 ·연방 차원의 직업교육 훈련 연구서 발간 ·독일 직업훈련 규정 및 절차	·연방직업교육훈련법 ·QualiCarte 프로젝트를 통해 기업 주도의 철저한 질관리 체계 구축	·직업교육훈련촉진법 ·산업현장 일학습병행 지원에 관한 법률(2016년 6월 제출) 계류 중 법적 근거 미약

〈출처 : 도제훈련 및 듀얼 시스템 관련 해외 사례 연구, 2014, 직업능력개발원 재정리〉

이 있어 학교를 방문했다. 교장 선생님 표정이 밝아 보였다. 무슨 좋은 일이 있으신가 여쭈었다.

"요즘 학생들하고 제과제빵을 배우는데 아주 신나고 재미나서 좋습니다."

학업에 관심 없는 아이들이 있단다. 그 아이들이 무기력하게 학교를 오가는 것보다 뭘 배우는 게 낫겠다 싶어 고민하던 차에 제

과제빵은 자신이 있어서 아이들을 직접 가르치고 있다는 이야기였다. 학교에서 공부 말고 다른 활동을 하니 아이들의 표정도 좋아지고, 오랜만에 직접 아이들과 교과서 외의 공부를 하니 즐겁고 신난다고 하셨다. 그 아이들이 사회에 나가 빵집 사장이 되고, 대학으로 진학해 요리사의 꿈을 키우는 모습을 나는 생생히 목격했다.

나는 이 모습을 보며 고등학교 3년 동안 본인이 관심을 가질 만한 특별한 체험을 하거나, 기술 자격증을 취득하도록 도우면 어떨까 싶었다. 오산의 전체 고등학생 가운데 공부가 재미있어서 대학에 진학할 꿈을 꾸는 아이들이 몇 명이나 될까? 따져봐야 하지 않을까? 아이들이 하고 싶은 것이 무엇인지 살펴봐야 하지 않을까?

경기 남부에 위치한 오산에는 대기업들이 근처에 포진해 있다. 삼성과 엘지 같은 대기업, IT 기업과 R&D 센터도 가까이 있다. 출퇴근이 가능한 거리다. 동서 간 고속도로가 뚫리고 나날이 발전하는 물류 산업 기지가 경기 남부에 자리 잡으면서 젊은 사람들이 일하기 좋은 도시가 되었다. 경기 남부 중심으로 택지 개발이 되어서 계속 신도시가 생기고 새로운 삶터가 만들어지고 있다. 오산에는 한국 최고의 화장품 회사인 아모레퍼시픽이 들어와 있다. 이 인연으로 대한화장품연구원을 유치했다. 2010년 10월 취임 직후 한국 최대의 화장품 클러스터를 조성하겠다고 선언했고 이를 진행 중이었다. 기업과의 산학 협력도 가능할 것이고, 대학과의 연계도 모색할 필요가 있었다.

구체적인 계획을 설정하고 가까운 대학과 기업의 문을 두드렸다.

산관학 협력을 통해 아이들이 방과 후에 전문적인 교육을 받고, 실습과 체험을 하고, 필요하면 자격증도 딸 수 있도록 다양한 방법들을 논의했다. 성인기를 준비하는 학생들이 사회에 뛰어들기 전에 워밍업을 할 시간이 필요했다. 고등학생들이 주로 참여하는 직업 탐색, 진로 탐색 프로그램인 얼리버드는 나중에 경기도교육청의 꿈의대학으로 발전했다. 오산의 모델이 경기도 전체로 뻗어나간 사례라고 자신한다.

고등학생에게 얼리버드가 있다면 중학생에게는 꿈찾기멘토스쿨이 있다. 얼리버드와 꿈찾기멘토스쿨, 미리내일학교가 진로 교육을 다양하게 이끌었다. 중학교 9개교에서 자유학기제를 대비해 미리내일학교를 운영했다. '미리내일'은 나의 일(job)과 내일(tomorrow)의 합성어로 내 진로를 미리 체험한다는 뜻이다.

진로 코치는 학부모스터디를 기반으로 학부모들이 우선 공부했다. 2015년 100명의 진로코치단이 출범했다. 이들은 제과제빵, 간호, 미용 등 직업 훈련 문턱이 비교적 낮은 분야부터 배웠다. 진로진학 전문 강사로부터 진로 교육과 입시 제도, 진로 진학 전문 과정과 코칭 기법을 배웠다. 프로그램 운영을 직접 설계해 지도할 수 있는 과정까지 마쳤다. 진로코치단은 아이들 개인에게 맞는 활동과 직업 체험 탐색을 도왔다. 진로코치단에게 필요한 강의와 연수 프로그램은 모두 시에서 준비했다. 2015년 2학기부터 미리내일학교가 시작되었다. 학교와 직업 체험장이 모두 하나의 교육공동체로 뭉칠 수 있는 절호의 기회였다. 수원과 화성, 용인에 있는 기업

미리내일학교로 자유학기제 및 진로 교육을 지역사회가 나섰다.

체들과 MOU를 체결해 오산의 아이들이 직업을 체험할 수 있도록 협의했다.

지역 내 직업 체험장을 하나씩 발굴하고 늘려갔더니 2015년에는 92개소가 되었다. 아이들이 언제든지 방문해 직업 체험을 할 수 있었다. 지역사회가 일군 소중한 체험장들이다. 미리내일학교는 학교들이 서로 협의해 직업 체험 주간을 설정한다. 지역사회의 관공서는 모두 참여해 100% 직업 체험장으로 활용한다.

아이들이 학교 밖으로 나갈 때 가장 염려하는 것은 이동이다. 밖에 나가면 사고 난다는 것이 학교 관계자들의 걱정이다. 아이들이 한꺼번에 학교 밖으로 나갈 경우 흥분하기도 하고, 도로 사정이 복잡하기 때문이다. 소규모의 아이들이 진로 체험 교육을 나갈 때마다 버스를 대절하는 비용도 만만치 않다. 시청은 묘안을 짜냈다. 바로 지역의 택시 회사들과 협력하는 것이다. 개인택시운송사업조합 오산시조합, 화홍운수, 조홍운수, 오산상군여객운수 그리고 오산시 모범운전자회와 MOU를 맺었다. 300대의 택시가 우리의 발이 되었다.

관광버스로 40여 명 넘는 인원이 우르르 한 곳으로 가게 되면, 원하지 않는 곳으로 끌려가는 아이들이 생긴다. 물론 인기 있는 체험 장소는 인원이 많으니 버스로 이동한다. 하지만 소수의 아이들이 가보고 싶은 곳은 버스보다는 택시가 알맞다. 서너 명의 소규모 이동이 원활해지면 아이들이 더 깊이 있고 전문적인 교육을 받을 수 있다. 학교 앞에 시와 MOU를 맺은 택시들이 대기했다가 아이들을 태우고 직업 체험장으로 간다. 프로그램을 마친 아이들은 다시 그 택시를 타고 학교로 돌아온다. 아이들이 정해진 시간 동안 편안히 움직일 수 있도록 오산시 모범운전자회에서는 교통 통제를 도왔다. 너희들이 어디를 가든, 우리가 지켜주겠다는 시민들의 아름다운 마음이 모여 아이들의 안전을 지키고 미래를 꿈꾸게 할 수 있었다. 오산시민들의 적극적인 협조로 가슴이 뜨거워지는 순간이 많았다.

모든 것은 우리 지역과 교육지원청, 도교육청과의 긴밀한 협조로 이루어졌다. 담당 공무원들은 회의에 회의를 거듭하고, 직접 찾아가고, 현장의 목소리를 듣는 데 달인이 되었다. 조정하고 협의하는 데 노하우가 생겼고 점점 능력이 향상되었다. 미리내일학교와 진로 체험 프로그램은 2015년 대한민국 과학창의축전, 2015년 제4회 대한민국 교육기부박람회에 참여해 사람들의 주목을 받았다. 모두가 한마음으로 아이들만 보고 달려온 결과였다. 자유학년제의 의미가 적성과 진로를 탐색하고 미래의 꿈을 그려보는 일이라면 그 체험의 장소와 기회를 지원하고 협력하는 것은 바로 지역의 힘과 역할이라고 생각한다. 우리가 해야 할 중요한 과제인 것이다.

전국학생토론대회를 열다

오산형 토론 문화도 더 기틀이 다져졌다. 2015년 처음으로 오산 전국학생토론대회를 개최했다. 우리 시만의 특색 있는 토론 대회를 개최하기로 한 것이다. 'We! Talk, Oh! Talk'라는 제목으로 한

신대학교 오산 캠퍼스에서 2015년 8월 14일부터 15일까지 제1회 토론 대회를 열었다.

오산형 토론은 대립 토론 즉, 디베이트를 뼈대로 한다. 오산시 디베이트 토론의 특징은 다음과 같다.

첫째, 다양한 토론 방식의 결합이다. 다양한 토론 방식을 한꺼번에 경험할 수 있도록 의회식 대립 토론과 CEDA 토론, 퍼블릭 포럼을 같이 넣었다. CEDA 토론은 입론, 교차 조사, 반박의 세 부분으로 구성된다. 각 토론자가 세 부분 모두에 참여할 수 있어 교육적 효과가 높다. 퍼블릭 토론은 하나의 주제를 놓고 미리 양방이 입장을 준비했다가 동전 던지기 등 무작위 선정으로 자기 입장을 정해 진행한다. 오산형 토론에 이 세 가지를 모두 결합한 까닭은 다시 강조하지만 교육 효과 때문이다. 자기주장을 강하게 제기해서 어떤 결과물을 내는 것보다, 토론의 다양한 방식을 직접 체험하는 것에 방점을 찍었다.

둘째, 3인 1조를 이루는 오산시 토론은 첫 번째와 두 번째 연사 모두가 논거를 개진할 수 있다. 첫 번째 연사의 논거 반박을 들은 뒤에 두 번째 연사도 자기 논거에 첫 번째 연사의 반박을 보태 새로운 논거를 개진할 수 있다.

셋째, 교차 질의와 작전 타임, 이의 제기를 모두 허용했다.

넷째, 발언 중간에 이의 제기의 기회를 제공하는데, 연사는 이를 기각하거나 허용할 수 있다. 이의 제기는 15초 이내로 제한함으로써 발언 내용을 종합해 즉각적으로 전략을 구상하는 능력을 키우

오산전국학생토론대회
— 지역을 넘어 대한민국 모든 학생이 토론을 경험할 수 있는 장을 마련하다.

도록 했다.

다섯째, 토론 주제는 사전 주제와 즉흥 주제로 나눈다. 사전 주제는 대회 한 달 전에 공개하지만, 즉흥 주제는 주제 공개 뒤 30분 동안 모든 팀에게 동일하게 준비 시간을 준다. 미리 주제를 주면 사전 준비 정도에 따라 승부가 달라질 수 있다. 학생들의 능력을 극대화하기 위해서 논리를 스스로 개발하고 비교하도록 규칙을 만들었다.

이 토론 대회는 솔브릿지 대학의 조슈아 박 교수를 비롯한 전문가들의 자문을 얻어 만들었다. 토론을 잘하는 능력자를 찾아내는 것보다 학생들의 토론 능력을 함양시키는 데 목적을 두었다.

첫 대회에서는 오산시 세마고 학생들과 제천 학생들이 겨뤄 세마고 학생들이 고등부 대상을 받았다. 중등부는 춘천, 초등부는 안양 학생들이 각각 최우수상을 거머쥐었다. 다른 지역 학생들이 참가하고 수상하니 전국학생토론대회의 틀이 갖춰지기 시작했다.

첫 토론 대회를 열고 교사들이 관심을 보이며 각 학교에서 토론 수업에 도전했다. 그때는 그야말로 도전이었다. 토론 전문가가 아무도 없었고, 토론은 논술 학원에서 끼워 넣는 특별한 교육일 뿐이었다. 앞서 말했듯이 조슈아 박 교수를 만난 것은 오산시의 행운이었다. 사실 토론은 잘 이끌 촉진자가 있으면 아이들이 스스로 만들어나갈 수 있다. 누구나 말은 할 수 있기 때문이고, 특별한 재료나 교구가 필요 없기 때문이다. 머리를 쓰고 생각을 다듬어 조리 있게 말하는 것이 기본이므로 많은 시설이나 예산이 필요하지도 않다.

질문하지 않는 아이들이 자라서 질문하지 않는 어른이 된다. 오바마 대통령 기자 회견에서 한국 기자들이 질문하지 않았던 에피소드는 오랫동안 회자되었다. 유태인의 하브루타 교육, 후츠파 정신을 우리 아이들도 갖길 바랐다. 후츠파는 권위자, 권력자에게 자기 의견을 과감하게 표현하는 용기를 말한다. 권위를 가진 사람에게 자기 의견을 조리 있게 전달하는 것이 목적이라면, 의견을 잘 정리해 논거를 확보하고 감정이 다치지 않게 명료하게 말해야 한다. 아이들은 수년간 토론 대회와 함께 자랐다. 각 학교마다 토론 동아리가 생겼고, 토론에 익숙해진 아이들이 집에서 부모와 대화할 기회가 늘었다.

"오산에서 가장 잘 배운 것은 토론이다. 앞으로 대학생 토론 멘토로 와서 후배들에게 토론에 대해 더 자세히 알려주고 싶다."

이번에 대학에 입학하는 한 학생의 말이다. 어디에 가서도 용기 있게 말할 수 있는 사람이 된 것은 친구들과 함께한 수년간의 토론 교육 때문이라고 했다. 토론 대회에 참가한 아이들은 오산을 토론의 메카라고 한다. 첫해에는 다른 지역의 뛰어난 아이들에게 살짝 주눅 들기도 했던 오산 아이들이 수년 사이에 놀라울 만큼 성장했다. 우리 아이들이 대상을 수상하기 시작했다.

말하기는 민주주의의 시작이다. 자기 의견을 전달하는 과정에서 자기 생각을 정리하고 타인과 협의할 수 있는 여유를 갖게 된다. 깨져보고 반대 입장을 들어보면서 아이들은 유연한 사고 체계를 갖춘다. 아이들이 성장한 모습을 보면 우리가 한 일에 비해 수백 배 보답을 받는 기분이 든다.

평생학습 도시를 향한 노력

처음 취임했을 때 여성회관이나 시민 강좌를 둘러봤던 소회를 앞서 적은 바 있다. 스타 강사만 돈을 버는 시스템은 세금 낭비에 불과하다. 공부는 스스로 하는 것이다. 아이들에게 자기 주도 학습이 중요하다고 강조하면서 어른들은 지극히 수동적인 공부를 수십 년간 지속하고 있었다. 스타 강사들은 한 번 출연하고 수백만 원씩을 받아 갔다. 정부 부처의 강사비 기준표는 강의의 질을 입증할 방법이 없어서 강사의 사회적 위치에 따라 강사비를 책정하도록 등급을 나눠놓았다. 사회적 지위를 가진 사람은 그 자리까지 가기 위해 충분한 공부를 했고, 그 공부를 대중에게 전달하는 능력이 뛰어날 것이라는 전제를 깔고 있다. 이것이 과연 옳은 판단인지 모르겠다. 다만 나는 우리 시민들이 누구나 강사가 될 수 있고, 누구나 서로 가르치고 배울 수 있다고 믿어 의심치 않았다. 선순환 구조를 만들기 위해서는 시민들로부터 욕을 먹더라도 스타 강사 위주의 수동적 강좌 시스템을 포기해야 했다.

아이들이 스스로 만드는 학교 수업의 역동성을 뒷받침하는 단위는 지역이다. 학부모이자 시민이 먼저 자기 학습을 고민하고 자기 욕구를 살필 줄 알아야, 아이들의 학습 욕구를 충족시킬 수 있다고 확신했다. "선생님이 하라는 대로 해야지!"라는 목소리만 가득한 도시에서 혁신교육을 할 수는 없었다. 우리 아이들을 키우기 위해 학부모스터디와 시민참여학교를 시작했지만, 결과적으로 이 모임들은 스스로 성장했다. 시민들이 얼마나 배움의 뜻이 깊은지, 욕망이 많았는지 확인하는 계기였다. 어른들은 대부분 자기 분야에서 어느 정도 성취를 이루며 산다. 각자 다른 위치에서 다른 직업을 가지고 살아가는 사람들은 다른 사람이 모르는 것을 분명히 가지고 있다. 개개인 모두가 스승이 될 수 있다.

오산은 행정동이 여섯 개고, 각 행정동에 3~5개의 법정동이 있다. 행정동은 중앙동, 대원동, 남촌동, 신장동, 세마동, 초평동으로 나뉘는데 각 행정동마다 주민자치센터가 있다. 지자체마다 2000년대 초반부터 주민자치센터에서 평생교육 프로그램을 운영하기 시작했다. 매년 주민자치 박람회도 열어 우수 사례들을 표창한다. 문화 여가와 관련한 교육 프로그램과 주민자치에 해당하는 동아리 활동, 마을 자치 사업, 마을 복지 사업을 주관하는 것이 주민자치센터의 역할이다. 오산시는 그동안 여섯 개 동의 주민자치센터에서 각종 프로그램들을 운영했는데 중복되는 것들이 꽤 많았다. 각 동마다 주민들의 인구 구성이 다르기 때문에 어떤 동은 A프로그램이 늘 빠르게 신청 마감되는 반면, 다른 동은 최소한의 수강생만 모이기도 했다. 주민자치센터의 프로그램을 이용하는 인구 밀도와 비율도 모두 달랐다. 청년층이 많다고 이용자가 적은 것도 아니었고, 노년층이 많다고 이용자가 많은 것도 아니었다. 거주 특색, 직업군, 활동 시간대, 주 활동 장소에 따라 모두 다르기 때문에 사전에 면밀히 각 동의 특성을 파악해야 했다.

평생교육과는 각 주민자치센터의 직원들과 긴밀히 협조해 잘되는 프로그램과 폐지해도 좋은 프로그램을 정리했다. 그리고 주민들이 원하는 프로그램을 조사했다. 그래서 오산시는 각 동마다 주민자치센터의 프로그램이 다르다. 기존에는 1~2%의 목소리 큰 시민들의 수요에 맞춰 프로그램을 만들었다면, 지속가능한 교육 프로그램을 스스로 만들 수 있도록 지원했다. 뿐만 아니라 한 곳에서 초급 과정을 완성했으면 중급 과정은 다른 센터에 가서 수강할수 있도록 지역 연계성을 강화했다.

배달 강좌 런앤런이 자리를 잡으면서 시민들의 배움에 대한 욕구도 커졌다. 무언가 대책이 필요했다. 독일이나 일본에서는 사회 교육, 직업 교육, 다문화 이민자 교육은 국가에서 책임지고 취미, 교양, 건강 강좌는 개인의 몫으로 남겨둔다는 점을 발견했다. 우리도 그 방향이 옳다고 믿었다. 개인의 취향과 역량은 모두 다르다. 때문에 시의 재정으로 모든 시민의 욕구를 충족시킬 수는 없다. 행정 기관에서는 평생교육을 접하기 어려운 계층과 지역을 살리는데 책임감을 가져야 한다. 우리는 취미, 교양, 건강 강좌에 치중된 프로그램을 정리하고 성인들도 사회 교육과 직업 교육을 받을 수 있도록 설계하기로 했다. 또한 다문화 이민자들처럼, 평생학습 프로그램이 필요하지만 접근하기 어려운 사람들을 위한 교육을 준비했다. 주민자치센터를 벗어난 문해 교육과 오산백년시민대학의 설계가 여기서부터 시작되었다.

평생교육 프로그램도 유행이 있어서, 한때 유행하던 강좌가 주민 수요가 줄어들면서 자연스럽게 사라지기도 했다. 지속적으로 자기 역량을 강화할 수 있도록 인기 있고 오래된 강좌는 중급 과정을 개설했다. 주민자치센터마다 어디는 강좌가 성황을 이루고 어디는 잘되지 않는 편차를 줄이기 위해 함께 모여 논의했다. 아파트 단지가 새로 들어서면 다양한 강좌가 늘어나기도 했다. 이 모두를 시청 평생교육과에서 전담해서 동별로 균형을 꾀했다.

2012년부터 시작한 배달 강좌 런앤런은 만 5세 이상의 오산시 거주자 5명 이상의 학습 모임을 지원한다. 2014년은 등록 강사 272명, 수강 인원 4천 명이었다. 2015년에는 다른 동아리들이 활발해지면서 그 숫자가 약간 줄었지만, 등록 강사 252명과 수강 인원 3,230여 명으로 활동이 이어졌다. 2014년에는 노후 설계와 재무 설계에 대한 평생교육 프로그램이 인기를 얻었다. 2015년부터는 강사 양성 과정을 개설해 노인건강운동지도자, 실버재활웃음코칭상담사, 옛이야기전래놀이지도자, 인성교육지도자, 스트레스코칭지도자, 미술심리상담사 등 새로운 일자리로 전환할 수 있는 프로그램도 다수 개발했다. 또한 본격적으로 성인 문해 교육도 시작했다. 고령화가 급속히 진행되면서 급박해진 새로운 노년 문화 개발과 노인 일자리 확보에 대처하기 위해서였다. 그동안 학습 동아리로 갈고닦은 시민들의 실력이 2015년에는 배운 것을 나누는 단계로 진입했다고 볼 수 있다.

2014년에는 시민참여학교가 평생학습 대상을 받았고, 2015년에는 오산시가 평생학습 도시로 선정되었다. 평생학습 마을공동체 코디네이터를 양성하고 경기행복학습마을을 조성했다. 찾아가는 평생학습과, 평생교육 재능 기부 사업을 통해 강사 역량을 강화하는 프로그램도 개설했다. 성인 장애인의 평생학습권도 놓치지 않았다. 성인 장애인을 위한 야학, 장애인 부모회 사업을 지원했다.

평생학습 도시로의 확장은 오산의 혁신교육이 점층적으로 뻗어나가는 과정이었다. 주민자치센터의 활발한 움직임, 곳곳에서 일어나는 학부모스터디, 관내 기관이 적극적으로 참여하는 직업 체험소와 시민참여학교 등을 기반으로 해서 평생학습 시범 마을을 지정했다. 2014년 여름 각 지역별 자원 조사를 실시하고 이를 기반으로 하반기에 재능 기부를 포함한 시범 프로그램을 지원했다. 아파트 단지에 평생학습 시범 마을을 지정했는데, 자체 시설을 가지고 있어서 주민 모임이 수월한 장점이 있었다.

아파트 공동체 운동은 1990년대에 1기 신도시가 여기저기 지어질 때 사회운동으로 일어났다가 소리 없이 사라진 전력이 있다. 아파트는 주민들이 밀집해 사는 공동주택의 전형이라 모두가 아파트 공동체가 가능할 것이라 생각했다. 하지만 나날이 치솟는 집값으로 아파트가 주거 목적이 아닌 투기 목적으로 뒤바뀌면서 아파트 공동체 조성이 어려워졌다. 하지만 여타 지역에 비해 도시 접근성 대비 집값이 지나치게 비싸지 않은 오산시의 경우 이러한 공동체 문화가 다시 활성화될 가능성이 있었다. 아파트 주민들은 혁신교육과 평생교육 학습 마당에 자주 쉽게 참여할 수 있다는 걸 깨달았다.

함께 모여 뭔가를 배우다 보니 공동체 문화의 중심이 생겼다. 지역의 현안을 함께 토론하고 담당자를 찾아 해결책을 마련하려는 움직임도 자연스럽게 만들어졌다. 이전에는 자기 욕구를 찾아내는 것도 서툴렀다. 하지만 내가 배우고 싶은 것이 무엇인지 생각하다 보니 개인의 욕구를 찾아내게 되었고, 그러면서 내 이웃의 욕구를 살피게 되었다. 우리는 주민자치센터와 각 기관에서 진행하는 평생학습으로는 충분치 않다고 판단했다. 그래서 희망하는 주민 공동체에 전폭적으로 평생학습을 지원하기로 결정했다. 시민들이 차츰 자기 욕구를 확인하고 배우고자 하는 준비가 되어갔다. 2014년에 7개소를 시작으로 평생학습 마을을 조성하는 데 집중했다.

SNS와 온라인의 시대를 맞아 e-러닝 서비스를 통합 운영해 민간위탁 시 발생할 수 있는 중복 투자를 줄이고 경기도와 연계한 통합 서비스를 우선 제공했다. 시민 학습 공동체가 온라인에서 만날 수 있으려면 플랫폼이 필요했다. 어느 시나 이런저런 플랫폼을 만드는 데 큰 공력을 들였다. 그러나 만들어놓고 후속 사업이 이어지지 않는 경우가 많았다. 시청에서 전담 운영하면서 수직적으로 정보 전달을 하면 담당자의 업무만 늘어난다. 계속 정보를 올리기만 하고 아무 피드백을 받지 못하면 담당자는 지치기 마련이다. 예산 지원에 대한 명분도 힘을 잃는다. 우리는 플랫폼에서 시민들이 상호 교류하며 누구나 강사가 되고 누구나 학생이 될 방법을 찾아내기로 했다.

학 습

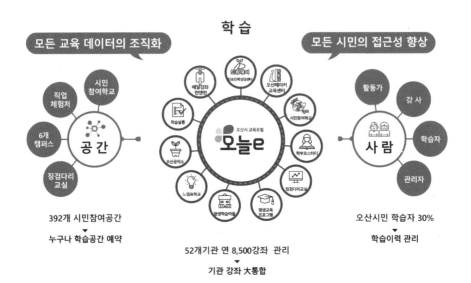

모든 교육 데이터의 조직화

모든 시민의 접근성 향상

공 간

직업체험처 · 시민참여학교 · 6개 캠퍼스 · 징검다리교실

392개 시민참여공간
▼
누구나 학습공간 예약

오늘e 오산시 교육포털

배달강좌 한앤힐 · 드림세이 리로진학상담센터 · 오산메이커교육센터 · 학습실통 · 시민참여학교 · 오산공작소 · 학부모스터디 · 느낌표학교 · 징검다리교실 · 평생학습마을 · 평생교육프로그램

52개기관 연 8,500강좌 관리
▼
기관 강좌 大통합

사 람

활동가 · 강사 · 학습자 · 관리자

오산시민 학습자 30%
▼
학습이력 관리

오산교육포털
— 온라인 학습플랫폼 오늘e는 '학습'과 '사람' 그리고 '공간'을 연결하며 유기적으로
소통하고 다양하게 학습할 수 있는 평생교육의 허브 역할을 하고 있다.

각 도서관은 자원봉사자가 재능 기부 형태로 운영하도록 했다. 자료실은 평일 밤 10시까지, 열람실은 자정까지 운영하도록 개선했다. 오산 바깥으로 출근하는 직장인들은 집에 돌아오면 7~8시가 되기 일쑤다. 퇴근 뒤에 책을 빌리고 공부할 수 있도록 도서관 문턱을 낮췄다. 책이 가득한 도서관에 익숙해지면 평생학습 분위기가 조성된다. 시민참여학교와 학생 현장 학습을 도서관으로 이끄는 것은 당연한 일이었다. 독서의 달 프로그램으로 초청 강연이나 독서 캠프를 열었다. 어린이도서연구회와 독서나누미, 마루독서회 강연뿐 아니라, 사진과 원화 전시회, 작가와의 만남과 문화 행사를 개최했다. 고입, 대입 검정고시를 준비할 수 있도록 야학반도 운영했다.

과거 민간에서 자생적으로 해왔던 학습 동아리를 시에서 모두 관여한다는 비판도 있었다. 하지만 먹고살기 바쁜 도시인들이 자발적으로 팀을 만들고 학습 기반을 조성하기란 쉽지 않다. 오산시장에 출마하면서 가장 절실하게 느꼈던 정주권 문제도 그렇다. 스스로 자기 마을을 가꿔나가기에 현대인들은 너무 바쁘다. 그렇다면 행정에서 할 일이 무엇인지 잘 알아야 한다. 시민들이 참여하고, 그래서 마을을 다시 돌아볼 수 있도록 판을 깔아주는 일을 하기 위해 쉼 없이 달렸다.

유니세프 아동친화도시가 되다

오산은 2016년에 경기도 최초로 유니세프 아동친화도시로 인정

유니세프 아동친화도시 오산은?

1. 아동과 관련된 일을 시행할 때 아동의 의견을 듣고 고려합니다.
2. 모든 아동의 권리를 증진하고 보호하는 조례와 규정이 있습니다.
3. 유엔아동권리협약의 원칙에 따라 아동권리 전략을 개발합니다.
4. 아동의 의견을 우선적으로 고려하는 상설기구를 마련합니다.
5. 정책과 조례, 규정 등이 아동에게 미치는 영향을 평가하는 체계적 과정을 마련합니다.
6. 아동을 위해 적절한 예산을 확보하고, 아동 관련 예산이 잘 쓰이는지 분석합니다.
7. 아동의 권리 실태를 지속적으로 모니터링하고 관련 자료를 수집합니다.
8. 아동권리에 대해 모든 주민에게 널리 알립니다.
9. 아동권리 증진을 위해 일하는 비정부기구와 독립적 인권 기구를 개발합니다.
10. 아동이 안전하고 오염되지 않은 환경에서 자랄 수 있도록 정책을 개발하고 시행합니다.

유니세프 아동친화도시 오산 인증.
— 교육 도시 오산의 주인은 어린이다.

받았다. 아동친화도시는 유니세프에서 유엔아동권리협약을 잘 지키는 도시에 주는 인증 제도이다. 같은 해에 유네스코 글로벌 평생학습 도시 네트워크에도 가입했다. 인증, 표창, 선정은 시민들의 자존감을 높인다. 더불어 우리 시정이 이런 쪽에 관심을 갖고 지속적으로 노력하고 있다는 표어도 된다. 산업 현장에서 아침마다 안전 수칙 구호를 외치고 표어를 붙이는 것은 각인 효과 때문이다. 시정도 그럴 필요가 있다. '우리 시는 이런 시다, 이런 일에 중점을 둔다'는 것을 우리끼리도 알고 외부에도 알려야 한다. 일종의 홍보 전략인데, 내부 결속력을 다지고 구성원들의 동참을 이끌어내는 방법이 되기도 한다. 우리 시는 유니세프 아동친화도시니까 아이들의 교육을 혁신적으로 가꾸는 일에 집중하고, 우리 시는 유네스코 글로벌 평생학습 도시니까 평생교육에 치중하는 게 당연해지는 것이다.

얼마 전 공개된 대한민국 유니세프 아동친화도시 광고에 오산시의 놀이터 만들기가 소개되었다. 낡은 놀이터를 아이들의 아이디어로 개선한 내용이다. 어린이와 청소년을 위한 복지와 교육 정책을 펼 때 당사자들이 빠지는 경우가 많다. 아이들이 무엇을 원하고 무슨 생각을 하는지 묻지 않은 채 어른들의 생각으로 결정해 버리곤 한다. 그래서 우리는 아이들이 재미없어하는 놀이터의 문제점을 아이들이 직접 찾게 하기 위해 아이들을 모았다. 놀이터 기획단을 만들어 아이들과 어른들이 함께 머리를 맞댔다. 유니세프에서 제작한 영상에도 나오지만, 참여한 아이들은 의외로 어른들이 마음을 열고 이야기를 들어줘서 놀랐다고 고백했다. 어른들이 진지하게 자기들 이야기를 들어주어 주인공이 된 기분이라고 말했다. 아이들이 스케치북에 아이디어를 그리고 생각을 발전시켰다. 어른들이 원하는 안전하고 지루한 놀이터가 아니라, 아이들의 생각대로 집라인을 설치하고, 곡선 모양의 정글짐을 만들고, 토굴 같은 공간도 만들었다.

2018년 8월에 제1호 꿈놀이터를 만든 오산시는 2020년까지 20개 정도의 꿈놀이터를 만들 계획이다. 물론 1호 놀이터를 만들었던 것처럼 오산의 아이들이 직접 기획하고 설계한다. 아이들의 상상력을 어른들이 구체화해 의미 있는 꿈놀이터를 만들 것이다. 오산의 아동친화 정책은 이런 것이다. 아이들을 대상으로 보지 않고 참여하고 주도적으로 시정을 이끄는 작은 시민으로 본다. 아동의 권리를 회복하는 일이 미래 시민을 육성하는 일이기 때문이다.

반가운 소식이 들렸다. 오산의 제1호 꿈놀이터가 행정안전부가 2019년 8월에 실시한 「2019년 전국 우수어린이놀이시설」 공모에 신청하여 치열한 경쟁을 뚫고 최종 선정되었다.

전국 시·도 및 시·도교육청에서 추천한 시설 50곳을 대상으로 5개 분야 20개 항목을 평가해 제1호 오산 꿈놀이터를 포함해 전국에 총 8곳이 선정됐다.

제1호 오산 꿈놀이터(수청동 15-3)가 이토록 특별한 이유는 무엇일까? 70여 명의 초등학생부터 성인, 전문가까지 참여한 '오산꿈놀이터기획단'이 1년에 거처 기획부터 설계까지 참여하였고, 프로젝트로 창의적인 놀이기구를 다양하게 구성해 상상력과 감각 발달에 도움이 되도록 설치했기 때문이다.

오산시는 기성 제품을 사용하지 않고 기획단이 제안한 '짚라인', '네트놀이터', '우물 놀이터' 등 디자인을 직접 제품화시켰다는 데 의미가 있다. 또한 벤치, 휴게데크 시설 등 편의시설이 바로 옆에 조성되어 있어 아이들과 보호자의 불편을 최소화했다. 안전 CCTV가 설치되어 있고 오후에는 상주 관리인을 배치해 안전 및 유지 관리에서 우수한 시설로 전국적으로 인정을 받았다. 참고로, 전국 우수어린이놀이시설로 선정이 되면 인증서와 인증판이 수여되고 향후 3년간 우수놀이시설로 지정된다.

아이들의 상상력이 더해진 곳, 아이와 부모가 함께 머물 수 있는 곳, 흔한 놀이터가 아니라 독특한 놀이공간을 만들어 더욱 특별한 곳을 만들기 위해 오산은 앞으로도 어린이가 뛰어놀 수 있는 안전한 놀이공간을 지속적으로 조성하고 관리해나갈 예정이다.

현재 경기아이드림 오산센터를 양산동에 건립 중이다. 부지면적 2,724㎡, 연면적 2,705㎡ 지하 1층, 지상 4층 규모로 2021년 건립될 예정이다. 아이들을 위한 이 공간은 그림체험방, 목공체험방 등 오감만족체험방과 신체활동장이 있다. 그리고 가장 중요한 어린이 전용 공연장이 있다. 사실 국내에 어른용 문화공간은 많지만, 아이들을 위한 공간이 여전히 부족하기에 오산은 이 문제를 해소하기 위해 어린이 전용 공연장 구축을 기획하게 됐다. 앞으로 호기심과 관찰력으로 세상을 바라보는 아이들에게 창의력을 키울 수

아이들이 직접 기획하고 만드는 꿈놀이터. 제1호 오산꿈놀이터는 아동 권리 회복의 시작이다.
(2, 3, 4, 5, 6호 놀이터는 그들만의 최고 꿈같은 만남의 장이 될 것이다.)

경기아이드림 오산센터는 2021년 완공을 목표로 조성중이다. 주요 시설로
오감만족체험방, 신체활동장, 어린이 전용 공연장 등이 들어설 계획이다.

있는 다양한 공연을 적극 선보일 계획이다. 그리고 아이들에게 문화예술교육 장소이자 세상에서 가장 재밌는 놀이터가 될 수 있도록 힘쓸 것이다. 또한 아이뿐만 아니라 온 가족이 함께 편하게 사용할 수 있는 공간으로 탄생할 것이다.

이처럼 남촌동 EBS 놀이타운, 서동 신동아아파트 보육타운, 아이드림센터, 혁신 놀이터 4개 영역이 아이들 놀이문화의 인프라로 자리 잡을 것이다. "1m 20cm" 눈높이 철학은 아동도 권리 주체의 시민으로 생각하는 좋은 행정의 실천이라 믿는다.

시민이 만드는 교육 도시

2010년 시장 취임 이후 끊임없이 교육을 화두로 혁신교육을 이야기했다. 교육 도시 오산이라는 브랜드가 지니는 가치에 대해 설득하고 또 설득했다. 직원들은 현장으로 뛰었고, 학교 관리자들을 만나느라 정신이 없었다. 일주일에 두세 번, 많게는 하루에 두세 번씩 회의를 하며 녹초가 될 법도 한데 꾸준히 잘해주었다. 힘들지만, 교육 사업이 진행되면서 아이들이 좋아하는 모습을 보니 보람 있다고 간단하게 말했다. 나도 그러길 바랐다. 아이들만 변한 게 아니라, 도시 전체가 갑자기 분위기가 달라진 느낌이 들었다. 나뭇잎이 서서히 물들다 어느 날 갑자기 색깔이 변하듯 사람들에게 혁신교육은 어느새 익숙한 일이 되었다.

2015년 교육부로부터 평생학습 도시로 선정되고 난 뒤 그동안 했던 사업들을 다시 재점검했다. 다시 브랜드화하고 공고히 해야 할 것들이 있었다. 누가 와도 이 일이 계속될 수 있도록, 정책이나 정치에 의해 휘둘리지 않도록 점검했다.

학부모들이 학교 일에 앞장서니 문화가 달라졌다. 이전에 학부모들은 민원을 과도하게 넣어 교직원을 괴롭히는 이미지였다. 그러나 이제는 학부모 없이 프로그램이 원활히 돌아가지 않을 정도였다. 학교마다 축제를 지역사회와 함께 만들려고 애를 썼다. 마을 사람들과 바자회를 열고, 평생교육 동아리와 학생 동아리가 함께 공연하고 부스를 운영했다. 시민참여학교는 오산시의 현장체험학습 브랜드가 되었다. 주민자치센터뿐 아니라 평생학습 마을로 지정된 동네에서는 계속해서 동아리가 늘었다. 시 전체에서 학습 동아리로 네트워크가 생기니 가지치기도 필요했다.

지역사회에서 학부모 재능 기부로 시작하는 학부모 참여와 마을교육공동체는 몇 년이 지나면 대부분 판이 달라진다. 순수한 자원봉사자로 시작한 사람들과 부업을 하러 들어오는 사람들, 전문 강사진이 뒤섞인다. 시민단체나 지역 협력 기구가 가장 어려워하는 것이 바로 강사 관리이기도 하다. 이미 2011년도부터 시작한 학부모스터디가 6년 차가 되면서 전문 강사의 역량을 뛰어넘은 사람들이 생겼다. 그들은 오산시를 벗어나 수원이나 화성으로 더 좋은 대우를 받으며 전문 강사 활동을 시작했다. 한 사람의 시민이 경력 단절 여성에서 학부모 자원봉사자, 전문가로 거듭나는 것은 더없이 기쁜 일이다. 그런 분들이 오산을 떠나지 않았으면 좋겠다.

학습 동아리가 늘어나면 사교육 업체와 영리 목적의 회사들도 문을 두드린다. 그럴 수 있다고 생각한다. 나도 사교육 시장에서 잔뼈가 굵은 사람이다. 영리를 추구하더라도 지역 공동체와 마을 교육공동체에 일조할 수 있으면 아무 문제가 안 된다. 하지만 세금으로 운영되는 오산시의 소중한 예산을 개인의 이득으로만 가져가서는 안 된다. 우리가 강사료를 올리지 못하는 이유이다. 한국은 곳곳에 틈새시장이 있어서, 어디에 돈이 된다고 하면 사람들이 벌떼같이 몰려든다. 오산에서 살고, 오산에서 아이를 키우고, 오산의 혁신교육에 일조하고자 하는 지역 사람이 함께 만드는 것이 중요하다. 그중에 우수한 인재가 나오면 좋고 아니어도 할 수 없다. 2016년에는 이런저런 사정으로 강사료를 인상하지 못하고 외려 삭감하는 일이 있었다. 그때 자원봉사자와 영리 목적의 전문 강사진이 분리되었다.

강사진은 각 팀별로 리더만 있고 전체 리더는 없다. 모두에게 평등한 발언권을 주기 위해서였다. 한쪽으로 권력이 쏠리지 않는 것이 좋다는 내부 협의가 있었다. 저렴한 강사료 때문에 교육의 질이 저하된다는 얘기도 있다. 하지만 나는 전혀 문제되지 않는다고 생각한다. 이것은 장사가 아니라 마을교육공동체를 만드는 일이기 때문이다. 강사진으로 일하는 사람들도 교육을 받을 수 있으며, 그들이 교육받고 연수받을 기회는 시청에서 무한 제공한다. 본인의 열의만 있으면 역량 강화는 얼마든지 할 수 있다. 꼬리에 꼬리를 무는 강좌와 학습 환경을 제공함으로써 1시간에 얼마를 받느냐는 생각하기 나름이다. 넉넉한 인건비를 제공하지 않는 대신에 최선을 다해 그들의 재능을 펼칠 장을 열고 재교육을 받을 시스템을 구축하는 것은 행정이 해야 할 핵심 업무다.

평생학습 도시, 교육 도시 오산으로 소문이 나면서 담당자들에게 온갖 제안이 쏟아졌다. 전문가들이 다가와 아는 체를 하기 시작했다. 담당자들은 늘 겸손했다.

"제가 교육 전문가는 아닙니다."

우리 직원들은 시민들의 의견을 늘 귀 기울여 들었다. 아마 지겨울 만큼 내가 늘어놓는 잔소리의 영향 때문인지는 모르겠지만, 잘 듣고 와서 무엇이 가장 좋은지 고민에 고민을 거듭했다. 우리 직원들은 자기주장을 편협하게 내세우지 않는다. 전문가의 이야기를 듣고 온 직원에게 어떻게 생각하느냐고 물으면 객관적으로 답한다. 누군가는 그런 태도를 자기 주관이 뚜렷하지 않다고 볼 수도 있다. 하지만 행정 공무원으로서는 탁월한 자세다. 행정은 시대의 흐름을 좇고 시민들이 원하는 것을 갖추는 태도가 무엇보다 중요하다. 무턱대고 주장한들 시민들이 동의하지 않으면 아무 소용이 없다.

앞서 얘기했듯이 처음 오산에서 교육에 집중하겠다고 했을 때, 당신이 전문가도 아니고, 교육감도 아니고, 교육부 장관도 아니면서, 무슨 우리가 실험 대상이냐고 대놓고 호통치던 교직원에게 나는 감사한 마음을 갖고 있다. 그분뿐 아니라 시장 앞에서 눈치 보지 않고 거침없이 자기 의견을 피력하던 시민들 덕분에 우리가 한 걸음 한 걸음 조심스럽게 여기까지 왔다. 시키는 대로 하고 공부하란 대로 공부하고 착하게 살라고 교육받은 사람들이 기성세대가 되었다. 하지만 세상은 여전히 경쟁해야 하고 누군가를 밟고 올라가야 한다. 어차피 우수한 사람들은 차고 넘친다. 그렇다면 평범한 사람들 안에 숨어 있는 혼과 열정을 어떻게 표현할 수 있을까? 함께 배우고 공부하는 문화를 몸으로 체득하는 것, 나는 오산이 그런 곳이 되길 바랐다.

학교에서 벗어나 지역에서 다양한 사람들을 만난 기억은 우리 아이들에게 어떤 인생을 선사할까? 자기도 자라서 누군가에게 친절한 어른이 되고 싶지 않을까? 우리 엄마와 친구 엄마가 나를 살뜰히 보살피며 가르쳤다는 것은 아이들이 험난한 세상을 살아가는 힘이 되지 않을까? 아이들에게는 한 사람의 따뜻한 말 한마디가 몇 년을 버티게 하는 힘이 되지 않던가. 우리 아이들은 돌고 돌아서 결국 이웃을 살피는 훌륭한 어른이 되어 온다. 내가 가난할 때 나를 환영해준 사람들, 내가 힘들 때 나에게 미소 지어준 사람들, 그런 사람들의 태도가 미래를 결정한다고 믿었다.

가난한 동네의 아이들은 착했다. 부모가 경제력이 없어도 그들은 저항하지도 반항하지도 않았다. 그저 가정환경이 아니, 경제력이 받쳐주지 않을 뿐 아이들은 아무 문제가 없다. 어떤 관리자들은 그런 아이들이 모인 학교가 오히려 편하다고 했다. 어떤 교육자는 경기도의 특정한 곳에, 부자들이 사는 동네에 발령받아 가길 원하는 모습을 보이기도 했다. 현실이 너무나도 슬펐다. 현장에서 뭘 배울 수가 없는, 학교와 집 말고 갈 데가 없는 아이들이 점점 줄어들기를 바랐다. 마을에서 어른들이 모든 아이들을 팔 벌려 환영하고, 친구를 만나고 재미난 놀이도 할 수 있고, 마음이 괴롭고 공부가 어려울 때 여기에 오면 된다고 말해주는 따뜻한 도시, 그것이 내가 꿈꾸는 교육 도시 오산이다.

울고 웃는 사이에 나도 많이 컸다

성예담 (운암초등학교 6학년)

엄마, 저도 힘들다니까요!

나는 이제 6학년이다. 주변에서는 나에 대한 기대가 너무 크다. 힘들다.

"예담이는 혼자서 잘하니까!"

"엄마는 예담이 믿어!"

이런 말들이 나를 더욱 힘들게 한다. 나는 "많이 힘들겠다", "너무 힘들면 잠시 쉬어도 돼"라는 나를 생각해주는 말 하나가 너무 필요한데 ……. 특별한 일 없이 똑같은 하루를 매일매일 살아가고 있다. 놀아도 마음이 편하지 않다. 딱히 여가 시간도 없어 스트레스를 풀기 힘들다.

스트레스가 조금씩 사라지는 느낌?

학교에서 통기타 수업(오산시 지원-1인 1악기(통기타) 수업)을 한다는 소리를 들었다. 나는 이 소식을 듣고 매우 기뻐하였다. 나는 기타를 배운 적이 있었고, 기타를 좋아했던 사람이기 때문이었다. 사실 처음에는 너무 재미없었다. 동요만 치고, 쉬운 코드만 배우고 ……. 하지만 점점 난이도가 오르면서 재미있어졌다. 선생님도 정말 재밌게 잘 가르쳐주셨다. 또한 나를 포함한 다른 학생들도 표정이 굉장히 밝아 보였다. 나는 평소 지루해하던 음악 시간이 기다려졌다. 기타 시간에 배운 노래를 집에서 연주해보기도 하고, 그 노래를 찾아서 따라 불러보기도 하였다. 나는 기타 시간이 너무너무 좋았고, 행복했다. 그리고 평소 쌓였던 스트레스도 풀 수 있었다.

그러던 어느 날 6학년 2반이 기타 공연에 선다는 소식을 듣게 되었다. 우리 반이 나갔으면 좋았겠지만 그러지는 못하였다. 그래도 기타 공연을 한다고 하니 보러 가고 싶어서 친구들과 함께 버스를 타고 기타 공연을 보러 갔다. 생각보다 훨씬 훌륭한 공연이었다. 사실 다들 아마추어이기 때문에 잘할 것이라는 기대가 없었는데, 우리 학교 학생들뿐만 아니라 다른 학교 학생들까지 모두 최선을 다한 너무나 멋진 무대였다. 나도 기회가 있다면 저런 무대에 꼭 서보고 싶다.

스트레스가 팍팍 풀린다

나는 피구부(오산혁신교육지구-학생 자율 동아리 지원)를 모집한다는 소식을 들었다. 축구, 미술 등 몇 개의 동아리가 있었지만 피구를 좋아하던 나로서는 한 치의 망설임 없이 바로 신청하였다. 나는 피구부를 통해 친구들, 후배들과의 정도 쌓고, 평소 좋아하던 활동을 할 수 있어서 너무 기뻤다. 사실 중간에 작은 다툼도 있었고, 속이 상한 적도 많았지만 즐거웠다. 왜 그런지 모르지만 서로 감정도 쉽게 상하고 삐진다. 엄마 말로는 사춘기 조짐이 있어서 그런다고 했다. 그래도 우린 자주 다투고 다시 운동하며 풀기를 반복했다.

그러다가 피구 대회 선수로 선출되었을 때에는 그 사실이 믿기지 않을 정도로 너무 행복했다. 대회를 준비하는 동안에는 여러 선생님들이 모두 앞장서 도와주셔서 대회 준비가 훨씬 수월하였다. 우리는 매일같이 아침과 점심시간에 모여 연습을 하였고, 때로는 힘들기도 하였지만 그 과정이 니무 즐거웠다.

드디어 대회 날, 우리는 다른 학교 학생들이 하는 경기를 보며 우리가 잘할 수 있을까라는 생각에 자신감을 잃기도 하였다. 하지만 우리의 경기가 시작되고 평소 연습하던 대로 최선을 다해 경기를 하였고, 그 결과는 승리! 사실 나는 우리 학교의 좋은 성과를 기대하지는 않았지만 의외의 좋은 성과에 너무 기뻤다. 다음의 경기 결과들도 매우 좋았다. 그리고 준결승, 우리는 지쳤고 긴장도 많이 하였다. 서로 힘내자며 격려하였지만, 긴장은 풀릴 기미를 보이지 않았다. 다시 경기가 시작되고 우리는 떨리는 마음으로 다시 경기를 뛰었다. 이번에도 결과는 매우 좋았다.

그리고 우리는 마지막 결승을 준비하였다. 너무나도 떨렸다. 뒤에서 기대에 찬 눈빛으로 우리를 응원하는 사람들이 있어 더 떨렸던 것 같다. 다시 경기가 시작되고 우리는 각자 자리로 가 다시 경기를 치렀다. 처음에 한 판을 뛰었을 때 우리는 좌절하고 말았다. 우리 팀이 모두 전멸하였기 때문이다. 나는 놀랐고 그 감정을 제어하기 힘들었다. 모두 너무 긴장되는 상황 속에 다시 두 번째 판 이 시작되었다. 하지만 이번에는 모두가 마지막이라는 생각으로 똘똘 뭉쳤기 때문인지 상대 팀 학생들을 모두 전멸시켰다. 우리는 너무나도 기쁜 마음으로 마지막 판 경기를 시작하였다. 길게만 느껴질 것 같던 시간이 끝나고 뒤를 돌아보니 환호하는 동생들과 선생님이 보였다. 이긴 것이었다. 우리가 이겼다. 1등을 당당하게 차지하였다.

나는 아직도 그 사실이 믿기지 않는다. 행복하다. 모두 부모님께 전화를 드리고 서로 너무나도 기뻐하였다. 난 너무나도 행복했다. 집에 버스를 타고 돌아오는 그 순간에도 모든 아이들이 들떠 있었고 나 역시도 그랬다. 다른 생각은 아무것도 들지 않고 행복하다는 생각만이 내 머리를 차지하고 있었다. 그냥 너무 행복하였다. 지금도 그 생각만 하면 너무 짜릿하고 기쁘다.

피구부를 하는 동안에는 학업 스트레스, 관계 스트레스 등등 많은 스트레스를 풀 수 있었다. 그래서 나는 행복했다. 내 진로와 크게 관련이 있었던 것은 아니지만, 대회 참여는 나에게 크나 큰 경험이었고 잊지 못할 추억이었다.

친구들과 소중한 추억을 만들다
학교에서는 영화(오산시 지원-물향기학교-진로체험학습 차량비 지원)를 보러 간다고 하였다. 나는 오랜만에 친구와 함께 영화를 본다는 것이 기쁘고 좋았다. 5학년 때는 〈앵그리버드〉라는 만화영화를 보러 갔었고, 6학년 때는 〈임금님의 사건 수첩〉이라는 영화를 관람하였다. 5학년이 되어 처음으로 영화를 보러 간다고 하였을 때 〈앵그리버드〉같이 유치한 만화영화를 왜 보러 가지 하는 생각을 나도, 아이들도 많이 했었다. 별 기대를 하지 않고 보는데 영화에는 여러 교훈이 많이 담겨져 있었다.

이 영화에서는 사람들에게 '불필요한 존재'였던 주인공이 '필요한 존재'가 된다. 나도 이 세상에 꼭 필요한 존재라는 것을 알려주고 싶었던 것 같다. 또한 필요하다면 화를 낼 줄도 알고, 위축되지 않고 자신의 목소리를 내어야 한다는 것도 알게 되었다. 영화를 보러 가는 길에는 아이들의 표정이 그리 밝지 않았지만 돌아올 때는 나와 아이들의 얼굴에 웃음꽃이 피어 있었다.

6학년 때는 〈임금님의 사건 수첩〉을 보러 갔다. 이 영화는 우리들이 선택한 영화여서 그런지 모두 기대하는 마음으로 보러 갔다. 〈임금님의 사건 수첩〉이 전하고자 하는 내용은 사실 아직도 잘 알지 못하겠다. 그래도 이 영화를 보니 전혀 관심도 없고 흥미도 없던 역사를 한 번이라도 찾아보고, 관심을 가질 수 있었다. 다음에 다시 한번 꼭 봐야겠다는 생각을 했다.

사실 영화를 보는 것이 나에게 어떠한 영향도 미치지는 않으리라 생각하였는데, 나의 생활을 되돌아볼 수 있는 시간이 되었다. 나는 학교에서 시간을 내어 영화를 보러 가는 것이 처음에는 의미 없다고 생각하였지만 괜찮았던 것 같다고 생각한다. 그리고 경제적으로 조금 힘이 드는 아이들은 이런 영화 보기가 힘들 수 있다. 이런 활동으로 그 아이들에게 경험과 추억을 만들어줄 수 있다는 것이 정말 좋았다고 생각한다.

나만의 꿈을 꾸고 있다

나는 내 꿈이 무엇이고, 어떤 식으로 준비를 해야 하는지 자세히 몰랐다. 그래서 나는 학교에서 잡월드(오산시 지원-물향기학교-진로체험 학습 차량비 지원)를 갈 때 내 희망 진로 쪽을 택하였다. 학교에서 가지 않았더라면 나는 이런 곳이 있는 줄도 몰랐을 것이고 내 진로에 한 발짝 다가가지도 못했을 것이라고 생각한다. 잡월드에서는 여러 직업 체험을 할 수 있었다. 내가 알지 못하였던 새로운 정보도 알게 되고, 이 분야로 직업을 정해 나아가려면 어떻게 준비하는지도 자세히 알게 되었다.

또한 관심이 없던 직업에도 조금씩 관심이 생기기 시작하였다. 나는 잡월드를 갔다 온 것이 정말 뜻깊은 시간이었다고 생각한다. 그리고 잡월드에 갔다 오니 내 꿈에 한 발짝 다가갈 수 있었다는 생각에 많이 기뻤다. 오산시에서 차량 비용을 지원해주어 경제적으로 조금 힘든 친구들도 큰 부담 없이 즐겁게 잘 다녀올 수 있었던 것 같다.

그리고 5학년 때 한 번, 6학년 때 한 번인 잡월드 직업 체험으로는 무엇인가 허전한 느낌이 들 때쯤 학교에서는 '직업 체험 부스(오산시 지원-물향기학교-빛깔 있는 학년학습전문공동체 운영)'라는 것을 운영한다고 하였다. 직업 체험 부스는 우리가 선택한 직업 중에 실제 직업으로 가지고 계신 총 여섯 분이 오셔서 멘토를 해주시는 것이다. 내가 선택한 직업은 다른 아이들이 많이 원하는 직업이 아니기 때문에 내가 원하던 직업 체험 부스가 없어서 아쉬웠다. 그래서 나는 그냥 평소에 조금이라도 흥미를 가지고 있던 직업 체험을 택하였다. 직업 체험에는 제과제빵사, 쇼콜라티에, 경호원, 마술사, 운동선수, 웹툰작가가 있었는데 평소 웹툰을 많이 보고 좋아하는 나는 웹툰작가를 선택하였다. 그리고 조금 멋있어 보이는 경호원을 택하였다.

웹툰작가 시간에는 웹툰이 어떻게 만들어지는지, 웹툰작가가 되려면 어떤 과정을 밟아야 하는지 등을 배웠다. 또한 직접 캐릭터를 구상하고, 웹툰도 그려보았다. 경호원 시간에는 경호원이 무슨 일을 하고, 무기는 어떤 식으로 사용하는지 등을 배웠다. 그리고 그 무기를 직접 만져보기도 하였다.

직업 체험을 한 것이 내 진로에 관련되지는 않았지만 다른 직업에도 관심을 가질 수 있는 계기가 되었다. 정말 이런 직업에 자신의 진로가 관련되어 있는 친구들은 이 시간이 정말 소중하고 기뻤을 것이라고 생각하니 나도 왠지 미소가 지어졌다.

꿈을 이루기 위해 하나씩 준비하기

나는 5학년 때부터 토론 동아리(오산시 지원-토론 수업 문화 활성화-독서 토론 동아리 운영)를 하였다. 5학년 때 대회 출전 경험도 있다. 6학년이 되고도 계속 토론 동아리를 하고 싶었지만 2번 정도만 나가고 다른 학원에 다니게 되어 아쉬운 마음으로 토론 동아리를 나왔다. 나와 친한 친구들은 한 명 빼고 모두 토론 동아리를 다닌다. 토론 동아리를 다니는 내 친구들을 보면 너무 부러웠다. 그러다 멘토 선생님이 오셔서 멘토를 해주시는 프로그램이 생겼는데, 그것을 보니 너무나 토론 동아리에 들어가고 싶었다. 그리고 대회를 나간다고 열심히 준비하면서 서로를 배려하는 친구들의 모습을 보게 되었다. 그 모습이 좋아 보여 나는 더욱 토론 동아리에 들어가고 싶었다.

토론 동아리 시간이 중간에 한 번 바뀌었다. 그때는 시간이 맞아 들어갈 수도 있었는데, 다른 친구들과 선생님의 눈치가 보여 들어가지 못했던 것이 지금은 너무 후회된다. 내 친구 중 한 명이 대회에 나가 연사상을 받았다고 하였다. 나는 그 소식을 듣고 정말 너무나도 부럽고 후회되었다. 그래서 나는 중학생이 되어 꼭 토론 동아리에 들어가겠다는 다짐을 하였다. 절대 이 다짐은 쉽게 잊지 않을 것이다.

학교에서는 서예 수업(오산시 지원-물향기학교-전문 강사 활용 서예 수업)을 한다고 하였다. 나는 평소 꾸미는 거나 디자인에 관련한 것들을 잘하지도, 좋아하지도 않았다. 처음에는 그냥 교실에서 다른 미술 활동이나 하지 왜 굳이 서예 수업을 하는지 잘 몰랐었다. 좋아하는 것도 아니고, 잘하는 것도 아니니 더욱이 그랬다. 그래도 일단 시작하였으니 서예 수업에 열심히 참여하였다. 하다 보니 나름 재미도 있었다. 하지만 나의 실력이 좋지 않으니 좋은 작품이 나오지 않아 조금은 실망스러웠다. 친구들은 정말 잘하는 것 같고, 서예 수업이 무척 즐거워 보였다. 최종적으로 서예 작품을 만들 때 나는 매우 열심히 연습을 한 뒤 만들었다. 결과는 꽤 좋았다. 약간의 실수는 있었지만 좋은 작품이 나왔다. 그때는 이렇게 하는 일이 전혀 의미 없다고 생각하였지만 지금 되돌아보면 좋은 추억이 되었던 것 같다.

나의 성장 이야기를 마치며

나는 오산에 살며 다양하고 많은 경험을 할 수 있다는 것이 마음에 든다. 서울과는 다르게 서로 정을 쌓아가며 가깝게 지낼 수 있다는 것이 너무 좋다. 내 진로를 찾아갈 수 있고, 나의 취미 생활을 할 수 있어 즐거운 나는 오산이 너무 좋다.

주변 아는 언니, 오빠한테 들어보니 중학생이 되면 다양한 활동들을 한다고 했다. 엄마는 오산이 좁고 작은 도시지만 그것을 이용하면 좋은 점이 많다고 했다. 집 가까이에 시청이 있어 오케스트라 활동하기도 쉽고, 다양한 체험 부스도 시청 앞마당에서 자주 열리고, 수영 체험을 할 수 있는 수영장도 여러 개 있는데 모두 가까워 이용하기 편하다고 했다. 나도 그렇게 생각한다. 좁다고, 작다고 불편하고 부끄러운 것이 아니다. 밤송이 속 밤같이, 달걀노른자같이 영양가가 더 풍부할 수 있다. 오산이 점점 좋아진다.

날마다 조금씩 야금야금 자라는 교실

이성애 (오산교육시민회의 마을교육공동체분과, 운암초등학교 교사)

프롤로그

알고 있었다. 이번에 입학하는 그 아이가 누군지를. 몇 년 전 그 아이 오빠가 옆 반에 있었는데 그때 담임선생님이 애먹었던 상황을 너무 잘 알고 있었다. 항상 지각하는 아이, 한글을 모르는 아이, 체험학습 가야 하는 중요한 날에도 학교에 오지 않고 부모와 연락이 되지 않아 담임교사가 난감해서 발을 동동 구르게 만드는 아이였다. 참다못해 부모님께 협조를 구하자 오히려 담임에게 더 큰 책임감과 사명감을 가지고 아이를 돌봐줄 것을 요구해 당시 그 교사는 거의 패닉 상태에 빠졌었다.

한글 해득을 위해 그 아이의 책에 있는 온갖 사물 그림엔 작은 쪼가리 낱말 라벨지가 붙었다. 그렇게라도 한글을 익히게 하기 위한 담임교사의 노력이었다. 한동안 '가, 나, 다, 라 …… '를 깨쳤다 했고, 담임은 자신의 목소리와 기력을 지불하고 얻은 결과였기에 뿌듯해했다. 내 일처럼 여겼기에 같은 학년 교사들 모두 함께 박수를 쳐주었다. 그러나 몇 주 뒤 아이의 한글 해득 실력을 포함한 수학 문제 풀이 능력이 나아지지 않는다는 말을 들었다. 더 이상 교사의 노력 여하에 따라 가파른 상관관계 그래프를 그릴 만한 지적 능력이 안 될 수도 있다는 것. 가르치는 자에게 가르쳐봤자 한계가 있다는 사실은 참 가혹하다. 그것이 교사에게 어떤 절망감을 주는지 알기에 우린 말없이 어깨만 다독였다.

그런데 그 아이의 동생이 우리 반에 배정되었다. 어젠가 본 적이 있는 아이. 키가 크고 착하게 생겼다. 아, 올 한 해 나에게 얼마만큼의 사랑, 노력, 인내심, 헌신을 요구할까?

꼬였다, 단단히 꼬였다

입학한 지 얼마 되지 않아 오산시민참여학교(오산시 교육 사업-오산시민참여학교-1학년(퀼리사 체험))를 가게 되었다. 교실 수업, 학교 수업은 지루하고 답답해도 콧바람 쐬러 나간다면 학교 오기 싫어하던 아이들도 새벽부터 일어나 기분 설레 한다는데 '설마 현미도 일찍 오겠지'라며 애써 걱정을 억누른다. 약속한 시간이 다가오자 하나둘 아이들이 교실로 들어오는데 기다리는 현미는 아직도 안 온다. 시간 맞춰 온 아이들만 데리고 교실을 나가며 계속해서 부모님에게 연락을 취해보지만 전화를 받지 않는다. 어쩔 수 없이 교무실에 상황을 알리고 최악의 상황엔 계획에 따라 도서관에서 수업을 하기로 하고 교문 밖으로 나간다.

'늦게라도, 지금이라도 오면 좋겠다. 왔으면 좋겠다. 함께 가면 좋겠다.' 수없이 주문처럼 외웠건만 만나지 못했다. 대신 엄마가 전화를 받는다. 더 절망스러운 말.

"아까 나갔어요. 학교에 가지 않았어요?"

가출한 것도 아니고 집 나간 아이가 도대체 어디를 방황하며 다니기에 학교에 나타나지 않은 건지 …… 이제 체험학습은 둘째 치고 아이의 안전까지 신경 써야 하는 상황. 아무것도 모르는 아이들은 첫 체험학습으로 들뜬 마음에 나만 본다. 반짝반짝 고운 눈빛으로. 그러나 나는 안다. 올 한 해 현미 때문에 쉽지 않겠다는 것을.

'꼬였다, 꼬였어. 완전 단단히 꼬였다.' 몇 해째 컬리사로 시민학교 갔을 때 날이 그렇게 좋더니만 오늘은 구름이 많아 어둡고 을씨년스럽다. 비나 내리지 않았으면 좋겠다. 오늘의 날씨, 딱 내 마음이다!

궁지에 몰리면 협박을 한다

'1학기에 한글 해득'이란 목표가 있었기에 현미가 학습 부담감에 입학을 취소하고 싶어 할까 염려도 살짝 됐지만, 인정사정 봐주지 않기로 했다. 요즘같이 텔레비전 자막을 포함해 문자가 흔해 빠진 시대에 아직도 한글을 읽지 못하는 아이는 마치 인권도 없는 양 나는 거세게 몰아붙였다. 작년엔 시청에서 1학년 학습도우미 교사를 지원해주어 한결 수월한 부분이 있었는데, 올해는 오롯이 나의 몫이라 생각하니 마음이 더 급하다.

'어떻게든 1학기에 한글을 읽을 수 있게 해야 해. 그래야 여름방학에 집에 들어앉아 주구장창 텔레비전을 보더라도 밑에 자막이라도 읽으며 한글 공부를 하지.' 담임의 속이 이렇게 조바심 나는 것은 알 필요도 없다는 듯이 소처럼 껌벅껌벅 큰 눈으로 나 잡아먹으슈~ 하는 폼이다. 책 읽어주는 선생님 프로그램을 하며 재미있는 그림책도 읽어주고, 교육과정을 재구성해서 매일같이 체육 놀이도 하는데 왜 효과가 이리 더딘지 …… 내 마음이 급해서 그런가 아이가 늦된 건가, 아이의 눈빛에서 뭔가 배우겠다는 의지를 읽어낼 수 없다.

그러던 중 아이가 상급 학년에 있는 오빠, 오빠 친구들과 학교가 끝나도 학교 주변을 배회한다는 말이 다른 학부모 입을 타고 내게 들렸다. 그 학부모는 자기 아이까지 덩달아 그 무리에 끼어 정신 못 차리고 다니는 게 조심스러워 현미에 대한 정보를 얻을 수 있을까 하여 담임에게 전화한 터였다.

'분명히 단단히 일렀는데. 오빠 친구들과 학교 주변 다니지 말라고. 그래서 돌봄교실에도 넣어주었더니 집에 가서 쉬겠다고 복잡한 서류 꾸며 넣어준 담임의 노력은 생각하지도 않고 그렇게 그만 둬놓고 집에도 안 가고 배회하다 다른 학부모에게 그런 취급이나 받고 …… .' 현미 엄마에게 전화를 했다. 이만큼 쌓아두었던 원망이 나왔다.

"어머니, 현미 잘 챙겨주세요. 탁아가 어려운 듯해서 제가 돌봄교실에도 넣어주었는데 그만두게 하시고 안내장도 전혀 회수되지 않고 있습니다. 학습지도 학교에서 다 한 후 집에서 엄마가 사인만

해주시면 되는데 전혀 협조해주시질 않으니 힘이 빠집니다. 입학하고 나서 무릎에 구멍 난 회색 레깅스 며칠째 계속 입고 오는 것도 알고 있습니다. 이런 것들 요즘엔 '방임'에 들어가서 심해질 경우 담임교사가 신고하도록 되어 있습니다."

결과적으로 쓸데없는 나의 의욕은 '신고'란 낱말을 운운하며 학부모를 협박하고 충동질해서라도 상황을 개선시키고 싶었는데 ……. 지금 생각하니 그래도 현미 어머니가 인생 선배는 선배였다. 내 말에서 그래도 아이에 대한 열정과 애정을 느꼈는지 원망으로 맞받아치지 않고 본인의 상황을 설명했다. 도저히 여력이 없노라고. 그러나 선생님 말씀대로 어쨌든 최선을 다하겠다고.

'에휴~ 사는 게 다 힘들다. 수월한 인생은 없다. 섣불리 부모를 자극하고 간략한 가정 상황을 고스란히 알게 된 까닭으로 올 한해 현미의 한글 해득을 포함한 공부, 생활 지도 모든 것에 대한 책임이 나에게 덩굴째 굴러 들어오는구나!'

돈다, 돈다, 얼굴에 생기가 돈다

첫 번째 이야기

여름이면 오산 시청에 슬라이드가 있는 물놀이장이 생기고 겨울이면 스케이트장이 생겼던 적도 있지만, 현미처럼 부모님이 바쁜 아이들에겐 그런 것이 있는 줄도 알 길이 없다. 영화관 옆에 살아도 영화관에 가본 적도 없을 것이다. 그래서 우리는 1년에 한 번

육교 하나만 건너면 다다르는 영화관에 간다(오산시 지원-물향기학교-마을 교육 연계 학교 앞 영화 관람). 국어과 교과에서도 '읽기'의 범주에 영상 매체를 읽는 것까지 포괄하는 추세라 어느 교과든 영화와 관련지을 수 있기에 가능했다.

한 손은 다정한 부모님의 손, 한 손은 팝콘 상자에 넣는 그 흔한 풍경은 아니지만 그런대로 학교에서 선생님에게 영화관 예절, 육교, 엘리베이터 이용 교육까지 받고 일사불란하게 10분 되는 거리를 오간다. 현미를 포함한 아이들의 표정이 밝다. 가장 평점이 높은 영화를 보았다. 이제 내 집, 우리 학교 옆에 있는 이 영화관은 나와 별 상관없이 높다란 건물이 아닌, 친구와 선생님과 함께 와서 영화를 보았던 설레는 추억을 간직한 우리 마을의 한 곳이 되었다.

두 번째 이야기

처음엔 국어, 수학 보충 학습을 위한 희망교실에 곧잘 빠져서 나를 실망시키더니 언제부턴가 "선생님, 저 오늘 희망교실(오산시 지원-초·중 학력 향상 프로그램) 가요?"라고 매일 묻는다. 친구들 앞에서 공개적으로 말하는 게 부끄럽지 않을까 걱정했지만, 현미는 그렇게 느끼지 않았다. 처음엔 애가 몰라서 묻나 생각했으나, 그것이 현미에겐 자긍심, 소속감, 만족감을 아울러 일으키는 활동이었던 것 같다.

일이 많아 바쁘거나 안 바쁘거나 정규 수업이 끝나고 또 공부하러 가는 현미를 안쓰럽고 대견하게 생각해 그 물음에 항상 '간다', '안 간다'로 일일이 대답해주기를 몇 달째 했다. 이젠 교실에서도 부쩍 쉬운 낱말은 잘 읽는다. 책 읽어주는 선생님 프로그램을 할 때면 허리를 세우고 텔레비전 화면 가득 동화책의 그림을 뚫어져라 본다. 길거리의 넘쳐나는 간판, 불량식품을 포함한 다양한 군것질거리에 있는 글자들은 더 이상 현미의 몸과 마음을 움츠러들게 만드는 것이 아니다. 당당하게 다가가 읽어내고 먹어 치워 없앨 것들이 되어가고 있다. 그때부터였을까? 현미의 얼굴에 생기가 넘친다고 생각한 때가?

세 번째 이야기

매주 금요일 1시간씩 운영되는 합동체육놀이(오산시 지원-물향기학교-합동체육놀이 시간 운영) 시간. 신경 써주는 학부모들은 그날이 되면 운동화는 기본이고 편안한 트레이닝복까지 갖춰 보낸다. 하지만 현미는 바닥 얇은 구두를 신고 와서는 크게 불편함을 느끼지 못하는지 달리기면 달리기, 줄다리기면 줄다리기를 하면서 신이 난다. 처음에는 친구들과 단체 경기를 할 때면 그 친구가 자신과 팀을 이루는 것에 대해 좋아할지 어쩔지 소극적으로 망설이던 아이가 많은 놀이 시간을 통해 점점 밝고 적극적인 모습을 찾아간다.

많이는 아니지만 1학기 5시간, 2학기 5시간씩 전문 강사에게 음악줄넘기(오산시 지원-물향기학교-전문 강사 활용 1, 2학년 줄넘기 수업)를 배우기로 했다. 줄넘기를 처음 접하는 아이부터 다년간 태권도 학원을 다닌 아이까지 줄넘기 실력 차는 엄청났다. 두 아이는 매우 민첩하게 뛰며 아이들의 감탄 어린 시선을 즐긴다. 반절 넘는 아이들은 간신히 모둠발 뛰기를 가까스로 한다. 또 절반의 아이들은 영 넘어가지 못한다. 그래도 다들 입학 선물로 준 노란 줄넘기를 가지고 왔건만 …… 현미는 학교에서 준 건 어디다 버리고, 힘도 없어 보이는 짧은 줄넘기를 가지고 왔다. 주면 뭘 하나 싶어 미운 마음에 짜증이 나지만, 아이의 잘못이 아니니 뭐라 할 수도 없고.

2학기 8번째 수업을 할 즈음에 현미는 모둠발뛰기, 발바꿔뛰기를 성공했고 9번째 수업엔 짝과 함께 줄을 엇갈려 함께뛰기를 성공했다. 물론 답답한 마음에 순서 기다리며 쉬는 아이의 줄넘기를 얼른 빌려 현미에게 넘겨주기를 수차례 끝에 성공한 것이다. 마음이 착해 자신의 발에 줄이 자꾸 걸려 마음 쓰여 하던 현미도 나중에 한 번이라도 성공하니 해맑게 웃는다.

네 번째 이야기

교육성장앨범(오산시 지원-물향기학교-빛깔 있는 학년학습공동체 운영) 만들기. 아이들을 떠나보내며 마지막 해야 할 과제이다. 앨범 제작업체에 아이들 각각의 폴더를 넘기기 전 다행히 눈이 왔다. 학교 숲에 내린 2~3cm의 눈이 녹을세라 뛰어나갔다. 2~3명이 찍고, 모둠끼리 찍고, 남자 여자 찍고 …… 나무에 쌓인 눈을 털어내는 몇몇 녀석에게 고함을 치며 일사천리로 마지막 사진을 찍었다. 이 일이 아니라도 바쁜 학년말에 본격적으로 사진 분류 작업을 하려고 아이들 인원수대로 폴더를 만들었다. 목표는 100장의 사진이었으나 60~70장 정도로 정선하기로 했다. 현미의 사진을 정리한다.

업체에서 물놀이 기구(오산시 지원-물향기학교-교과 연계 교내 물놀이 운영)를 대여해서 운동장에서 수영을 했던 7월의 어느 날 하늘이 참 맑았다. 슬라이드에서 내려오는 아이들이 슬라이드와 풀장 사이에 빠질까 정신없이 안전 지도를 하느라 미처 보지 못했었는데 ……. 알록달록 실외용 수영복을 입은 아이들 사이로 원피스 수영복을 혼자 입은 현미가 혹시라도 위축될까 잠깐 생각했었는데 ……. 학부모들이 찍어준 사진을 보니 현미가 1학기에도 이렇게 밝은 모습이 있었구나 싶을 정도로 생기 넘친다. 현미의 표정이 그날의 날씨와 닮아 있다는 것을 미처 몰랐다. 앨범으로 만들고 보니 현미는 1년 내내 마치 행복하게 웃고만 산 것 같다. 하하하. 그건 아닌데.

다섯 번째 이야기

아이 교육에 관심 있는 부모라면 그 흔해 빠진 잡월드(오산시 지원-물향기학교-진로체험학습 차량비 지원). 그러나 누구에게나 흔한 것은 아니다. 학생 수가 적어 차량비 부담이 커 이를 오산시 보조 예산으로 활용한다. 벌써 두 해째가 되고 나니 아이들의 기대감이 크다. 얼마나 많은 체험관이 있는지, 몰려다니다 체험 시간 놓쳐 체험을 하지 못하면 선생님이 어떻게 구박할 것인지에 대해 협박을 곁들여 반복 지도했다. 체험 시간표를 집으로 보내 부모와 어떤 것을 어떤 순서로 할지 작전을 짜오라고 했다. 실상은 그냥 어떤 체험관이 있는지 부모님과 관심 가지고 보란 뜻이었다.

한 번도 이런 곳에 와본 적 없을 현미가 늦지 않게 왔다. 정신없이 첫 시간부터 놓치지 않고 자리를 잡고 앉았다. 유치원부터 친했던 친구와도 붙어 다니지 않고 야무지게 미용실도 가고, 패션쇼 런웨이도 걸었다. 물론 영양가 없는 피자 만들기 체험도 하고 ······ . 체험이 끝나고 몇 개의 체험을 했느냐고 닦달하는 담임을 향해 현미는 만족스런 표정으로 6장의 체험카드를 보여주었다. 물론 꽤 여러 명이 6장의 카드를 내밀었지만, 내겐 현미의 6장이 7장, 8장처럼 느껴져 흐뭇했다. 내년에도 또 올까 물으니 입고리가 귀까지 올라가며 또 오고 싶단다. 이번에 못한 수의사를 해보고 싶단다. 든든한 지원자, 조력자가 되어주는 선생님과 친구들이 있기에 처음 접하는 낯선 환경 속에서의 배움도 두려움의 대상이 아닌 것 같다.

여섯 번째 이야기

교육과정 발표회(오산시 지원·물향기학교·교육과정 발표회 운영)가 있던 날 우리는 교육 연극을 했다. 통합 시간에 배운 게임과 놀이를 연극으로 만들었다. 현미에게도 배역을 주었다. 마이크를 들고 내레이션 하는 아이가 두 명 있고, 나머진 그 소리에 맞추어 몸동작만 하면 된다. 현미는 나름 비중이 있는 조연이다.

"무대 앞으로 걸어 나와 왼쪽 손을 하늘로 치켜들고 오른손으로 시계가 있음직한 부위를 두 번 두드린 후 입을 벙긋거려라."

이것이 담임교사의 특명이었다. 몇 번의 연습이 있었는데 위치도 잘못 잡고, 팔 동작도 뒤에서 보이지 않을 정도로 야무지지 않다. 마음이 급한 대로 우선 현미에게 충격요법을 쓰기로 했다. 1년이 다 끝나는 즈음이었기에 현미도 더 당당히 무대의 스포트라이트를 감당할 수 있는 담력과 자신감이 생겨야 한다고 생각했고 할 수 있다고 생각했기에 강도 높게 아이를 다그쳤다.

"팔 쳐드는 게 쉬운 줄 알아? 팔 하나 드는 게 얼마나 용기가 필요한 줄 알아? 용기 없으면 팔도 들 수 없어. 앞으로 한 발짝 나올 수도 없어. 넌 이 장면의 주인공이야. 뒤에서 보이도록 팔을 분명히 딱 들으란 말이야! 잘할 수 있어! 잘할 수 있으면서 왜 그래!"

본 무대에서 현미는 지금까지 모습보다 훨씬 절도 있고 자신감 있는 동작을 보여주었다. 음향을 직접 트느라 정신없었지만 내일 꼭 칭찬해야지 마음먹었다.

공연이 끝나고 아이들을 데리고 교실에 내려와 이런저런 일을 하는데 먼저 학급 활동을 마친 현미의 언니, 오빠가 어떤 남자 곁에 섰다. 그리고 그 남자 어른이 나를 향해 고개를 숙여 인사를 한다. 젊어 보이는데 현미의 아버님이었다. 전 담임들은 엄마도 직접 보지 못하고 전화 통화도 거의 연결이 안 되어 무시당한 것 같다 속상해했었는데 …… . 엄마도 아니고 아빠를 직접 보게 될 줄이야. 배울 만큼 배웠다는 사람도 담임교사가 옆으로 지나가거나 말거나 인사도 안 한다는 요즘 세상에 몇 번이고 기회를 보다 나와 눈인사라도 나누려 한다는 걸 감지했다. 눈인사를 하고 내친김에 현미에게만 특혜를 베풀어 알림장도 안 쓰고, 청소도 하지 말고 아빠와 함께 가도 된다고 했다. 입학식 말고 어쩌면 처음으로 학교에 왔을지 모르는 아빠와 아이들이 자장면이라도 한 그릇 먹고 기분 좋게 집으로 갔으면 좋겠다고 생각했다. 지금까지도 그날 현미 아빠의 모습을 곰곰이 생각하면 참 고맙고 가슴 따듯해진다.

'그래, 요즘 같은 세상에 한 글자도 못 읽는 아이를 학교 들여보내는 부모 마음이 편하기야 할까? 그래도 학교 들여보내니 글자도 깨쳐 뭐라 뭐라 읽고, 아침에 학교 가기 싫다고 속 썩이지 않고 신나게 학교로 달아나는 막내딸을 보며 담임에게 조금은 고마운가 보다.'

풍성한 우리의 잔치가 온다

매일 학교 도서관에 가서 책을 빌려 오면 스티커를 준다. 경기도교육청에서 스티커가 학생 인권을 침해한다고 지양하라고 했다지만, 불편한 마음과 교육적 소신을 가지고 여전히 하고 있다. 읽거나 말거나 상관없이 빌리면 한 장이다. 2권 빌려도 한 장, 1권 빌려도 한 장이다. 글을 못 읽어도 그림책을 빌릴 수 있으니 입학하고 곧장 시작한 이 활동이 현미에게도 해당되지만, 한글 미해득으로 학교에 온 현미에게 도서관은 언감생심 가까이하기엔 너무 먼 그런 곳이었겠지. 2학기가 되고 담임의 예상대로 방학 내내 집에서 텔레비전을 실컷 보며 화면에 나오는 자막을 충분히 읽었는지 어쨌는지 모르겠지만, 여하튼 여름방학이 지나고 나서 읽기의 유창성이 눈에 띄게 좋아졌다.

그리고 현미가 도서관에 간다. 한 권, 또 한 권 …… . 현미의 썰렁했던 스티커판에 한 권씩 스티커가 붙는다. 한 학기 동안 모아 1학기엔 아나바다 가게 놀이(오산시 지원-물향기학교-빛깔 있는 학급 운영)를 했다. 거기에서 빛깔 있는 학급 운영비로 보조를 받아 잠자리채, 머리띠, 모기퇴치제 등 다양한 물건을 사서 만물상을 차렸다. 그때 책을 읽어 모은 스티커는 한 장에 100원씩 환산되어 가게 놀이의 밑천이 된다. 활동이 끝나고 흡족해하던 아이들은 봄방학 전에 다시 하자고 한다. 그때는 선생님이 떡볶이 가게를 연다고 했다. 다년간의 노하우로 떡볶이 맛이 중요하지 않다는 것을 안다. 날마다 조금씩 야금야금 배추 잎사귀를 먹고 애벌레가 나비가 될 때까지 수고한 우리 어린 친구들을 이런 잔치를 통해 격려하고 칭찬하고 싶어 하는 선생님의 진심이 전해지기만 하면, 아이들에게 떡볶이는 세상에 다시없는 꿀맛이 된다.

가끔 아이들에게 일기 숙제를 내준다. 특별한 일이 있었을 때, 재미있는 책을 들려주었을 때 생각과 느낌을 써 오도록 한다. 5~6명의 아이들이 집요하지 못한 담임교사의 성격을 파악하고 미꾸라지처럼 숙제 낼 생각도 안 하고 있겠지만, 그 가운데서 난 요즘 현미의 일기를 매번 보고 있다. 10줄 가까이 받침이 거의 없는 일기지만 현미에게 관심이 무지 많기에 그 힘든 글을 술술 읽어 내려간다. 한글도 모르는 상태로 들어와 이만큼 노력하는 현미에게 내가 해줄 수 있는 것이라곤 칭찬밖에 없다.

"현미의 일기를 읽는 것이 선생님에겐 매우 큰 기쁨이구나. 고맙다. 글씨는 정확하지 않아도 되니 이렇게 네 생각과 느낌을 많이 써줄래? 다음에도 너의 일기를 함께 보고 싶어. 많이 칭찬한다."

오늘 현미가 급식을 내 앞자리에서 먹게 되었다. 지정 좌석이 아니지만 그럼에도 현미가 바로 내 앞에 앉아 밥을 먹은 건 오늘이 처음이다. 현미가 나의 어떤 모습에서 웃음이 났는지 모르겠지만, 눈을 들어 보니 고개를 돌려 저쪽을 바라보는데 볼 근육이 씰룩거린다. 작은 웃음을 참고 있는가 보다.

"현미, 선생님 좋아?"

크지 않은 동작으로 고개를 끄덕인다.

"나도 현미 좋다. 떡국 더 먹을래?"

우린 나란히 떡국을 더 받아 와 맛있게 쩝쩝 먹었다. 만족스런 미소가 서로의 얼굴에 번진다.

에필로그

교육의 대상이 사람이기 때문에 참 어렵다. 어떤 현상에 대해 인과관계가 명확하지 않은 경우가 많다. 학교는 특정 문제 행동을 수정하는 연구소가 아니며, 연산과 문법을 가르치는 학원도 아니다. 우리는 매일 같은 공간에서 같은 공기, 분위기, 식사, 시간, 마음, 기분 등 모든 걸 나누며 함께 생활한다. 명확한 이유 없이 날마다 조금씩 성장하는 곳이 학교이고 교실이다.

아직 어리다는 이유로 상처받고 무시당하기 쉬운 학생들의 마음에 사랑, 격려, 인정, 칭찬, 지식, 용기, 만족감, 우정, 기쁨 등 많은 것들이 스며들어 더딜지라도 조금씩 성장하는 아이들이 되길 소망한다. 이를 위해 오늘도 교사는, 학교는 여전히 진지하게 고민하며 교육이라는 씨앗을 뿌리고 물을 준다.

백년 교육 도시를 꿈꾸다

교육의 참된 목적은 각자가 평생
자기의 교육을 계속할 수 있게 하는 데 있다.
존 듀이

2016년부터 혁신교육지구 시즌 2가 시작되었다. 경기도교육청은 오산과 광명, 구리, 군포, 부천, 시흥, 안산, 안양, 의정부, 화성 등 10개 지역과 혁신교육지구 협약을 맺었다.

2010년부터 시작한 오산의 혁신교육지구 발자취를 네 단계로 나눌 수 있다. 2010년은 도입기, 2011~2014년은 성장기, 2015~2016년은 확산기, 2017~2018년은 일반기이다. 2010년 초선 시장으로 교육 도시 만들기의 뜻을 품고 시청에 들어와 보니 교육 전담 부서가 없었다. 처음에는 교육 전담팀을 자치행정과에 두었고 그 팀이 교육협력과로 확장됐다. 현재 평생교육과의 전신이다. 중간 지원 조직이 필요하다고 판단해 전라도 완주군의 마을커뮤니티센터를 벤치마킹한 혁신교육지원센터를 장학재단 안에 2011년 개소했다. 그 뒤 창의인재육성재단으로 바꾸었다가 2018년에는 오산교육재단으로 확대되고 대한민국 최초로 교육재단이 탄생한 것이다.

상도 많이 받았다. 2012년 경기도교육청의 혁신교육평가우수상, 2013년 대한민국 대표 브랜드 '교육 도시' 대상, 2014년 대한민국 평생학습 대상 사업 부분에 시민참여학교로 수상했다. 2015년에는 교육부 평생학습 도시로 선정되었고, 2016년에는 교육부로부터 2016년 자유학기제 최우수 지자체, 창의인재육성재단은 2016년 자유학기제 전면 시행 유공 기관으로 선정되었다.

2016년에는 오산대학교와 협력해 개발한 오산시 캐릭터를 완성했다. 오산시의 상징 시조(市鳥)를 비둘기에서 까마귀로 바꾸었다. 오산의 까마귀 오(烏) 자를 살렸다. 책을 들고 있는 까마귀 캐릭터가 평생학습 도시에 참 잘 어울려서 흐뭇했다.

각 학교마다 진로 축제와 지역 연계 학교 축제가 이어졌고 청소년 동아리 박람회도 많이 열렸다. 오산시에 있는 산업체들과 MOU를 맺어 진로 교육을 확장했다. 학부모스터디가 자리를 잡고 나니 각 학교에서는 아버지회를 활성화해서 다채로운 프로그램을 꾸려나갔다. 프로그램에 대해서는 더 걱정할 게 없었다. 오산이 혁신교육을 제대로 한다는 소문이 나면서 혁신교육에 뜻이 있는 교사들이 오산으로 들어왔다. 토론 대회도 매년 꾸준히 열어 자리 잡았으며, 생존수영은 오산의 모든 유치원, 초등학교 3, 4, 5, 6학년생과 중학교 1학년생이 배우게 되었다. 통기타 수업도 확대했다.

이제는 평생학습 도시

오산시는 2016년부터 혁신교육의 일반화 단계로 진입했다. 학교 안뿐만 아니라 학교 밖의 평생교육도 더 공고한 체계가 필요했다. 2017년 7월 6일, 흩어져 있는 오산의 평생교육 학습 체계를 하나로 묶는 오산백년시민대학의 비전 선포식을 가졌다. BI를 개발하고 특허를 출원했다. 시민 평생교육 활동가 14명을 우선 위촉했다. 오산백년시민대학은 배우고 함께 성장하는 평생학습 도시 오산을 구축할 수 있는 시스템이다. 개인의 평생학습이 지역으로 환원되는 학습 생태계를 조성하고, 참여와 소통의 공동체가 활성화되어 시민의 힘을 길러나가는 것을 목표로 삼았다. 지역사회가 함께하는 학교 혁신교육이 평생학습으로 퍼져나가면서 토대가 만들어졌다. 이제 시민 교육의 시대가 열려야 한다.

고령화 사회가 가속화되면서 시니어들의 인생을 설계할 수 있는 '느낌표학교'와 배달 강좌 런앤런을 기초 모델로 해서 '물음표학교'를 만들었다. 실질적으로 이 두 가지 브랜드를 가지고 '집 근처 어디나 교실이 된다'라는 슬로건 아래 하나로통합학습연계망을 두어 네트워크를 강화했다. 권역별로 캠퍼스를 두고 생활 밀착형 학습 공간을 조성하는 것이 하나로통합학습연계망의 사업이다. 또한 오산백년시민대학뿐 아니라 오산의 모든 교육을 하나로 묶는 온라인 학습 플랫폼을 만들었다. 다시 설명하자면 평생학습 체계는 오프라인 학습 시스템인 물음표학교와 느낌표학교, 이를 하나로 묶는 네트워크, 그리고 이 모든 것을 감싸는 온라인 플랫폼으로 구성된

느낌표학교, 학습살롱, 징검다리교실
— 오산백년시민대학은 시민의 자유로운 학습을 위한 지붕 없는 학교다.

다. 참여와 소통, 이 두 가지 목표를 확실히 하면 그동안 해왔던 사업을 하나로 통합 운영할 수 있다. 그리고 통합 운영으로 또 다른 참여와 소통을 낳는 선순환 구조를 만들 수 있다.

시니어를 대상으로 하는 느낌표학교는 50세 이상 시민들을 대상으로 한다. 대학의 형태를 도입해 2년제로 운영한다. 1학년은 기본 소양 과정을 공부하고 2학년은 각자 원하는 자기 전문 과정을 공부한다. 이 과정을 거치면 시니어 리더로서 배움을 전파하는 활동가나 강사가 될 수 있다. 오산백년시민대학의 어떤 프로그램에서도 활동할 수 있다. 시니어 리더들은 일자리, 봉사, 공동체 분야에서 활동하는 것이 목표다.

1학년은 지역 리더로 활동하기 위한 기본 소양 교육을 받는다. 민주시민으로서 기본 교육과 현장 체험, 컨설팅, 학생자치회 등 혁신교육과 평생교육 전반에 걸친 기본 교육을 받는다. 이후 그룹별 프로젝트를 통해 자기가 무엇을 잘할 수 있고 어떤 분야에 관심 있는지에 대한 자기 탐색 기간을 갖는다. 2학년 전공과목은 사회적경제 비즈니스, 지역 전문 튜터, 창업 서비스 플랜, 지역 발전 퍼실리테이터, 라이프 플랜이다. 오산의 지역 공동체를 활성화할 수 있는 대안 분야에서 활동할 수 있도록 설계했다.

시니어를 위한 지역 전문 평생교육 시스템인 느낌표학교는 지역 사회의 공동체 리더를 양성하는 과정이다. 늘어나는 고령층과 베이비부머 세대의 은퇴로 지역사회 은퇴자들의 일자리 문제가 심각하다. 고령화 사회는 지식 축적의 극대화를 이룬 사회라고 한다.

- 100세까지 평생 배우고 나누는 시민의 배움터
- 시민 모두의 무한한 가능성, 최고를 지향하는 오산백년시민대학의 이념을 담음

오산백년시민대학 4대 전략은 철저히 시민의 입장에서
그들이 필요한 학습을 성취할 수 있도록 지원하는 것이다.

이들이 삶을 통해 배운 지식과 경험들을 지역사회에 녹여내면 오산시는 바람직한 어른의 모델을 만들 수 있을 것이다. 아이들은 은퇴한 어른들이 지역에서 어떤 역할을 하는지 보고 자라며 자신의 노년을 상상해볼 수 있다. 사람은 누구나 사회적 역할을 하고 사회적 성취를 이루고자 한다. 노년을 준비하는 중장년층이 은퇴 뒤에도 지역사회에서 환영받는 활동가로 산다면, 사회적 성취감을 느낄 수 있을 것이다. 나 또한 시정을 펼치면서 나의 가장 든든한 시정 파트너이자 동반자가 되었다.

물음표학교는 배움에 대한 갈증이 있는 모든 시민을 대상으로 한다. 배달 강좌 런앤런이 물음표학교에 속한다. '학습살롱'이라는 스터디를 새로 만들었고, 지역과 함께하는 '오산 공작소'도 만들었다. 이 세 가지가 물음표학교를 받치는 주요 프로그램들이다.

학습살롱은 대중 강좌라고 할 수 있다. 오산의 공공 기관뿐 아니라 오산 어디든 가능하다. 사교육 기관이나 종교 시설 등의 경계나 제한을 두지 않는다. 도서관이나 문화 재단, 야외 활동도 가능하다. 운영은 학습살롱 플래너가 한다. 학습살롱 플래너는 평생교육 활동가다. 시민들이 요청한 강좌를 기획, 운영, 평가하는 일을 한다. 오산시민 누구나 참여할 수 있다. 학습살롱 플래너 양성 과정을 이수한 사람들에게 자격을 준다. 강좌 기획과 운영에 필요한 활동비도 지급한다. 학습살롱의 공지와 신청은 온라인 플랫폼인 오산시교육포털에서 한다. 배우는 전 과정의 강사료는 오산시에서 지원하고, 가끔 있는 실습 재료비는 개인이 부담한다. 오산시교육

포털 '가르칠 수 있어요' 란에 강좌에 대한 설명을 적으면 오산시청 평생교육과에서 댓글로 연락처를 남기고 해당 강사와 소통해서 강좌 개설을 돕는다. 또한 '배우고 싶어요' 란에는 시민 누구나 배우고 싶은 강좌에 대해서 희망 사항을 적을 수 있다. 글을 올리면 평생교육과에서 개설 가능 여부를 학습살롱 플래너들과 검토해 연락한다. 5명이 넘는 인원이 모여 '배우고 싶어요' 란에 게시글을 올리면 배달 강좌 런앤런으로 바로 연계한다.

배달 강좌 런앤런도 오산시교육포털에서 신청할 수 있다. 외국어와 예체능, 코딩, 실용 공예, 수세미 만들기, 프랑스 자수, 캘리그라피, 홈 트레이닝, 다도, 어린이 블록 놀이 등 가르치고 배울 수 있는 모든 것이 있다고 해도 과언이 아니다. 약 600 강좌가 펼쳐진다. 지역에서 가르칠 수 있는 사람은 누구나 강사가 될 수 있고, 그 연결을 시청에서 하는 것뿐이다. 교육 포털에는 사진을 크게 실어 쉽게 이해하고 신청할 수 있게 했다. 수강생들은 게시판을 통해 같이 배울 사람을 모집할 수도 있다.

오산 공작소는 일자리, 봉사, 공동체 분야의 활동가 양성 과정이다. 오산시의 모든 행정과 사업에 시민들의 참여를 보장하는 것이다. 이 안에서 일자리를 만들어내는 것이 최종 목표다. 여기서 길러지는 활동가들은 오산백년시민대학과 같은 평생학습 프로그램에서 활동가로 일할 수 있다. 마을공동체와 봉사 활동을 연계할 수도 있다. 시청에서 강좌를 기획할 수도 있고 지역의 산학 기관에서 강좌를 개설할 수도 있다.

평생학습을 비롯한 주민 참여를 시도할 때 부딪히는 가장 큰 난관이 바로 공공 모임 장소다. 주민자치센터는 항상 자체 프로그램으로 꽉 차 있고 기관 시설들도 마찬가지다. 시에서 예산을 들여 새로운 공간을 설계하고 짓는 것도 한계가 있다. 오산이 추구하는 방향은 시정에서 모든 것을 준비하는 것이 아니다. 지역 공동체, 마을교육공동체를 만들기 위해서는 지역사회의 모든 자원을 공개하고 공유하는 문화를 만들어야 한다. 거대한 비용으로 물론 평생학습관을 건축하고 그곳이 교육중심이 될 수 있지만 평생학습관이 없어도 비어 있고 함께할 수 있는 공간들을 공유할 수 있다면 그것이 더욱 진정한 학습관이 되고 이웃과 함께할 수 있는 따뜻하고 소중한 장소가 된다. 우리는 지역의 인재만 발굴하는 것이 아니라 물적 자원도 찾아내서 공유할 방법을 찾았다. 개인 사업장이나 공공으로 사용해도 좋다고 허락하는 종교 시설, 교육 시설, 공동체 공간, 마을 작은 도서관 등 찾으면 공간은 얼마든지 있다. 런앤런이나 학습살롱은 소규모 학습 동아리 위주라 큰 공간이 필요하지 않다. 서너 명에서 열 명이 모일 공간을 최대한 찾기로 했다.

평생교육과 직원과 평생학습 활동가들이 6개월 동안 오산시 곳곳을 뒤졌다. 600여 곳 정도 다닌 것 같다고 한다. 자기 사업장을 공공의 영역으로 내놓는 것이 홍보 전략이라고 모두 좋아할 것 같지만 그렇지 않았다. 누가 와서 어떻게 사용하고 뒤처리를 어떻게 하고 가는지도 관건이었다. 공간 관리는 그냥 문만 따주면 되는 일이 아니다. 직원들과 활동가들이 함께 오산 전역을 누비며 후보지를 답사했다. 이러저러한 일들이 있고, 여태 이런 것들을 해왔고, 그래서 지역에 작은 교실들을 찾고 있다고 설명했다. 직원들은 시민들이 흔쾌히 동조했다고 하지만, 어떤 의심을 받고 어떤 안타까운 일이 있었는지 사실 내가 다 알지 못한다.

우리는 이곳을 '징검다리교실'이라고 이름 붙였다. 개울물을 건널 때 꼭 필요한 디딤돌 같은 공간을 떠올렸기 때문이다. 징검다리교실을 찾느라고 분주히 다닌 직원들을 영업 사원처럼 보는 사람들도 있고, 따뜻한 커피를 내주며 고생한다고 격려한 시민들도 있었다고 한다. 직원들도 사람이라 상처받고 위로받는다. 아마 상처보다 위로가 많았기에 그 어려운 일들을 해냈을 것이다. 2018년 오산시에서 시민들이 내어 준 학습 공간 징검다리교실은 무려 252개. 집 앞 어디든 교실이 된다는 것은 북유럽 선진국에서나 가능한 일 아니었던가. 이제 내 집 가까이에서 이웃과 함께 공부하고 공동체에 대한 담소를 나눌 수 있다. 오산 전역이 교실이 된 것이다.

이 징검다리교실이 오산 오프라인의 네트워크 기반 시설이 되었다. 오산백년시민대학이라는 브랜드에 걸맞게 대학 본부와 각 동별로 캠퍼스를 두었다. 대학 본부는 오산시청 평생교육과이고 중앙캠퍼스, 대원캠퍼스, 남촌캠퍼스, 신장캠퍼스, 세마캠퍼스, 초평캠퍼스는 각 동의 주민자치센터다. 2017년 이전 평생학습 마을의 거점이던 주민자치센터는 이제 오산백년시민대학의 캠퍼스로 그 위상을 높였다. 기존의 평생학습 마을에는 '생동감 평생학습 마을'이라는 BI를 만들어 붙이고 주민들이 더 사랑하는 자리가 되도록 구성했다. 마을운영위원회와 코디네이터가 운영을 이끈다. 프로그램 운영과 홍보 등 직접적인 활동은 마을에서 알아서 하고 마을공동체에서 필요한 것을 시청에서 성심껏 돕는다. 각 공동체별로 필요한 양식을 적어 지원 신청을 하면, 서면 심사와 현장 심사를 거쳐 마을 맞춤형 평생교육을 실시한다. 2017년 12월 기준으로 각 동마다 1개 이상의 '생동감 평생학습 마을'이 조성되어 12개에 이르렀다.

국내 대표 평생학습 도시로 자리매김한 오산시는 한국을 넘어 세계로 비상하는 글로벌 평생학습 도시로서 위상을 넓히기 위해 2016년 유네스코 글로벌 학습도시 네트워크(Global Network of Learning Cities, GNLC)에 가입하였다. GNLC는 국제 정보 교환 플랫폼으로 정책 공유, 협력 증진을 통한 전 세계 평생학습의 발전 지원을 위해 설립된 네트워크이다.

2017년 제3차 학습도시 국제회의(2017. 9월)에서는 도시 전체를 캠퍼스화하고 지역 곳곳을 학습공간으로 만들어 언제, 어디서나, 누구나, 배우고, 가르칠 수 있는 '오산백년시민대학 운영사례'를 발표하였다.

2017년 10월에는 유네스코 195개국 회원국 대표와 성인학습 전문가 등 500명이 참가한 가운데 유네스코평생학습연구소(UIL)가 주관하는 제6차 세계성인교육회의 중간회의(CONFINTEA VI Mid-Term Review)는 2009년 브라질 벨렘에서 열린 제6차 세계 성인교육회의를 점검하고 2021년 개최될 제7차 회의 방향을 설정

제6차 세계성인교육회의 Mid-Term Review 2017 '지역사회, 그 안에 숨겨진
최고의 실천(Local Community: The Best Practice within)'이라는 주제로
오산시 혁신교육 및 평생교육에 대한 사례를 발표하고 있다.(2017. 10. 26.)

6차 세계성인교육회의에 참석한 각국 대표단들이 오산시청 로비에서
교류 만찬을 통해 친목을 도모하고 있다.

하는 시간이었다.

경기도 주관 2018년 제5회 세계평생학습포럼(2018. 8. 30.~9. 1.)에서는 '교육이 도시를 변화시키다'라는 주제로 오산시의 배달강좌 '런앤런', 지역 곳곳 카페, 도서관, 체육관 등을 학습공간으로 지정한 '징검다리교실', 시민이 직접 강좌를 운영하는 '학습살롱', 50세 이상 시니어 인생을 재설계하고 삶의 경험을 지역에 펼치는 2년제 리더 양성교육과정으로 운영되고 있는 오산백년시민대학의 '느낌표학교' 등 다양한 평생학습 사례를 소개하였다.

2019년 콜롬비아 메데진에서 열린 제4차 학습도시 국제회의(2019년 10월)에서 '지속가능발전 학습도시 계획 및 관리'에 대해 발표하였고, GNLC도시들의 네트워크를 강화하기 위한 주제클러스터 프로젝트에서 아일랜드 코크시와 함께 17개국 34개 도시로 구성된 '건강과 웰빙을 위한 교육' 주제 클러스터의 리더도시(코디네이터 도시)로 선정되었다.

오산시는 국내외 회의뿐 아니라 2017년부터 자체적으로도 글로벌 평생학습포럼과 같은 국내외 소통 공간을 꾸준히 확대해왔다.

2017년에는 오산시와 핀란드 에스포시 방문단, 일본 평생교육 전문가, 경기도평생교육진흥원, 경기도화성오산교육지원청을 비롯한 교육 전문가, 평생교육 활동가, 시민 등 약 500여 명이 참석한 가운데 '오산 글로벌 평생학습포럼'을 열어 미래 사회에 대비한 오산교육의 방향성을 모색했다.

포럼에서는 오산백년시민대학의 사례뿐 아니라 사쿠라시민대학

중국 항저우에서 열린 유네스코 글로벌 학습도시 네트워크 국제회의에 참석하여
'교육도시 오산' 성공사례를 발표하고 있다.(2016. 11. 16.)

아일랜드 코크시에서 열린 제3회 평생학습국제회의에서 유네스코 글로벌 학습도시
사례 발표에서 한국대표로 "주민에서 시민으로"(시스템과 사람으로 건강하고 푸르른
학습도시 오산을 만들다)라는 주제로 발표하고 있다.(2017. 9. 19.)

콜롬비아 메데진에서 열린 제4회 학습도시 국제회의에 참석하여
'교육 도시 오산의 학습도시 계획 및 관리' 사례를 소개하고 있다.(2019. 10. 2.)

과 중고령자 생애학습으로 알려진 아스나로대학 등 일본 시민대학 사례, 핀란드 에스포시의 지속가능한 학습도시 운영사례 등이 발표됐다.

2019년에는 일본 시부야대학과 함께 기획한 평생교육 프로그램을 각각 운영하며 추진과정과 결과를 공유하여 상호 발전하는 학습 생태계를 구축하기 위해 오산백년시민대학-시부야시민대학 공동기획교육과정을 운영하였다.

2019년 '지속가능발전 포용의 학습도시, 현재와 미래'라는 주제로 열린 포럼에는 평생교육 관련 최고 권위자인 유네스코 평생학습연구소(UIL) 데이비드 아초아레나 소장이 참석하기도 했다.

오산은 이처럼 국제회의를 통한 교류뿐 아니라 전 세계 평생학습의 리더로 평가받고 있는 핀란드 에스포시, 일본 시부야대학, 아르헨티나 빌라마리아 등 세계 평생학습 우수도시와 파트너십을 지속적으로 구축해왔다.

이런 노력을 기반으로 2019년에는 시민 주도 평생학습 프로그램인 '학습살롱'이 유네스코 지속가능발전교육(ESD) 공식 프로젝트로 인증을 받았다. 도시 유휴 시설 등을 결합하면서 산재되어 있는 사람·시설·정보를 연계하고, 배운 것을 실천하기 위한 시민 참여 기획이 처음부터 적극적으로 고려되는 점이 높이 평가되었다.

2020년에는 포스트 코로나 시대 '그린(Green) 학습도시' 구상을 위한 '2020 오산 글로벌 평생학습포럼(웨비나)'을 개최하였고, 전 세계 174개 유네스코 글로벌 학습도시 네트워크(GNLC) 회원도시와 국내 177개 평생학습 도시들이 대거 참석하였다.

오산시는 건강과 웰빙 학습도시 클러스터의 코디네이터 도시로서, 포스트 코로나 시대에 시민들이 건강하고 윤택한 삶을 향유하기 위해 학습 도시들이 어떠한 역할을 해야 하는지 등의 미래 전략을 전 세계적으로 함께 논의할 수 있는 장을 마련하였다.

오산은 지난 10년간 '교육 도시 오산'이라는 도시 브랜드를 기치로 '교육을 통한 지역 변화'에 집중한 결과, 2014년 시민참여학교로 대한민국 평생학습 대상을 수상했고, 2015년에 평생학습 도시로 지정된 데 이어 2016년 글로벌 학습도시 네트워크 가입 선정, 2017년에는 유니세프 아동친화도시로 인증되었다. 오산은 '온 마을이 학교' 운영 시스템으로 교육 도시의 기틀을 갖추어 지역의 변화를 이끌어냈다. 대한민국을 넘어 세계 많은 나라에 실천사례를 전파하고, 함께 배우며 성장하는 글로벌 평생학습 도시로 위상을 강화하고 있다.

코로나19 확산으로 세계가 혼란에 빠진 2020년 3월, 유네스코 평생학습연구소가 개최하는 웹세미나에서 51개국 223개 GNLC 도시를 대상으로 'COVID-19에 대한 오산시 대응사례'라는 주제로 발표했다.

코로나19 예방과 확산방지를 위해 마스크 사용이 늘면서 마스크 품귀현상이 일어난 것과 관련하여, 오산은 시민과 함께 '1배움 1나눔, 마스크 나눔 프로젝트'라는 광범위한 캠페인을 전개해 이를 성공적으로 극복할 수 있었다고 말했다.

이 프로젝트를 통해 보급한 마스크는 '따숨마스크'라는 이름으로, 영구적으로 재사용이 가능한 면마스크를 직접 제작하여 학생들과 취약계층에 집중 배부했다고 말하면서 전 시민을 대상으로 자원봉사를 신청받아 1+1 마스크 키트를 제공하여 2개의 면마스크를 완성하여 1개는 본인의 건강을 위해 직접 사용하고 1개는 어려운 이웃에게 기부하는 방식으로 진행했다고 설명했다.

특히 이 과정에서 오산시민을 위한 배움터인 오산백년시민대학 소속 시민활동가들이 마스크 키트 제작방법을 리플릿과 동영상으로 제작하고 사회적 거리두기를 유지하면서도 시민들이 마스크 만들기에 동참하도록 하는 등 주도적으로 활약했다며 평생학습의 효과를 설명했다.

추가 인터뷰는 전 세계 학습도시 및 유네스코 관계자에게 유튜브를 통해 공유되었고 유네스코에서 감사 서한을 보내 오기도 했다.

오산시의 코로나19 대응과 관련한 글로벌 학습도시 네트워크에서의 모범사례 발표와 공유는 오산시가 지난 수년간의 노력을 통해 글로벌 평생학습 도시 리더로 자리 잡아가고 있음을 상징적으로 보여준다.

예산보다 시민 참여

민관 협치의 시대가 된 것은 오래되지 않았다. 풀뿌리민주주의로 관을 주도하고 정책에 시민들의 의견을 반영하라는 요구는 언

COVID-19에 대한 오산시 대응 사례 발표.

Dear Mayor Sang Wook Kwak,

I would like to express my gratitude for your participation as a speaker during yesterday's Webinar: UNESCO learning cities respond to COVID-19.

Around 250 participants from all over the world, including members of the UNESCO Global Network of Learning Cities (GNLC), were able to learn from this event. Your presentation on the Republic of Korea and Osan's experiences was of utmost interest for the debate.

Thank you for this valuable contribution, for having shared your expertise and your solidarity in this special time of international crisis.

Your participation was much appreciated and we will keep in touch as UIL and its GNLC will continue to be engaged on this front.

With kind regards,

David Atchoarena

유네스코 감사 서한문.

제나 있었다. 하지만 풀뿌리민주주의도 뿌리가 있어야 시작된다. 지역에서 마을 운동을 시작하는 사람들은 염원이 있다. 이루지 못할 꿈을 꾼다는 비웃음도 사지만, 모두가 원하는 건 민주주의다. 국가폭력에 희생당하지 않고 안전한 삶을 영유할 수 있는 땅을 만들고 지키기 위해 애쓰는 것이다. 오산에서 처음 교육 현장의 문제점을 자각하고 망가져가는 오산천을 바라보며 오산시민자치연대를 꾸릴 때의 내 마음도 그랬다. 하지만 관이 들어줄 준비가 되어 있지 않으면 아무 소용이 없었다. 좌절했고, 그때마다 비통했다. 시민들이 하는 말은 모두 민원에 불과했고, 공무원들은 민원을 해결하는 데 급급했다. 쉽게 말해 소리치고 드러눕는 사람의 입을 막기 위해 미봉책을 제시하는 일이 많았다. 과거의 우리는 그런 환경에서 살았다. 시민이 주인 되는 세상을 만들자고 했지만 막상 시민들은 오랫동안 주인 자리에서 비껴나 있었다. 그 누구도 무엇을 먼저 해결해야 할지 몰랐다.

시민 중심, 시민 우선, 시민이 시장인 오산시를 만들고 싶은 마음이 있었지만 나도 어디부터 시작해야 할 줄 몰랐다. 학교 교육을 바꾸면 아이들이 바뀔 것이고, 그렇다면 학부모도 바뀌지 않을까? 이런 상상을 했을 뿐이다. 그러다 호랑이를 잡으려면 호랑이 굴로 들어가는 심정으로 시장 선거에 출마했고 시민들의 지지로 당선되었다. 첫해 공약의 50%가 교육에 관한 것이었다. 공약은 당연히 실천해야 했고 공약을 지키기 위해 최선을 다했다. 공약을 보고 뽑아준 시민들에게 보답하려 애썼다. 공약 완수율이 높아 매

시민이 주도하는 축제가 가득한 도시 오산.

정월대보름 행사.

니페스토 상도 받았다. 교육 정책을 들고 나온 시장을 당선시켜주었다는 것은 그만큼 시민들의 교육에 대한 관심과 열정이 크다는 뜻이다. 다행히 도교육청과 시기가 맞아떨어져 바로 혁신교육에 착수할 수 있었던 건 행운이었다.

아이들은 자란다. 내가 첫 임기를 시작했을 때 태어난 아이가 초등학교에 다닌다. 그때 중학생이었던 아이들은 이미 사회인이 되었다. 대한민국은 유난히 다이내믹하다. 전 세계적으로 새로운 열풍이 불어오고 첨단 기술의 발달로 작년과 오늘의 삶이 다르다. 2010년은 스마트폰이 점점 퍼져나가던 시기였다. 기술이 초집약적으로 발전했다. 그 이전의 우리는 1990년대와 별다를 바 없이 살았던 것 같기도 하다. 하지만 눈뜨고 나면 새로운 것들이 태어나는 지난 10여 년이었다. 교육 제도도 많이 바뀌었고 행정 제도도 바뀌었다. 정권도 수차례나 바뀌었다.

혁신교육은 네 바퀴로 굴러가는 자동차와 같다. 학생과 학부모, 교사와 지역이 함께하지 않으면 어딘가 기울어진다. 장거리를 달릴 수도 없다. 가다가 멈추고 마는 것이다. 어떤 사람들은 우리 교육이 망가질 대로 망가졌다며 비관한다. 나는 오산을 보라고 말하고 싶다. 우리가 이만큼 해봤는데 잘되더라고, 물론 쉽지 않았고 고생한 사람들이 많고 비판도 있지만, 그래도 이 정도는 할 수 있었다고. 수도권 변방의 이 작은 도시에서 우리가 한 일을 공유하고 싶다고.

오산이 혁신교육지구의 우수 사례가 되고, 평생학습 도시도 잘

한다는 소문이 퍼지면서 여기저기서 강연 초청이 온다. 나는 최대한 스케줄을 맞춰 강연을 간다. '할 수 있다'라는 얘기를 하기 위해서다. 그건 나의 힘이 아니고, 우리 공무원들만의 힘도 아니다. 소통하면 협력할 수 있고, 협력하면 협치가 된다고 힘주어 말한다.

오산시는 2010년 첫해부터 지금까지 교육에 집중했다. 하지만 예산 비율은 그리 높지 않다. 거대한 센터를 짓고 건물을 중심으로 아이들을 불러 모으지 않았다. 부족한 시설을 보충하기는 했지만 소프트웨어를 개발하는 데 더욱 주력했다. 교육 예산은 전체 일반 예산의 4% 정도 선이다. 아무리 많아도 5% 정도를 크게 넘지 않는다. 물론 모든 예산 집행이 순조롭지만은 않았다. 시의회에서 삭감하기도 했고, 아예 사업을 추진할 수 없을 정도가 될 때도 있었다. 그럴 때마다 달리 뾰족한 수가 있는 것은 아니다. 왜 이걸 해야 하는지 이야기하고 설득하고 호소할 뿐.

다른 지자체에서는 예산도 많이 쓰지 않는데 어떻게 그 많은 일을 할 수 있느냐고 묻는다. 비결은 시민 참여다. 시민이 참여해서 프로그램과 시스템을 만드는 데는 대단한 예산이 들지 않는다. 특히 교육은 정말 적은 돈으로도 많이 달라진다. 도로를 깔거나 건물을 짓는 데에 비하면 푼돈 수준이다. 한 학교의 한 학년이 오산시의 특별한 수업을 받는 데 드는 돈은 1년에 수천만 원으로도 충분하다. 앞서 말한 도서관의 사례에서 보듯 1천만 원으로는 책을 사서 도서관을 채울 수도 없다. 멋진 소나무 몇 그루도 살 수 없다. 하지만 아이들이 경험하고 체험하며 세계관을 확장시켜나가기엔 충분하다. 오산이 교육에만 집중하며 교육 경비가 늘어난다는 이야기는 오해다. 예산서는 모두 공개되어 있다.

함께 일한다는 것

2017년에는 오산 미래교육 시민회의도 발족했다. 오산 교육을 지속적으로 이끌어나갈 시민 주체들의 지속적인 회의 구조가 필요했다. 오산 교육의 오늘은 장기 계획을 세우고 강력하게 밀어붙인 결과가 아니라, 늘 점검하고 검토하고 반성하면서 계획을 수정한 결과다. 한쪽이 강력하게 밀어붙인다고 될 일이 아니었다. 설득하고 논의하는 소통 구조를 만들었다. 이제는 학교 교육뿐 아니라 평생교육까지 온 도시로 퍼져나갔으니 지역의 혁신교육을 계속 이끌 주체가 필요했다. 그럴 힘이 생기기까지 수년이 걸렸다. 오산미래교육시민회의는 학교 교육을 논의하는 교육협력분과, 지역과 학교가 만나는 교육을 논의하는 마을교육공동체분과, 시민 대상 프로그램과 교육 사업을 논의하는 평생학습분과로 나누었다.

오산 미래교육 시민회의는 교사, 학생, 학부모, 지역사회 활동가 등 오산시민의 다양한 주체들로 구성되었다. 오산의 혁신교육과 평생교육 전반에 걸친 정책을 같이 논의하고 우리에게 필요한 교육 정책을 논의한다. 각 지자체마다 교육에 관련한 협의회는 많이 있지만 1년에 한 번 회의하는 것으로 그치거나, 공공 기관의 정책과 방향을 듣고 마는 것에 그치기 일쑤다. 오산미래교육시민회의는 실제로 오산의 교육 방향을 결정지을 수 있도록 참여자들의 결

오산 미래교육 시민회의
— 시민들의 자발적 회의가 오산 미래 교육을 발전시키다.

정권을 중요하게 생각했다. 여기서 마련한 정책 제안이 실제로 시정에 반영되기도 했다. 정책 제안을 만들기 위해 구성원들이 열심히 공부하고 노력한 것은 당연하다. 실제로 필요한 일들을 정책으로 만들고 합당한 예산을 책정하기 위해서는 행정의 기본적인 작동 원리를 알아야 하고 시정 전반에 걸친 예산 분배도 살펴봐야 한다. 모두들 적극적으로 임했기에 가능한 일이었다.

올해 초에는 이분들의 의견을 담아 《35인이 들려주는 '온 마을이 학교' 교육 도시 오산 이야기》라는 책으로 발간하기도 했다. 분과별 분과장을 주축으로 자율적인 운영을 부탁했는데 한 해에 20번 넘는 모임이 이루어졌다. 시에서는 간식 제공 외에 별다르게 지원한 것이 없었다. 네다섯 시에 시작한 회의가 어두운 밤이 되어서야 끝날 정도로 열정적인 모습을 보였다. 시민들의 진심을 느낄 수 있어 감동받았고 늘 고마웠다. 회의체 운영이라는 건 결코 쉬운 일이 아니지만, 소통과 협력이 일단 해결되었다면 무슨 일을 못 이루겠는가. 함께 일할 때 가장 중요한 것이 무엇일까? 철학의 공유다. 같은 생각을 가진 사람들이 모여서 마음을 더한다. 하지만 마음만 더한다고 가능한 것은 아니다. 개인의 사익보다 공익을 중요시하면 더 나은 이야기를 할 수 있다.

교육협력과를 처음 꾸리고 팀장으로 일한 직원은 지금 과장이다. 공무원 시스템에서 부서 간 이동은 당연한 일이다. 힘든 일을 맡았으면 보상 차원에서 근무 평가를 잘 받고 다음에 조금 편한 부서로 옮긴다. 하지만 우리 평생교육과는 그렇지 못했다. 내가 잡

함께 일한다는 것은 철학과 비전을 나눈다는 것이다.
교육 도시 오산을 위한 공무원들의 비상과 도전.

지역사회와 함께 만들어 가는 학습도시간 업무협력 협약식
Making together with the local community, Cooperation Agreement ceremony between Learning cities
「대한민국 오산시」-「핀란드 에스푸시」,「오산백년시민대학」-「시부야대학」
「Osan City (KOR)」-「City of Espoo (FIN)」,「Osan Citizen College for 100-years(KOR)」-「Shibuya College(JAP)」

핀란드 에스포시와 일본 시부야대학과 업무협약을 체결하면서 오산시의 혁신교육과
평생학습이 한 단계 더 발전할 것이다.

고 안 놓아준 이유도 있다. 뜻이 맞는 사람들끼리 팀을 꾸리는 일이 가장 어렵다. 일을 도모하려면 세 사람만 모으면 된다고 한다. 그런데 그 세 사람 구하는 일이 그렇게 어렵다. 나는 다른 부서에서 성과 발표나 업무 실적 보고를 할 때 늘 눈여겨본다. 교육에 관심 있는 사람, 열정 있는 사람, 봉사 정신이 투철하고 공무원 의식을 잘 갖춘 사람은 시장 권한으로 발령을 낸다. 나도 안다. 평생교육과가 기피 부서라는 것을. 인사이동이 있을 때에도 평생교육과 직원들은 개인 사정이나 건강상의 이유가 아닌 이상 잘 이동하지 않는다. 사업의 연속성 때문에 뜻하지 않게 말뚝 박은 입장이 된다. 부서 직원들은 전문가가 아니라고 손사래를 치지만 이미 전문가 이상이 되어 있다. 한 직원은 이렇게 오래 일할지 몰랐다고도 한다. 제일 오래 일한 직원은 10년이고, 현직 중에 제일 짧게 일한 직원이 2년이 넘었다.

교육 업무를 맡으면 자랑할 일은 아니지만, 야근을 많이 한다. 낮에는 사람을 만나러 지역 곳곳을 찾아다니니 서류 볼 틈이 없다. 시장이 제일 관심 있는 분야라는 점도 큰 부담이었을 것이다. 믿고 맡기는 건 사실이지만 꼭 한마디씩 거들고 꼼꼼하게 질문하니 직원들도 힘들다. 시간이 갈수록 질문하고 답변을 듣는 시간이 짧아졌다. 우리도 팀워크가 짜인 것이다. 척하면 척이라고, 어떤 분위기로 진행되고 있는지 길게 답변을 듣거나 꼬치꼬치 묻지 않아도 알아들을 수 있다. 평생 공직 생활을 다른 부서에서 했는데 갑자기 교육직이 된 직원도 있다. 이제는 예전에 했던 일이 잘 기억나지 않을 정도라고 했다. 각 부서에서 최선을 다하는 직원들이 자랑스럽다.

"저에게 주어진 일이라서요."

"저는 공무원이니까요."

이런 대답을 들으면 콧잔등이 시큰하다. 티 내지 않으려고 애쓰지만, 이런 힘이 모여 그간의 오산 혁신교육을 만들어왔다고 믿어 의심치 않는다.

시청에서 직원들이 종종거리며 지나가는 걸 잡으면 회의 가는 길이란다. 지금도 회의가 적지 않지만 초창기에는 정말 회의가 많았다. 없는 상태에서 무언가를 만들어내야 하니 별다른 방법이 없었다. 그러다 보니 공무원들은 토론 연수를 따로 하지 않아도 자기 의사를 전달하는 데 능숙해졌다.

첫해부터 딱히 성과가 나지 않는다고들 했다. 교육이 백년지대계라는 말은 그만큼 시간이 오래 걸린다는 뜻일 테다. 아이들이 반기고 교사가 이해하고 실천하는 데 시간이 걸린다. 몸에 익숙해질 때까지 기다렸다. 한 직원은 한 어린이에게 이런 질문을 받았다고 한다.

"아저씨는 뭐 하는 사람이에요? 왜 가는 데마다 있어요? ○○ 축제에서도 아저씨를 봤고 ○○ 행사장에서도 아저씨를 봤는데 오늘 여기 또 있네요? 아저씨 직업이 뭐예요?"

행사장마다 찾아가서 전날 행사 준비하고, 무대 설치하고, 주민 민원 듣고, 미안하다 조아리고, 행사장을 정리하고, 결과보고서를 쓰는 업무를 수년간 직원들이 묵묵히 해왔다. 오산 출신 직원들은 이런 얘기도 한다.

"저는 오산에서 나고 자라 여기서 내내 공부했는데, 그때도 이런 게 있었으면 얼마나 좋았을까요? 지금 아이들이 부러워요."

아이들의 적극적이고 활동적인 모습을 보면서 직원들이 힘을 받는다. 시민들도 마찬가지다.

공부하기 좋은 최고의 도시가 되었는가

초창기 학부모스터디나 런앤런에서 새로운 분야를 접한 시민들이 있다. 처음에는 직원들이 일일이 이 일을 도맡아 했다. 정해진 수업 기수를 다 채우고 수료하는 사람들에게 다음 과정을 권했다. 오카리나 동아리에서 20회 수업을 모두 마친 졸업생에게 권했다.

"심화 과정을 들으시면 어떨까요?"

그러면 시청에서 다음 심화 과정을 준비한다. 강사를 섭외하고 장소를 찾고 기초 과정을 수료한 사람들에게 알린다. 알음알음으로 심화 과정을 듣고 싶은 사람들이 모인다. 심화 과정을 거치고 나서 재능 기부 형태로 시민 강사가 된다. 수업 회차를 거듭하다 보면 자기 실력도 늘고 가르치는 기술도 좋아진다. 경력 있는 강사가 되는 것이다. 그러다가 연주자가 되어 아마추어 무대에 서고 해외 공연을 가는 사람도 있다. 대학원까지 나왔지만, 육아 문제로 경력 단절이 되어 꿈을 살포시 접었던 사람이다.

이런 엄마들이 한둘이 아니다. 처음에는 다들 수강생으로 시작했다. 그중 기획력과 의견 조율 능력이 우수한 사람들은 코디네이터와 플래너가 되었다. 자원봉사로 시작한 사람들이 수년간의 경험이 쌓이고 시청에서 지원한 활동가 양성 과정을 거쳐 이제는 떳떳한 마을교육공동체의 플래너와 코디네이터가 되었다. 마을의 교육을 책임지는 사람이 되었고 강좌를 기획할 줄 알게 되었다. 시민들은 끊임없이 배울거리를 찾았다. 처음엔 동원된 듯했던 130여 명의 학부모들, 그 소중한 사람들이 씨앗이 되어 오산에 평생교육의 열매를 맺기 시작했다. 권역별 평생교육사, 런앤런 지도점검단, 코디네이터, 평생학습 강사, 성인 문해 강사 등 다양한 자리에서 새로운 삶을 가꾼다.

배달 강좌 런앤런과 오산시민참여학교는 이제 오산의 빠질 수 없는 대표 브랜드가 되었다. 학교는 오랫동안 해온 구태의연한 현장체험학습을 점점 줄였다. 오산시민참여학교로 현장체험학습을 가는 경우가 늘고 있다. 배달 강좌는 시민들이 평생학습으로 진입하는 첫 단계가 되었다. 학부모스터디에서 시작한 학부모들은 전문가가 되었다. 직업을 새로 갖거나, 대학원으로 진학해 공부를 계속하는 경우도 생겼다. 지역 활동을 하다 자주 보지 못한 시민을 찾으면 벌써 전문 영역을 개척해 경기도 전역이나 전국을 무대로 활동한다는 이야기를 쉽게 들을 수 있었다. 대학원이나 자격증 공부를 한다는 사람들도 많다.

이들이 자기 경력을 키우고 역량만 강화한 것은 아니다. 다양한 학습 프로그램을 기획하면서 사람들을 만나고 소통한다. 이런 사람, 저런 사람을 만나며 인간관계에 대해 고민한다. 인간이란 무엇인가에 대해 사유하는 동물이다. 또한 성인 문해 강의를 맡은 사람들은 어르신들의 역사에 대해 관심을 갖는다. 그 안에 흐르는 민족의 문제, 국가의 역사를 고스란히 체득한다. 시민들이 얻은 경험은 문화적 자산이 된다. 각자 속해 있는 공동체에서 이런 이야기들이 오간다. 집에서도 이야기한다. 아이들은 부모의 이야기를 들으며 세상을 배우고 역사를 배운다. 선순환이다.

평생학습 모델이 자리를 잡기 전에 이전의 평생학습 모델들을 점검했다. 배우는 사람들만 배운다는 것이 특징이었다. 평생학습이 지역에서 제대로 뻗어나가지 못하는 이유는 주민자치센터와 공기관이 주도하고 결정하는 프로그램 때문이었다. 자기 욕구를 공기관에 얘기하는 시민들도 한정되어 있었다. 그들의 입김에 의해 프로그램이 구성되었고, 기관 담당자들은 모든 시민과 소통할 시간이 부족했다. 안 되는 이유를 찾으면 역발상이 쉬워진다. 그렇다면 시민들과 접촉면을 늘릴 필요가 있었다. 학부모스터디와 시민참여학교 규모를 늘리면서 공기관 담당자들과 시청 평생교육과 직원들이 계속 만나며 의견을 주고받았다. 만족도 조사와 출석률, 이수율 등의 통계를 챙기고 참여하지 못하는 시민들의 의견을 들었다.

오산이 공부하기 좋은 최고의 도시가 되었는가? 평생학습 측면에서는 그렇다. 삶을 배워나가는 능동적인 민주시민으로서는 그렇다고 자부한다. 하지만 경쟁 체제에 익숙한 사람들에게는 그렇지

못할 수도 있다. 우리는 앞으로 나아가기보다 양팔을 옆으로 뻗어
이웃을 만나려는 공부를 하는 사람들이니까.

마을을 알고 마을과 함께 만들다

초등학교 3학년 사회 교과에는 우리 고장에 대해 알아보는 과정
이 있다. 교육지원청에서는 지역화 사업으로 지역 교재를 만드는
데, 오산의 경우 오산·화성이 한 교육지원청으로 묶여 있으니 한
권의 책에 두 도시의 이야기가 담겨 있다. 타 지자체에서도 이런
교재를 만들어 학생들의 지역 이해를 높이기도 한다.

그러나 오산과 화성을 한 지역으로 묶기엔 무리가 있다. 도시의
규모와 제반 여건이 다르다. 학교 현장에서도 교사가 오산에 대해
자세히 알지 못한다는 목소리가 들렸다. 교사들도 지역에 대한 이
해를 하고 싶으나, 교사 개인이 분산되어 있는 지역 정보를 통합해
서 교과 과정에 녹여내기 쉽지 않다는 것이었다. 자료는 여기저기
흩어져 있었다. 교사들에게 정확한 정보를 제공하고 교과 과정을
구성할 수 있는 오산 설명서가 필요했다. 교사들이 먼저 지역을 이
해해야 아이들에게도 잘 설명할 수 있으니까 말이다. 우리가 자체
적으로 지역에 대한 교재를 만들면 어떨까? 이왕 만들 거면 지역
을 자세히 알 수 있도록 하고 공신력 있는 정보를 모아 정확한 텍
스트를 만들어야 했다. 교사가 활용하고 싶은 욕구가 일어나고 재
미가 있어야 했다. 관내 교사 몇 명을 집필위원으로 모시고 교재
와 교구에 대한 기획을 추진했다. 《북아트와 함께하는 우리 고장

오산 이야기》를 만들었다. 초등학교 25개교의 3,500여 명에게 사회과 수업에 활용할 수 있도록 제작하고 보급했다. 다들 교재를 보고 깜짝 놀라기도 했고, 다른 지자체에서는 같은 교재를 만들고 싶다며 샘플을 요청하기도 했다.

지역을 이해한다는 것은 내 지역에 대한 자부심을 높이는 계기가 된다. 내가 사는 곳에 대한 이해는 스토리로 전환되어, 풍성한 이야기가 있는 곳에서 사는 나 자신, 즉 개인에 대한 자존감을 향상시킬 수 있다. 자부할 수 있는 도시에 산다는 기분은 썩 괜찮은 것이다. 얼른 다른 곳으로 이사 가겠다는 의식을 깨고 내가 사는 곳이 꽤 괜찮은 곳이라는 의식이 확장되면 도시민의 정주성을 보장할 수 있는 것이다. 이때만 해도 초등학교 아이들이 우리 지역의 자랑스러운 곳이라고 하면 특정한 상업 시설이나 대형 소매점을 언급하기도 했다. 우리는 지역의 풍부한 문화유산과 공원, 시장 등이 되기를 바랐다. 현장 교사가 만든 지역에 대한 특색 있는 교재는 새로운 도전이었다. 교육지원청에서 할 일을 시청에서 나서서 했다는 이야기도 있었지만, 지역을 알리는 일에 누가 먼저 나서는 게 문제는 아니라고 생각했다. 어쩌면 오산시의 역사와 문화를 정리하고 보급하는 것은 시청에서 주도적으로 해야 할 일 아닌가 싶다.

인성 교육 프로그램을 시작하다

다시 학교로 돌아가 보자. 이제 오산의 학교에는 '오산에서 당연

2020학년도 함께 배우는 우리 고장 오산 이야기 워크북 및 북아트.

히 하는 것'이 된 프로그램들이 있다. 물향기학교는 오산형 혁신교육의 대표 브랜드다. 이제 오산의 모든 학교가 물향기학교가 되었다. 시민참여학교를 통해 지역을 배우고 삶을 배우고, 미리내일학교로 진로를 고민한다. 토론 문화가 활성화되면서 2018년에 제4회 전국학생토론대회를 열었다. 1인 1악기 1체육, 생존수영 프로그램도 자리 잡았다. 이 프로그램들은 혁신학교 일반화라는 카테고리로 묶인다. 토론 수업, 문화예술체육 교육, 진로 교육으로 초등과 중등의 혁신교육은 오산만의 특색을 갖게 되었다.

가장 약한 곳의 인권이 상승하면 전체적인 인권 신장이 이루어진다. 그때가 되어야 다른 세상도 돌아보게 된다. 자연과 평화롭게 지내는 일도 새로운 과제였다. 2018년에는 생명 존중 사상을 전하기 위해 초등학생을 대상으로 동물 매개 프로그램을 진행했다. 상반기에는 대호초, 운천초, 성산초, 오산원당초, 운암초 5개 학교에서, 하반기에는 다온초, 팔봉초, 오산대원초 3개 학교에서 시범 운영했다. 당연히 인기 만점이었다.

전문 애견 훈련사가 훈련받은 매개견 두 마리를 데리고 교실에 들어온다. 아이들은 얼른 강아지를 만지고 싶지만 교육을 받으며 기다린다. 개의 심장 소리를 들으며 생명이 무엇인지 깨닫는다. 큰 개가 무서웠던 아이들, 큰 개를 그림 속 존재로만 알았던 아이들이 살아 있음이 무엇인지 알아가며 좋아하는 모습을 보면 절로 미소가 지어진다.

이 프로그램을 기반으로 해서 2021년 완공을 목표로 반려동물

생명 존중 프로그램으로 소통과 공유를 배우다.
나아가 혐오시설인 하수처리장 위에 인성 교육의 장인 반려동물테마파크가
혁신행정으로 구축된다.

테마파크를 조성하고 있다. 기존의 혐오시설이었던 하수종말 처리장의 냄새를 저감하고 용량을 늘리고 수질처리 공법을 개선시키기 위해 상판을 콘크리트로 덮어씌우고 그 위에 약 3천여평의 면적에 테마파크를 조성하는 혁신적인 사업이다. 반려동물 인성교육의 장과 애견카페, 치료, 미용 등의 시설이 운영된다. 3년간 준비한 계획이다. 시민들과 반려동물이 함께 뛰어놀면서 생명 존중을 배우고 자연과 호흡하는 공간이 될 것이다.

인성 교육의 필요성을 반려견과 생명 존중으로 이끈 것은 그간 조용하게 꾸준히 진행해온 상담 프로그램이었다. 오산시는 2013년부터 학교 상담 사업을 지원했다. 학교 상담은 원래 도교육청에서 진행한 사업이었다. 학교 상담사와 사회복지사가 학교에 상주해 있었다. 그런데 예산이 줄어들면서 이 일들이 많이 사라졌다. 다른 지역에서는 상담사 1명이 3개 학교를 맡아 돌아가면서 상담하기도 한다. 사회복지사가 해고된 곳도 많다. 하지만 오산은 교육청에서 못하는 일이라면 시청에서 이어받으면 된다고 생각했다. 학교를 중단하거나 위기에 처한 청소년들을 쉽게 포기할 수는 없었다.

2016년에 학교를 중심으로 오산상담연구회가 꾸려졌다. 2017년에는 화성오산교육지원청의 Wee센터와 오산시청소년상담복지회가 함께 협의회를 시작했다. 협의회에는 40명의 상담 전문가들이 활동하고 있다. 오산시의 청소년 시설과 학교 상담실이 연계해서 아이들이 어떤 고민을 하고 있는지 공유한다. 2016년부터 상담 박람회도 열었다. 입시 상담 박람회는 많아도 상담 박람회는 들어본

초등6년부터 고3까지 맞춤형 진로 진학 상담을 통해 내 인생 내가 설계하는 드림웨이.

적이 없다. 상담은 문제가 있을 때 받는 치료가 아니라 예방 차원에서 서로 소통하고 공유하는 수단이라는 생각이 든다. 모든 사람들에게 상담의 올바른 이해를 전하는 것이 상담 박람회 개최의 의미일지도 모른다.

오산시 상담연구회의 노력과 그간의 여러 활동을 종합해봤을 때 진로 진학 상담이 아이들에게 절실하다는 것을 깨달았다. 생각보다 아이들이 느끼는 진로 진학에 대한 고민은 깊고 심각했다. 지역의 아이들이 어떤 꿈을 꿀 수 있을지 함께 고민하고 현실화하기 위한 프로그램으로 시민참여학교, 미리내일학교, 얼리버드, 꿈찾기멘토스쿨 등이 있지만, 이를 통합하고 진로 탐색에 대한 이력을 만들어주면 더 좋을 것 같았다. 아이들이 스스로 어떤 활동을 해왔고 어떤 단계를 거쳐서 진로 탐색을 하고 있는지 스스로 추적할 수도 있고, 아이들 스스로 더 구체적인 진로 탐색을 할 수 있을 것 같았다. 맞춤형 상담과 진로 이력을 만들어주자는 목표를 세우고 오산진로진학상담센터 '드림웨이'가 만들어졌다. 학교와 연계해 상시로 운영하고 맞춤형 1:1 진로 진학 상담을 꾸린다. 자기소개서 쓰는 법에 대한 컨설팅과 학습법 코칭을 진행하고 진로 진학 정보도 제공한다. 교사와 외부 전문가, 입시사정관 등 다양한 상담 인력이 함께하고 있다. 다른 지자체에서도 진로진학상담센터를 운영하고 있지만, 우리는 혁신교육 프로그램을 바탕으로 하고 아이들이 지역에서 참여할 수 있는 다양한 프로그램이 기반이 된다는 차별성이 있다. 또한 진로 진학 상담뿐 아니라 일반 상담과 진로 체험을 연계할 수 있는 탄탄한 인프라가 있지 않은가? 초등학교 고학년부터 고등학생까지 대략 8년의 진로 이력을 마을과 학교가 함께 지원하는 것이다.

지금의 진로 교육은 꿈이 무엇이냐 물었을 때 특정한 직업을 대답하게 만드는 폐단이 있었다. 직업이 꿈이 되기에 충분할까? 본인이 하고 싶은 일을 꿈꾸고 어떤 세상에서 살고 싶은지, 어떤 사람이 되고 싶은지 말할 수 있어야 하는 게 진정한 진로 교육이 아닐까? 취직은 끝났고 창직을 하라는 얘기까지 나오는 세상이다. 특정 직군에 지망하게 만드는 진로 교육은 먼 미래를 보기엔 부족하다. 자신의 삶을 청소년기에 설계할 수 있다면 성인이 된 다음 더 윤택한 삶을 꿈꿀 수 있을 것이다. 오산의 진로 교육은 그간의 성과를 바탕으로 통합적인 체계를 갖춰나가고 있다.

진로와 진학 교육이 중요한 이유도 그 때문이다. 꿈찾기멘토스쿨과 미리내일학교는 점진적으로 발전했다.

얼리버드 프로그램 탄생

일반고 학생들도 자격증을 취득할 수 있다. 고등학생을 위한 진로 진학 프로그램 가운데 일반고 얼리버드 프로그램이 활성화되었다. 고등학교 1~2학년생들이 다양한 분야에 지원해 체험, 견학, 실습을 한다. 현직 종사자와 대학교수들이 이 프로그램의 지도자가 된다. 각 학교에서 얼리버드 프로그램에 지원할 만한 친구를 찾아 교사가 추천하면 오산시청에서 연결한다. 모든 학생이 학업에 재능이 있는 것은 아니다. 일찍 사회로 진출하고 싶은 친구들도 있고 공부에 별 관심이 없는 친구들도 있다. 학생의 본분은 공부라는 말을 우리는 아무렇지 않게 한다. 이 말 이전에 학생들의 공부가 무엇인가 생각해봐야 한다. 성적과 시험만을 위한 공부도 있고 세상을 먼저 경험하는 공부도 있다. 얼리버드에 참여했던 친구들은 만족도가 높다.

공부에 관심이 없어 중학교를 그럭저럭 다녔다는 한 학생은 고등학생이 되자 공부 잘하는 아이들 위주로 학교가 돌아간다는 걸 깨달았다고 한다. 중학교 때는 그래도 선생님들이 공부보다 중요한 것이 있다고 했고, 학교를 가도 자기 자리가 있는 느낌이었다. 그런데 고등학생이 되니 대학 입학이 코앞에 닥쳐 학교가 대학 위주로 돌아가고 아무도 자기에게 관심을 두지 않는다는 기분에 휩싸였다. 그는 하루하루가 괴로웠다.

오산은 비평준화 지역이다. 평준화를 추진하는 시민운동이 2015년부터 일어나고 있지만 아직 현실화되진 않았다. 비평준화 지역은 학교마다 특색을 살릴 수 있는 장점도 있지만, 아이들이 경쟁을 내면화한다는 단점도 있다. 중학교부터 입시를 신경 쓰다 보니 스트레스도 이만저만이 아니다. 모두가 공부를 잘할 수는 없다. 대학 진학을 원하지 않는다면 성적이 좀 모자라도 당당한 사회인으로 나아갈 수 있어야 한다. 그게 올바른 교육의 방침이라고 믿는다.

얼리버드 프로그램은 유럽의 모델을 벤치마킹했다. 한국 사람들은 흔히 교육의 나아갈 방향에 대해 이야기할 때 자주 독일이나 북유럽 국가들의 시스템을 언급한다. 좋은 사례가 있다면 듣고 보고 배워 적용해야 한다. 수차례의 해외 연수에서 꼼꼼히 기록하고 배웠다. 덴마크의 경우 잘 알려진 대로 초등 교육과정을 끝내고 상급 학교로 진학하기 전에 1년 정도의 휴식기를 가지면서 진로를 탐색한다. 이 과정을 우리 아이들도 거치게 된다면 미래를 설계하는 데 도움이 될 수 있지 않을까? 하지만 시청이 1년간의 진로 탐색기를 도입하자고 제안할 수는 없었다. 마침 자유학기제 시범 운영과 본격적인 운영이 시작되었다. 꿈꾸었던 1년의 진로 탐색 휴식기를 자유학기제로 활용할 수 있는 기회를 얻었다. 도교육청과 교육부가 시작한 자유학기제는 1년간 아이들이 교과에서 배울 수 없는 다양한 체험을 통해 자기 자신을 탐색하고 미래를 설계할 수 있는 기회가 되었다. 자유학기제가 확대되면서 오산시 중학교는 모두 자유학년제가 도입되었고, 경기도의 경우 '꿈의대학'이라는 제도가 생겼다. 이 기회를 이용해서 모든 아이들이 고르게 혜택을 누릴 수 있도록 보편적 교육을 만들어나가는 데 초점을 맞췄다.

학교의 직업 교육은 한계가 있었다. 직업 교육은 결국 사람을 만나야 모색이 가능한데 아이들이 만날 수 있는 어른들은 한정되어 있었다. 학교에서 만나는 교사, 학원에서 만나는 강사, 지역에서 만나는 상인들 외에 다른 직군의 사람들을 만날 기회를 만들어야 했다. 학교에서 하기 어렵다면 시청이 돕기로 했다. 진로 직업 탐색은 지역이 함께 동참하지 않으면 그 내실을 기하기 어렵다.

핀란드의 에스포시에는 옴니아라는 직업학교가 있다. 학생, 일반인 가리지 않고 누구나 수업을 들을 수 있다. 이 학교는 직업 탐색부터 직업 전환까지 모든 과정을 구성해놓고 있다. 학교와 기업은 긴밀하게 협조해야 한다는 것이 옴니아의 기본 철학이다. 오산의 고등학교 아이들을 위한 또 하나의 도전! 국영수를 잘 못해도 나는 하고 싶은 직업을 꿈꿀 수 있다! 그 꿈을 위해 일찍 날아보자. 이것이 얼리버드 프로그램이다. 지역의 지원 없이 얼리버드 프로그램은 불가능하다. 내가 사는 곳에 어떤 회사가 있는지 알고, 내가 가까운 장래에 그곳에서 일할 수 있는지 확인하는 것이 필요하다. 아이들을 우수하게 길러 다른 지역으로 내보내는 것이 우선이 아니다. 성적이 뛰어나지 않은 학생들도 삶터와 일터를 일치시키며 지역의 소중한 시민으로 길러내는 것이 오산이 추구하는 '함께 가는 지역 교육'이다. 고향을 떠나지 않아도 된다는 의식이 생겼을 때 지역 발전과 주민 정주성을 확보할 수 있다.

그렇다고 얼리버드 프로그램이 취업만 목적으로 하느냐? 그렇지도 않다. 대학 진학을 고민하면서 어떤 공부를 더 해야 할지 결정할 수 있는 계단도 된다. 다양한 자기 미래에 대해서 생각해볼 기회를 갖는 것이다. 건축, 인테리어, 경영, 경찰행정, 보건의료, 실용음악, 심리, 기계, 영상애니메이션, 요리, 유아교육 등 오산시에서 지원할 수 있는 분야가 있다. 분야는 더 넓어질 수 있다. 이 프로그램을 수료한 학생들은 생활기록부에 얼리버드 프로그램 수료생이라고 표기할 수 있다.

자기가 왜 공부하는지 모르겠다던 고등학생들이 얼리버드 프로

핀란드 옴니아 직업학교는 고등학생뿐 아니라 청소년, 성인 등 전체 연령을 대상으로
직업교육과 평생교육을 통합적으로 제공하는 직업훈련 기관이다.

핀란드 에스포시에서 글로벌 교육을 나누다.

오산시와 우호 도시인
핀란드에서 온 요한나 학생은
고등학교 교환학생 프로그램으로
오산에서 1년간 혁신교육을 접한다.
(2019년 8월~2020년 7월)

그램에 참여하고 난 뒤 목표를 재설정하는 것을 보았다. 학교 선생님의 권유로 참가한 한 학생은 그동안 이유 없이 계속 힘들었는데, 얼리버드 프로그램을 만나 자기 인생의 봄날이 시작되었다며 극찬을 했다. 요리를 좋아하는 친구는 현직 요리사를 만나 요리를 배우고 현장을 경험한다. 그리고 앞으로 이 일을 정말 직업으로 삼으려면 어떤 공부를 더 해야 하는지 어른들에게 듣는다. 학생들이 어른들과의 만남을 싫어할 것이라는 생각은 편견이었다.

"어른들을 만나니 내가 정말 어른이 된 것 같아 좋았다."

"불확실했던 미래가 조금 선명해졌다."

"어떻게 살아야 하는지 알게 되었다."

"내가 뭘 좋아하는지, 내가 좋아하는 일을 하기 위해서 어려운 일을 참고 이겨낼 수 있을 만큼 그 일을 정말 좋아하는지 알아볼 수 있었다."

얼리버드 프로그램을 거쳐 긍정적인 효과를 맛본 친구들은 태도가 달라진다. 성적이 올라가는 일도 있다고 한다. 목표가 확실해졌기 때문에 자기 주관도 뚜렷해지고, 자기 미래에 대해 고민하기 시작하면서 훨씬 성숙한 모습을 보인다는 이야기를 현장에서 듣는다. 이런 프로그램을 만들어준 오산시에 고맙다는 이야기를 들으면 주책없이 눈물이 난다.

2014년부터 시작한 얼리버드는 6년째 운영 중이다. 2014년에는 동국대와 관광경영 1개 분야를 1개 고등학교에 시범 운영했고, 2015년부터 오산시 일반고 6개 학교 1~2학년을 대상으로 확대했다. 대학과 관학 협력을 체결해 대학의 학과 이론과 실습을 경험하도록 한 것이다. 2015년에는 한성대와 관광경영, 뷰티, 방송예술을, 2016년에는 연세대와 IT, 사회복지, 유아교육 등 진로 탐색 10개 분야와 진로 설계 1개 분야를 운영했다. 2017년과 2018년에는 한성대와, 2019년도에는 서울과학기술대학교와 관학협약을 체결해 기계자동차공학, 소프트웨어 등 진로 탐색 9개 분야, 진로 설계 1개 분야를 운영 중이다. 학생들이 원하는 분야에 특화된 대학과의 협약으로 더 많은 교육의 기회를 주기 위해 대학을 찾고 프로그램을 끊임없이 고민하고 있다.

대학을 진학하면서 꿈꾸던 학과의 수업과 진로가 본인의 적성에 맞지 않아 고민하는 학생들에게 이제는 지자체와 대학이 협조해 사전에 고민을 해결해야 할 것이다. 핀란드처럼 대학 공간을 고등학생들과 공유하고 고등학생들이 교육과정에 참여할 수 있는 기회를 마련하는 방안도 검토해볼 필요가 있다. 이러한 대학의 역할에 대한 고민은 혁신교육을 넘어 평생교육과정에도 필요하다.

누구나 가고 싶은 학교를 만들자는 것이 오산시민들의 생각이었다. 우리 모두 학교를 겪지 않았던가. 매일매일 가고 싶은 학교를 생각하며 나의 학창 시절을 돌이켜봤다. 학교에서 이런 걸 했으면 좋았을 텐데, 학교가 조금 더 민주적이었으면 좋았을 텐데, 우리 얘기를 들어주었으면 좋았을 텐데 …… . 우리가 바랐던 것들을 행정에서 힘껏 지지하면 이루어낼 수 있다는 점을 하나씩 확인했다.

사춘기 아이들을 가르치는 학교 현장만 어려움을 느끼는 것은 아니다. 가정도 사춘기 아이들을 어떻게 대해야 할지 몰라 고민이다. 모두가 같은 고민을 가지고 있는데 혼자 끙끙 앓는다. 함께 모여 이야기하다 보면 마음도 풀리고 길도 보인다. 괜찮다, 나만 그런 게 아니다, 혼자가 아니다라는 생각이 연대 의식을 만든다. 따라서 지역이 아이들을 반기면 아이들의 방황도 끝이 보이기 시작한다. 얼리버드를 비롯한 지역사회 프로그램에 참가한 아이들은 "누군가 나를 반긴다는 사실"에 깊은 감동을 받기도 한다.

"나를 잘 모르는 어른들이 갈 때마다 반기니까 쑥스럽지만 ……
좋았어요."

이렇게 말하며 웃는 아이들을 보면 가슴이 벅차다. 세대 공감이라는 건 이런 것이다. 아이들은 어른들이 자기들을 피한다고 생각했고, 어른들은 아이들이 마뜩잖아할 것이라 생각했다. 그러나 서로 만나서 이야기하면 생각의 차이를 확인하고 서로를 인정할 수 있는 기회가 생긴다. 물론 한 번에 해결되지 않는다. 서로 귀 기울여 들을 준비가 되어 있어야 한다. 그 역할을 행정이 해내고 있는 것이다.

글로벌 교육 도시로 도약하다

핀란드의 에스포시는 타 도시와 쉽게 MOU를 맺지 않는 것으로 유명하다. 그 유명세에 비해 지금 에스포시가 자매결연을 맺은 도시는 중국의 상하이, 인도의 뭄바이, 헝가리 에스테르곰, 러시아 소치와 가치나, 미국의 어바인, 덴마크의 코이에, 노르웨이의 콩스

베르그, 스웨덴의 크리스티앙스타드, 에스토니아의 뇨메, 아이슬란 드의 소우다르크로쿠르다.

　우리가 수차례 에스포시를 방문해 벤치마킹하고 열정적으로 배워온 결과일까? 오산시는 핀란드의 에스포시와 우호 교류를 체결하게 되었다. 우리나라 지자체의 해외 우호 도시 교류는 대부분 일본, 베트남, 중국에 집중되어 있다. 우리는 선진 사례로 자주 언급되는 북유럽과의 우호 교류와 협력을 확대할 필요성을 느꼈고, 유럽 내에서도 우수한 교육 시스템을 자랑하는 선진 교육 도시와의 교류를 통해 교육 환경의 기반을 확대하고 교육 도시로서의 위상을 강화하고 싶었다. 교육 분야를 시작으로 행정과 문화까지 아우르는 다양한 방면의 교류도 필요했다. 에스포시는 핀란드의 제2의 도시다. 헬싱키에서 서쪽 16km에 위치해 있는데, 인구수는 26만 정도로 오산과 비슷하다. 9개의 정당에 75명의 시의원이 활동한다. 지구촌 최고의 다양성의 도시이기도 하다. 인구의 50%가 학사학위를 소지하고 있고 국제 기업의 본사와 고기술 비즈니스 회사가 밀집해 있다. 인구의 20%가 15세 이하로 상당히 젊은 도시이다.

　2011년과 2017년 두 차례에 걸쳐 핀란드 에스포시를 방문했고 에스포시의 직업 교육 학교인 옴니아에서 큰 영감을 받았다. 세계 교육의 선두를 달리는 핀란드 핵심 교육 도시를 둘러보며 오산의 새 그림을 그려볼 수 있었다. 핀란드의 교육은 그야말로 자율성과 창의성을 중시했다. 학교와 지자체의 협력 체계와 진로 직업 교육이 탁월했다. 핀란드의 교육은 권한 대부분을 지방자치단체에 위임한 철저한 분권형이면서도 지방 단위에서는 일반 행정과 교육 행정이 사실상 통합적 체제를 유지하고 있다. 에스포시는 교육을 위한 통합 지역 행정의 모범을 보여줬다. 지자체는 지역 기업체에 필요한 인재를 육성하기 위해 사회적 지원을 아끼지 않으며 고등학교 때부터 대학의 인프라를 직접 접하고 학습할 수 있도록 돕는다. 그리고 그 인재들이 다시 지역에서 활약해 도시의 활력을 높이는 선순환 구조를 갖추고 있다. 에스포시 알토 대학교에 위치한 '알토 디자인공장'은 상품 디자이너와 개발 연구자들을 위한 공간이다. 알토 대학교는 핀란드의 경제, 문화, 산업을 선도하는 헬싱키 경제대, 헬싱키 디자인예술대, 헬싱키 공과대 등 3개 대학이 통합해 탄생한 종합대학교이다. 다양한 연구 프로그램을 중심으로 지역 공공 기관과 대학 기업이 거미줄처럼 엮여 있고 모든 과정을 지자체가 리드한다. 노키아가 몰락한 뒤에도 핀란드 경제를 유지하는 원동력이 바로 이 산·관·학 협력 체제에 있는 것 같았다. 우리는 말로는 산·관·학의 지역 협력 교육이 잘 이루어지고 있다고 하지만, 오산시장으로서 지역의 대학 총장, 기업의 상공회의소 회장과 과연 얼마나 협력이 이루었는가? 냉정한 판단이 필요해 보인다.

'옴니아'는 거대한 직업 교육 기관이다. 실업고 과정부터 성인 직업 교육까지 통합한 이곳은 숙련된 기술을 익히려는 누구든 교육을 받을 수 있다. "모든 길은 옴니아로 통한다"라고 할 정도다. 직업학교와 성인교육센터, 도제훈련센터, 청소년워크숍 4개 기관으로 구성돼 있고 7천여 명이 재학 중이다. 말 그대로 보편적 직업 교육을 실현하는 통합 교육 기관이다. '이소 오메나 서비스센터'라는 새로운 교육 체제도 시도하고 있다. 쇼핑 센터 내에 도서관, 메이커 스페이스, 문화예술센터, 모자보건센터 등을 구축하고 학생이나 시민들이 경험을 통해 학습하도록 지원한다. 교육 기관을 쇼핑몰에 만들어 교육은 일상생활과 밀접한 관계 속에서 진행해야 효과가 있다는 것을 보여준다. 세계 최고라 평가받는 핀란드 교육이지만 그 단계에 머물지 않고 더욱 발전된 시스템을 도입하고자 고민하고 실천하는 모습이 매우 인상적이었다. 핀란드의 교육은 무척 감탄할 만한 부분이 많았는데 좋은 생각을 엮어낸 통합 행정이 그 비결이라 할 수 있다. 우리도 지역 교육을 한 단계 높이려면 통합 시스템을 갖춰야겠다는 생각을 다질 수 있었다.

2017년 4월에 우호 교류 의향서를 송부했고 '2017 오산 글로벌 평생학습포럼' 일정에 우호 교류 협약 체결을 넣었다. '2017 오산 글로벌 평생학습포럼'에서는 핀란드 에스포시에 대한 사례 공유 "지역사회와 함께하는 혁신교육"으로 에스포시의 이야기를 시민들과 나눴다. 오산시는 2019년 5월에 열리는 에스포시 평생학습 축제에 해외 교류 도시로는 유일하게 부스 초청을 받고 참여해 오산시의 평생교육 시스템을 알리기도 했다.

'2017 오산 글로벌 평생학습포럼'에는 또 하나의 MOU가 있었는데 바로 일본의 시부야대학이다. 일본 도쿄의 시부야대학은 '마을을 캠퍼스로'라는 슬로건을 내건 평생학습 시민대학이다. 시부야대학은 지역의 인적, 환경적 자원을 활용해서 지역 밀착형 평생학습 시스템을 구축했다. 쉽게 말해 건물과 캠퍼스가 없는 대학으로 알려졌지만 도쿄의 모든 곳이 대학이고 모든 곳이 캠퍼스가 된다. 오산의 평생학습, 백년시민대학의 취지와 딱 맞아떨어진다. 시부야대학은 시민 스스로 창조한 학습 문화로 지역을 변화시키는 견인차 역할을 해왔다. 오산은 그간 고민하던 시민 참여 평생학습 시스템에 대한 실마리를 시부야대학의 모델에서 찾았다. 도쿄에서 가장 번화한 시부야에서 300여 개의 공간을 무상으로 활용하는 혁신적인 평생학습 사례를 만든 것이다. 기존에 가지고 있던 자원, 유휴 공간을 활용하는 모델을 보고 우리도 징검다리교실을 만들 수 있었다.

포럼을 통해 시부야대학의 학장과 활동가들이 오산의 평생학습 현장을 탐방했다. 또한 평생학습 비전을 공유하고 앞으로의 교류 방안에 대해서도 머리를 맞대고 의논했다. 청년 인구가 많다는 공통점도 있어 지역사회가 당면한 청년 이슈에 대해서도 많은 이야기를 나눴다. 청년들이 만든 마을 기업과 공동체를 둘러보며 네트워크 활성화 방안을 논의하기도 했다.

오산백년시민대학은 시부야대학과 지속적으로 협력하면서 공동 기획 프로그램을 추진하고, 웹사이트를 개설해 다양하게 교류를 이어갈 계획이다. 또한 시민활동가들이 주축이 되어 활동할 수 있도록 적극 지원할 계획이다. 2019년 6월에 열린 시부야대학 축제에 우리 오산시의 시민활동가들이 참여해 우호 교류를 높였다. 또

오산시와 수원시가 공동 개최한 유네스코 제6차 세계성인교육회의 중간회의 개회식에 참석해 인사말을 하며 오산백년시민대학 등을 소개하고 있다.

일본 시부야 축제 참여(2019년 6월).

핀란드 에스포시 평생 축제 부스 운영. 시민 활동가들이 직접 참여(2019년 5월).

한 도심 속 다양한 사람들이 이웃을 만나고 함께 사교장이 되는 축제를 시민들이 기획해서 만들고 그들이 주인공이 되는 모습을 보며 오산 지역 활동의 미래 방향을 가늠해보았다.

통신과 기술의 발전으로 점점 가까워지는 지구촌이라고 하지만 우리가 정말 전지구적 시각을 가지고 살아왔는지 돌아볼 필요가 있다. '우물 안 개구리'라는 말도 있지 않은가. 우리가 가는 길은 결국 누군가 이미 걸은 길이라는 말을 믿는다. 세계 곳곳을 뒤져보면 정말 좋은 사례들이 많다. 어깨너머로 배울 것들도 허다하다. 이제 유네스코 평생학습 16개국 도시들이 오산의 평생교육 현장을 찾고 질문을 쏟아내는 현실이 되었다. 지방자치정부가 할 일이라면 왕성한 국제 교류를 통해 글로벌 교육 도시로의 도약을 꾀하고 앞으로의 미래상을 우리 아이들에게 제시해줄 수 있어야 한다고 믿는다.

오산, 교육으로 풍요로운 도시를 거닐다

방용호 (경기도화성오산교육지원청 교육장)

2018년 3월, 교육장의 소임을 맡아 기존 '얼리버드'만 기억했던 오산 교육을 하나씩 하나씩 파악하면서, 교육과정을 운영해본 교사, 학교장, 장학관으로서 놀라움을 금할 수 없었다. 한마디로 오산시의 교육 사업이 학교 교육과정과 긴밀하게 연계되어 교사가 손만 내밀면 지자체가 도와주는 구조로 되어 있었기 때문이다.

이 부분에 주목하는 것은 평소 우리 학교 교육이 선진국형으로 도약하기 위해서는 교사가 교육에만 전념할 수 있는 구조를 만드는 것이 선결되어야 한다고 생각하기 때문이다. 학교장으로 재직시 공모 사업에 뛰어들지 않았던 것도, 비효율적인 공모 사업에 빼앗기는 교사의 힘을 교육과정 운영에 모으고자 함이었다.

학교 교육은 교육과정을 어떻게 학생들의 자기 주도성을 극대화하는 방향으로 운영하느냐에 따라 그 성패가 갈린다. 핵심은 학생들의 학습력을 극대화하기 위한 교사의 교육과정 재구성 역량, 배움이 일어나는 학생 중심 수업, 과정과 성장 중심의 평가, 이 세 가지다. 나머지는 부수적인 것들이다. 그러므로 이 세 가지에 집중

할 수 있는 여건을 만들어주면 된다. 하지만 대부분의 일반인들은 교육의 진정한 변화가 교실 수업 속에서 일어나야 한다는 것을 잘 인지하지 못한다. 또 설령 수업의 중요성을 안다 하더라도 어떻게 이 수업을 지원해야 하는지를 정확히 알기는 어렵다.

실제로 지자체 관계자들께 지자체에서 투입한 예산이 교사들의 교육과정 재구성과 배움 중심 수업, 성장 중심 평가에 쓰여 교사와 학생의 관계가 원만해지고, 학생들이 스스로 배움에 몰두하고, 학교생활이 즐거워지고, 이런 소소한 것들이 입소문으로 퍼져 좋은 학교가 만들어진다는 것을 이해시키는 것은 그리 쉽지 않다. 여전히 대학 입학 실적 중심, 학벌 중심의 프레임에 갇혀 있는 경우가 많기 때문이다. 하지만 오산시와의 교육 협력은 이런 프레임에서 벗어나 '배움이 즐거운 학생'으로 공교육의 신뢰를 회복하는 데 초점이 맞춰져 있기에 건강하다.

오산시는 '아이들이 행복한 교육 도시 오산'의 기치 아래 교육 협력 정책을 매우 촘촘하게 펼쳐 교육이 시의 사회경제적 부가가치를 상승시키는 대표적인 사례를 보여준다. 2010년에 교육협력과를 신설한 이래 8년간 교육청과 '혁신교육지구'를 운영하면서 2013년 대한민국 대표 브랜드 교육 도시 대상을 수상하는 등 명실상부한 교육 도시로서의 위상을 굳혔다.

오산시가 괄목할 만한 변화와 성장을 거듭한 요인 중 가장 먼저 손꼽고 싶은 것은 교육청과 시가 교육의 본질에 입각해 교육 협력의 비전과 방향을 정확히 설정하고 공유한다는 점이다. 교육청과

시가 함께 오산 혁신교육 철학을 제정한 것이 이를 뒷받침한다. 이 철학에서 오산 혁신교육이 인간에 대한 존엄성과 평등성에서 출발한다고 전제하고 개별화 원리에 입각해 '스스로 자기 앞가림하는 힘(생존)'과 '다 함께 서로 어울려 사는 법(공존)'을 익히도록 한다고 명시했다. 오산시는 이런 교육 철학이 있어 부러운 도시다.

두 번째, 지속적이고 일관성 있는 현장 연계 정책이다. 2010년 팀장은 현재 과장으로서 오산 혁신교육을 이끌고 있다. 2018년에는 본부장이었던 현장 교사를 상임이사로 높이고 현직 교사를 채용해 현장과의 연계를 더욱 강화하고 있다. 교육의 일관성과 전문성을 추구하기 위해 사람을 바꾸지 않고, 학교 교육과정을 침해하지 않기 위해 현장 교사를 고용한 방식이 강한 오산 교육을 만드는 힘이라고 본다.

실례로 자유학기와 연계한 '미리내일학교'는 교육과정 확장 시 가장 걸림돌이 되는 이동 수단과 강사의 문제를 지자체에서 해결한 것이다. 획일적이어서 심지어 교도소로 비유하곤 하는 학교 공간을 자유로운 상상의 공간으로 바꾸는 '별별숲프로젝트'도 학교 공간의 취약성을 보완하겠다는 발상의 결과다.

세 번째, 미래 교육에 대한 확고한 신념과 변화 의지다. 오산시는 핀란드 에스포시와 자매의 연을 맺고 핀란드 교육의 강점을 접목하기 위해 노력하고 있다. 실례로 '오산진로진학상담센터'와 '오산 메이커 교육센터'는 두 차례에 걸친 핀란드 방문 구상이 현실화한 것이라고 해도 과언이 아니다. 외유성이 아니라 방문한 곳을 다시 방문함으로써 그 동안의 변화와 성과를 분석해 시행착오를 줄이면서 오산시에 접목할 방안을 찾는 것이다.

이와 같은 도전은 오산시가 아이들의 꿈을 꿈에 멈추지 않고 현실이 되게 하기 위해 얼마나 교육 현장과 밀착하고 있는가를 보여준다. 가히 선진국형의 접근 방식이라고 할 만하다.

오산시 교육 협력의 건강성은 지자체의 힘이 학교 교육과정을 침해하지 않으면서 운영상의 취약성을 보완하여 살아 있는 교육 과정으로 한 단계 끌어올리는 데 있다. 교과서로만 읽히던 수영을 몸의 언어로 체험케 하는 '생존수영'이나 1악기 1체육의 '통통교실'이 그것이다. 이처럼 학교와 교사의 필요와 요구를 충족시켜준다는 관점을 일관성 있게 지켜온 뚝심이 자칫 일회성, 행사성으로 흐르기 쉬운 사업을 지속가능한 발전을 인양하는 정책으로 정착시킬 수 있게 된 것이다.

'교육 도시 오산'의 브랜드는 시민의 삶에도 영향을 미쳐 10년 전 30%대였던 정주율을 80%대로 끌어올리는 등 도시의 사회경제적 가치를 높이는 데도 기여하고 있는 것으로 나타났다. 국가교육회의에서 교육을 통한 정주성 회복 사례로 오산시를 연구할 만큼 교육은 오산시의 도시 브랜드 가치를 높이고 살고 싶어 하는 도시로 만들고 있는 것이다.

이런 맥락에서 본다면 이제 교원도 지자체 교육 협력의 정도와 수준과 방향을 보고 학교를 선택하는 것도 고려해볼 만하다. 극대화된 지자체의 교육 협력이 교사의 교육과정을 살아나게 하는 힘이 된다면 능동적 선택으로 그 마을교육공동체의 일원이 되어 함께 성장을 도모하는 것도 교육자로서 보람 있는 일일 것이다. 다만 여기에서 유의해야 할 점은 양자 간 교육 협력이 일관성과 지속성을 얼마나 담보할 수 있는가 하는 점이다. 이런 위험을 줄이기 위해 선행되어야 하는 것은 뭐니 뭐니 해도 교육 본질에 대한 확고한 철학과 방향성에 대한 인식과 공유와 실천이다. 어떤 색깔로 교육을 재단할 것이 아니라, '과연 우리에게 교육이란 무엇인가?'라는 질문 앞에서 다시 한번 아이들의 맑고 꾸밈없는 눈을 들여다봐야 한다.

오산 혁신교육 철학의 개별화 원리처럼 아이들 한 명 한 명의 필요와 요구에 부응하기 위해서는 학교의 힘만으로는 부족하다. 지역의 인적, 물적 자원이 아이들에게 건강한 추억, 든든한 버팀목이 되어야 한다. 아이들은 그 지역 어른의 모습을 보고 자란다. 마을에서 자란 아이들은 연어가 회귀하듯 그 마을로 다시 돌아온다. 한 도시가 교육에 적극적으로 나서는 것은 잃어가는 마을의 공동체성 회복으로 건강한 시민을 형성해 궁극적으로 풍요롭고 행복한 도시를 만든다는 점에서 매우 유의미하다.

곽상욱 시장님의 아이들을 향한 마음이 오늘도 혁신교육도시 오산을 따스하게 비추고 있다.

오산, 미래교육의 길이 되다

기술발전 그 자체보다 더 중요한 것은 그 기술로 인해서 야기되는
사회적 갈등을 어떻게 건설적으로 해결하는가입니다.
기술을 개발하는 것도 사람이지만, 그 기술을 어떻게 쓰는가,
얼마나 잘 활용가는가도 사람에 달려 있고요
'사회적 합의를 할 수 있는가', '어떻게 변화를 받아들일 것인가' 하는
합의 능력에 따라서 4차 산업혁명 시대에
기회를 잡는가, 못 잡는가가 나눠질 것이라고 봅니다.
앞으로의 미래학교는 실패할 기회를 효과적으로
자꾸 만들어주는 학교가 되어야 합니다.
인문학자 함돈균

2019년 1월 1일, 오산시가 드디어 30년의 새로운 시대를 열었다. 30년은 청년의 절정기에 해당한다. 청년 오산, 그 동안 어떻게 발전해왔을까?

오산은 유구한 역사를 간직하고 있다. 금암동 너른 터에 솟아오른 고인돌의 위용과 삼국시대에 축조된 독산성이 있다.

독산성의 영광은 권율 장군의 세마대 전투 승리와 정조대왕의 위대한 발자취와 어우러져 우리 오산의 면면한 전통으로 이어져왔다.

궐리사는 조선 오백년 정신세계를 가꾸었고 우리 서민의 애환이 담긴 부산동은 재인청과 무속의 본산이었다.

오랜 기간 한반도 중심에서 인근 지역의 중심이 돼왔고 일제에 항거한 만세운동의 민족 정기가 살아 숨 쉬고 6·25 전쟁 때 유엔군이 처음으로 죽미령 고개에서 북한과 격렬한 전투를 벌인 곳이기도 하다.

1989년 오산시가 인구 5만 명으로, 약 2백억의 작은 재정으로
아주 특별하고 역사깊은 마을에서, 소박하고 인정이 넘치는 특
별한 사람들의 터전으로 출발했다. 2019년은 더 큰, 더 새로운,
더 든든하고, 더 행복한 오산을 만들기 위해 교육, 경제, 복지,
안전, 생태도시환경, 문화예술 등 여러 분야에서 전국에서 가장
빛나는 많은 것을 이루어내 우리 시 역사에 최고의 수상 업적
을 기록한 뜻깊은 한 해였다.

특히, 2019년 3월 19일은 오산의 아주 특별한 하루였다.

이날 교육 혁신을 추진하는 전국 지방정부들과 유은혜 부총리
겸 교육부장관이 함께 '교육 도시 오산'에 모였다. 혁신교육지방
정부협의회 48개 회원도시는 오산시청에서 정기총회와 콘퍼런
스를 개최하고 2019년 사업계획과 향후 혁신교육 발전방향, 지
방정부와 교육당국과의 교육 분야 협력방안 등 혁신교육의 앞
날에 대해 논의했다.

참고로, 혁신교육지방정부협의회는 지방교육정책과 관련하
여 중앙과 지방정부, 일반자치와 교육자치의 협력강화를 위해
2018년 3월 출범하여 현재 전국 65개의 지방정부가 활동을 함
께하고 있다.

'사람이 도시를 만들고, 교육이 도시를 바꾸다'라는 주제로 열
린 콘퍼런스에는 단체장들의 사례발표가 이어졌다. 오산 혁신
교육을 보여주는 박람회도 열었다. 시민참여학교, 미리내일학
교, 얼리버드 등 오산혁신교육 소개와 함께 평생교육, 미래교육,

아동친화, 돌봄 등 '온 마을이 학교인 교육도시 오산'을 소개하는 소통과 공감의 장을 마련하였다. 2020년부터 회장으로 취임하는 영광을 갖게 되었다.

그리고 오산이 또 한 번의 특별한 날을 맞이하였다.

스위스의 다보스포럼이 세계경제의 화두를 이끈다면 미래 교육의 화두는 오산시에서 시작된다라는 당찬 포부를 가지고 2019년 7월 4일, '교육 도시 오산'이 글로벌 혁신교육 도시로 도약하고자 '제1회 미래교육 오산국제포럼'(2019. 7. 3.~7. 5.)을 마련하였다. 이 포럼은 오산대학교 종합정보관에서 열려 세계 교육전문가들의 열띤 발표와 토론이 진행됐다.

'미래교육, 그 길을 함께 가다'라는 주제로 오산시, 오산교육재단, 화성오산교육지원청, 4차 산업혁명과 미래교육포럼이 공동주관하고 국가교육회의에서 후원하는 이번 포럼에는 4개 세션에 22개 주제로 핀란드, 미국, 스페인, 독일, 일본 등 해외 교육전문가와 국내 교육 전문가들의 미래역량교육에 대한 주제발표와 종합토론이 펼쳐졌다.

제2회 오산국제포럼(2020. 11. 6.~11. 7.)은 'AI 교육과 미래 산업, 그 길을 함께 가다'라는 주제로 코로나19 확산 방지를 위해 온택트(비대면) 행사로 진행됐다. 지난 10년간 오산 교육의 발자취를 되짚어보고 국내·외 선진 교육 사례와 미래교육의 비전과 방향을 소통하고 공유하며 앞으로 나아가야 할 길을 찾는데 의미를 두면서 제4차 산업혁명 시대와 코로나19 언택트 시대에

제1회 미래교육 오산국제포럼
— 미래교육, 그 길을 함께 가다.

제2회 미래교육 오산국제포럼
— AI 교육과 미래산업, 그 길을 함께 가다.

교육 패러다임 전환의 형태와 변화를 인지하고 인공지능의 현재와 미래, 그에 따른 산업의 변화를 논의했다.

이번 포럼의 성과를 바탕으로 국내 대표 교육도시인 오산시가 글로벌 미래 선진교육으로 도약할 수 있을 것이라 당당히 말할 수 있다. 30년 청년오산의 이러한 변화와 혁신이 새로운 미래 백년 오산으로 도약할 수 있는 발판을 마련하고 대한민국 글로벌 혁신교육의 리더로서 미래 교육도시의 정체성을 더욱 확실히 공고히 하여 우리 시민 모두의 자부심이 될 것이다.

새로운 시대가 온다

2016년 3월 15일, 서울 광화문 포시즌스 호텔에서 이세돌과 알파고 간의 바둑 대결이 열렸다. 최고의 바둑 인공지능 프로그램과 바둑의 최고 실력자인 인간의 대결로 주목을 받았다. 구글 딥마인드 챌린지 매치(Google Deepmind Challenge Match) 5국에서 구글이 개발한 인공지능인 '알파고(AlphaGo)'가 프로 바둑기사 이세돌 9단을 불계로 꺾었다. 알파고가 4승 1패로 최종 우승한 것에 대해 주요 외신들은 '인공지능(AI)의 새로운 시대가 열렸다'고 일제히 타전했다.

바둑기사 이세돌을 꺾은 인공지능 알파고의 모습은 가히 충격적이었다. 최고의 지적 재능으로 인간만이 할 수 있었다고 여겨지는 분야가 어느덧 로봇에게 하나둘 자리를 내어주고 있다. 인공지능 (AI) 알파고는 우리 사회에 큰 파장을 불러일으켰다. 우리 사회 전 분야에 인공지능에 대한 관심을 높여주었고, 미래 사회와 교육에 대한 새로운 고민이 필요하다는 공감대를 형성해주는 역사적인 사건이었다.

이렇듯 인공지능으로 대표되는 4차 산업혁명은 사회 전반에 혁신적인 변화를 일으키고 있다. 산업 현장에서는 인간의 일자리가 로봇 기계로 대체되고 있다. 금융권에서도 가상화폐 등으로 흐름이 바뀌고 교육, 의료, 교통, 환경 산업 역시 대대적인 변화를 예고한다.

우리는 4차 산업혁명을 이야기할 때 인공지능(AI)과 빅데이터, 사물인터넷(IoT), 5G 네트워크, 클라우드 기술을 말한다. 인공지능을 바탕으로 모든 기술과 사물이 융합이 되고 연결되는 초연결 사회로의 진입이 4차 산업혁명의 핵심이다. 초연결이라는 가치를 가장 잘 담을 수 있는 제품이 바로 자율주행차이다. 자율주행차는 말 그대로 인간의 운전 없이 자동으로 주행할 수 있는 자동차이다. 자율주행차는 레이더, GPS, 카메라로 주위의 환경을 인식하여 목적지를 지정하는 것만으로 자율적으로 주행한다.

또한, 평생교육은 어떠한가? 4차 산업혁명의 주요 기술인 빅데이터·인공지능(AI)·3D프린팅·사물인터넷(IoT) 등이 급속도로 발전하고 있다. 공유경제·플랫폼 경제가 확산되는 등 아이디어가 더욱 쉽게 사업화되는 생태계가 조성되고 창업가 정신이 더욱 중요한 시대가 온다. 지식과 기술의 수명이 짧아지고, 사람의 수명이 연장되면서 평생 더 많은 직업을 가져야 하기 때문에 이제는 '평생직업의 시대를 넘어 평생학습의 시대'가 오고 있다.

2020년, 시작과 함께 신종 코로나 바이러스(COVID-19)가 세계를 강타했다. 우리나라에서도 대구·경북 지역 중심으로 코로나19가 급속도로 확산되었다. 세계보건기구(WHO)는 3월 11일, 코로나19에 대해 세계적 대유행, 즉 팬데믹(Pandemic)을 선언했다. WHO는 감염병 위험 수준에 따라 1~6단계의 경보 단계를 설정한다. 이 가운데 가장 높은 6단계가 팬데믹이다. 중국에서 발생한 신종 코로나 바이러스가 급속히 확산되면서 세계 '신종 코로나' 확진자는 약 1억 7,965만 명, 사망자는 약 389만 명을 넘었다(2021. 6. 22. 현재).

신종 코로나 바이러스 감염증(코로나19) 사태는 언제쯤 끝이 날까? 인공지능이 이번 코로나 바이러스 확산을 가장 먼저 예측한 것으로 알려져 화제다. 2019년 12월 31일 캐나다 AI 스타트업 블루닷(BlueDot)이 신종 바이러스 출현을 경고하였다. 세계보건기구(WHO)는 1월 9일에 확산 경고를 했다. 블루닷은 세계보건기구(WHO)보다 9일이나 빨랐다. 앞으로 세계의 재난은 빅데이터, 인공지능을 통해 예측하고 막을 수 있을 것으로 전망된다.

미래교육이 나아가야 할 방향

미래 사회는 고도화된 정보기술을 바탕으로 사회 시스템의 패러다임이 바뀌고 있다. 불확실성과 문제의 복잡성이 증가하는 시대로 급변하고 있다. 이러한 변혁의 시기에서 사람들은 교육계가 성장과 발전을 이끌 수 있는 창의력, 문제 해결 능력, 비판적 사고력과 소통협업 능력 등 미래 핵심 역량을 갖춘 창의융합형 인재를 양성해줄 것을 요구한다.

미래교육이란 무엇일까? 스스로 학습하고 경험하여 역량을 발현시키고, 개인의 적성과 능력을 토대로 미래 사회에 능동적으로 대응할 수 있는 사람을 키워야 한다고 말한다. 이러한 미래교육의 핵심은 융합교육이다. 융합교육이란 융합적 사고력과 문제 해결력을 키우는 교육이다. 어떤 한 과목만 잘하는 것이 아닌 문제 해결에 필요한 과학, 수학, 문학 등을 연계한 문제 해결로 교육이 변화되어가고 있는 것이다.

《교육의 미래 컬처 엔지니어링》의 공동저자 폴김 선생은 한국의 교육환경은 질문을 할 수 없는 사람을 키우고 질문을 회피하는 문화가 더욱 고착화되고 있어 질문 없는 학교에서 질문 없는 사회로 보편화되고 있는 실상의 현실을 지적하며 비판적 질문을 용인하고 창조적 질문을 생산할 수 있는 컬처의 필요성을 역설하고 있다. 그래서 스마일(SMILE : Stanford Mobile Inquiry based Learning Environment)이라는 교육 프로젝터를 만들어 질문을 기본으로 하는 배움이라는 〈inquiry based learning〉 개념 프로젝트를 진행해 2016년 UN 미래교육 모델로도 선정되었다고 한다.

그러나 이러한 교육을 우리의 학교 현장에서 적용하는 것은 쉽지 않은 일이 엄연한 현실이다. 또한, 우리 아이들이 미래의 세상에 당당히 맞설 수 있는 역량을 키울 수 있도록 전력을 다해야 하는 것은 국가적으로도 너무도 중요한 현실 과제가 되었다. 이에 교육 도시 오산은 미래교육의 길이 되고자 다양한 고민을 하고 있고, 멍하니 한숨과 한탄만 쉬어서는 안 되고 그 고민을 하나씩 하나씩 실천해내고자 한다.

별별숲프로젝트

오산시는 2018년부터 '별별숲프로젝트'를 시작했다. 별별숲프로젝트는 학교 공간을 창의적으로 바꾸는 사업이다. 학교 어느 한 공간이라도 유별나고 특별한 공간에서 아이들의 지혜가 숲처럼 샘솟았으면 하는 바람으로 '별별숲'이라고 이름 붙였다.

공적 공간의 획일성이 사고를 획일적으로 만든다. 건축이 중요한 이유는 사람의 사고를 공간이 지배하기 때문이다. 이상한 교실, 신나는 복도, 재밌는 동아리방, 맛있는 식당, 근사한 화장실이 우리가 제안한 별별숲프로젝트다. 하루에 10시간 이상 시간을 보내는 그들의 공간이 마치 교도소와 같다고 냉혹한 지적을 한 학자도 있지만 학교 공간이 딱딱하고 근엄한 모습을 고수한다면 아이들에게 아무리 창의력 교육을 강조해야 하는 현실에 부합하지 않는다면 탐험과 모험이 가능하고 놀이가 가능하되 안전한 공간을 만들어줄 필요가 있다.

유럽의 학교를 탐방하면서 새로운 모습들을 많이 봤다. 복도와 교실이 유기적으로 연결되어 있고 배움터와 놀이터가 확연히 구분되지 않았다. 핀란드 야르뻬빠고등학교는 3층짜리 방사형 건물이

핀란드 야르뻰빠고등학교 1층 중앙
— 모든 학생들의 소통과 공유의 장소다.

운산초등학교 학교 공간 혁신 별별숲 프로젝트
— 학교 공간을 학생 자치로 바꾸다.

다. 1층 중앙은 광장처럼 되어 있어 평일에는 식당으로, 특별한 행사가 있으면 어김없이 공연장으로 사용한다. 무학년제로 운영되기도 하고 학생들이 소속된 학급이 없기 때문에 학년, 나이, 인종에 상관없이 학생들이 자주 얼굴을 부딪치고 보고 대화할 수 있도록 설계가 된 학교이다. 더욱 놀라운 것은 설계 과정에서 교사들의 의견을 최대한 반영하고, 설계에서부터 완공까지 무려 3년이 걸렸다는 점이다. 사람의 움직임에 따라 유동적으로 다시 인식할 수 있는 공간의 미학이 있었다. 아이들은 학교에서 가장 많은 시간을 보낸다. 놀기도 하고, 친구와 추억을 쌓기도 하고, 공부도 한다. 탐색의 시간이 있어야 하고, 안전하고, 쉴 곳이 있어야 한다.

우리의 교실 공간은 군사 문화를 고스란히 가지고 있다. 네모반듯한 교실에 책상과 걸상이 오와 열을 맞춘다. 마치 군대의 연병장 같은 운동장에서는 흙먼지가 날린다. 이제는 학교 운동장에서 애국조회를 하지 않는다. 전체 운동회도 잘 하지 않는다. 하더라도 인원이 적어 예전처럼 네모반듯하게 사열할 운동장이 필요하지 않다. 하지만 예산 부족이라는 이유로 학교 시설을 변화시킬 도전을 못 하고 있다. 학교에 꼭 큰돈이 필요한 것은 아니다. 아이들의 발상으로 더 나은 공간을 만들어낼 수 있다. 여기에 학부모를 중심으로 한 시민과 시의 행정력이 더해지면 시너지 효과가 나는 것은 당연하다.

전체적으로 학생 수가 줄어들면서 학교 안 유휴 공간도 늘었다. 오산시는 학교공간혁신협의회를 만들어 학부모회, 학교운영위원

오산고현초꿈키움도서관은 아이들의 돌봄부터 지역사회 학부모들의
커뮤니티 공간으로 탄생됐다.

회, 학생과 교사, 전문가가 모여 하나씩 변화해나가고 있다. 일단 청소부터 한다. 공간을 찾기 시작한다. 그 뒤 전문가와 학교 구성원의 의견을 토대로 설계한 새로운 공간이 탄생한다.

성호중학교는 학생들이 청소를 하고 교사들이 테이블을 조립했다. 학교 구성원들이 같이 페인트칠을 하고 공간에 벽화도 그렸다. 복지관에서 쓰지 않는 책상과 의자도 기증받았다. 학부모들이 재능 기부로 커튼이며 장식할 물건들도 만들었다. 파란 페인트로 칠한 복도에 기증받은 벤치를 놓고, 아이들의 작품을 전시했다. 헌 가구는 새로 페인트칠을 하고 빈 교실에 교복 기증 진열장을 놓았다. 도서를 기증받아 학교 안에 북카페도 만들었다. 이 사업은 공적 기금을 대규모로 투입해 완전히 건물을 갈아엎는 것이 아니다. 우리가 가진 예산으로 아이디어를 내서 학교 구성원과 지역사회가 함께 만들어나가는 것이다.

오산고현초등학교는 학교 도서관을 2019년 2월에 시민 개방 도서관으로 전환하는 업무협약을 맺었다. 고현초는 요즘 추세와 다르게 아이들이 많은 과밀 학교다. 아이들이 많다는 것은 학부모도 많다는 것이고, 학교 주변 시민들이 많다는 이야기다. 도서관은 많으면 많을수록 좋지 않은가? 새로 도서관을 짓되 학교 안에 지으면 학생들이 책과 더 가깝게 생활할 수 있고 이를 시민들에게 개방하면 학교 밖 시민 전용 도서관을 짓는 재원을 아껴서 도서관의 장서를 늘리거나 환경을 개선하는 데 더 많이 투자할 수 있다. 보통 학교 안의 도서관은 학교 예산으로 운영되기 때문에 시에서 운영하는 도서관보다 환경이 열악하거나 장서가 적다. 아이들의 독서력도 확대하고 시민들의 이용률도 높일 수 있는 방법이 있다. 아이들과 시민들이 어울리는 도서관 문화가 정착되면 새로운 마을교육공동체가 피어날 것이다.

고현초등학교 도서관은 2017년 7월부터 공간을 만들고 분리 운영했다. 1년 반 동안의 분리 운영을 거쳐 2019년 2월에 공식적으로 협약을 맺고 시민 개방 도서관으로 전환했다. 1층에는 유아 열람실과 지역 주민의 소통의 장은 물론 아침 시간에 돌봄기능이 가능한 돌봄교실의 역할도 해주고, 2층에는 책놀이터를 두었다. 오산시가 운영하지만, 그 주인은 시민이라는 의미를 담아 학부모들이 프로그램을 제안하고 운영한다. 고현초등학교의 시민 개방 도서관은 마을과 학교가 소통하고 문화를 공유하는 학습 플랫폼을 표방한다. 정숙하고 조용해야만 하는 학교 도서관이 시끄러워져야 성공하는 철학을 가져본다. 오산시 남부권지역에는 교육과 문화를 전담할 공간이 전무하다는 점, 도서관 공간이 협소하고 공간 인테리어가 미흡해 대출과 반납의 기본 기능만 한다는 점을 개선해서 마을과 학교가 함께하는 평생학습 체제의 기본을 구축한다는 전략으로 행복한 공간이 탄생하였다.

메이커 스페이스

4차 산업혁명 시대에 필요한 인재상은 대체 불가능한 사람이 되는 것이라 한다. 기계와 인공지능이 인간이 하는 일을 점점 더 많이 대체하게 되면, 사람의 노동은 어디까지 인정받을 수 있을까? 천편일률적인 매뉴얼대로 지시 사항만 잘 수행하는 사람은 기계와 경쟁해야 한다. 사람의 가치를 인정받기 위해 가장 사람다운 모습이 필요하다. 바로 위기에 대처하고 혁신적인 아이디어를 내고 새로운 생각으로 타인과의 공감능력이 훌륭하여 자신의 생각을 글로 쓰고 다른 사람과 나누는 소통 교육을 통해 길러지는 협력 능력이 기본이다. 그러기 위해서는 기계가 어디까지 확장 가능한지, 4차 산업혁명에서 우리는 어떤 방향을 설정해야 하는지를 간접 경험이 아니라 직접 경험으로 아는 것이 필요하다.

오산은 이제 메이커 스페이스 센터를 개관했다. 오산시에 딱 맞는 메이커 스페이스를 만들기 위해 과천과학관 무한상상실, 성수동 메이커 스페이스, 핀란드 에스포시, 싱가포르 등 국외의 모델들을 답사하며 연구했다. 비싼 돈을 들여 외국까지 가거나 서울 시설들을 특별히 찾아야 하고 사교육으로만 해결하는 일이 없도록 시에서 전폭 지원하기로 한 것이다. 메이커 스페이스는 3D프린팅과 코딩 교육뿐 아니라 디자인과 테크놀로지로 실현도 할 수 있는 실험실이다. 우리는 이곳에서 역시 새로운 문화를 창출해나가고 있다. 우리가 지역에서 해온 대로 메이커 강사를 양성하고 교원 연수도 진행한다. 오산만이 가지는 특별한 교육과정으로, 목공, 로봇 체험 등도 시도하는 등 최초로 펼쳐지는 아이들을 위한 또 하나의 학교 밖 학교의 탄생이다. 아이들이 시민참여학교로 현장체험학습을 오고, 자유학년제 미리내일학교 아이들이 이곳에서 전문적인

미래교육의 플랫폼 역할을 수행하는 새로운 공간 '오산메이커교육센터'(오산시
청학로 53)가 2019년 10월 31일 정식 개관했다.

신축되고 있는 TEG(Tech & Education village Growth) 캠퍼스 조감도
— 상상을 현실로 표현할 수 있는 디자인 씽킹, 메이커 작업이 표현되는 공간 마을과
   대학과 청년들의 창업, 창직, 산업체의 R&D 기능을 제공하는 TEG캠퍼스로
   조성된다.

교육을 받는 것이다. 돌고 도는 교육이다.

 디자인 씽킹에 대한 장을 열기 위해 그간 싱가포르와 핀란드 등 해외 유수의 교육 시스템을 살펴보고 연구했다. 우리가 이해한 디자인 씽킹은 스스로 생각하고 시행착오를 거치면서 문제 해결 능력을 키울 수 있는 창의 교육과정이었다. 4차 산업혁명 시대에는 시행착오를 이해하고 문제 해결 능력을 갖춘 사람만이 노동권을 갖게 될지도 모른다. 뛰어난 작업 수행 능력은 기계가 대체할 것이다. 현재 교육과정 내에 코딩 교육이 의무화되어 있다. 하지만 이론적인 교육이 아니라 실습과 활동이 필요하다. 지금의 코딩 교육은 언젠가 사멸할 컴퓨터 언어 몇 개를 배우는 것에 불과하다. 코딩 교육이 필요한 이유는 문제 해결 능력의 함양인데 실습할 수 있는 기회가 적으면 이 교육의 효과도 떨어진다. 프로그래밍 언어를 배우고 직접 프로그램을 만들어 기계를 움직여봐야 하는 것이다.

 디자인 씽킹 교육과정은 타인과 함께할 때 효과가 배가된다. 혼자 배우고 익힌 기술로 모든 것을 섭렵할 수 없는 구조. 누군가는 디자인을 맡고 누군가는 프로그래밍을 맡는다. 기계의 작동 원리와 물리적 이해는 그에 대한 전문가의 의견이 필요할지 모른다. 디자인 씽킹 교육은 공유를 전제로 한다. 생각의 공유, 의견 조율과 토의, 협력하지 않으면 결과물을 만들기 어렵다. 우리는 발등에 떨어진 불을 끄기 위한 창업과 창작을 지원하는 센터에서 벗어나 공교육과 연계해 새로운 인재상을 길러내는 데 주력한다. 상상을 현실로 만들 수 있는 교육 장소가 필요했다. 사람과 사람이 만나야 혁명이 일어난다. 4차 산업혁명도 결국 사람이 사람과 어떻게 어우러지느냐에 따라 결정될 것이다.

시대는 계속 변화한다. 메이커 스페이스는 그 장을 여는 상징이 될 것이다. 디자인 씽킹을 강조하는 메이커 교육으로 4차 산업혁명을 다리 삼아 글로벌 시대로 나아가는 인재들로 성장하는 꿈을 꾼다.

온종일 돌봄

우리 아이는 우리 모두의 아이다. 오산시의 아이들은 지역이 함께 나서서 책임져야 한다. 이제 오산은 온종일 돌봄을 본격적으로 시작한다. 기존의 돌봄은 학교 안 돌봄과 학교 밖 돌봄으로 나뉘어 있었다. 관할 부처가 다르고 책임의 대상도 다르다. 학교에 오는 아이들은 학교 안에서 돌본다. 이 아이들이 학교 밖으로 나가면 지역에서 책임질 필요가 있다. 돌봄은 오산뿐 아니라 대한민국 전체의 숙원 과제다. 오산에는 돌봄을 펼칠 수 있는 수천 명의 시민들이 준비되어 있다. 이제 아침 돌봄을 어떻게 어디서 누가 하느냐, 방과 후는 어떻게 해야 하는가, 학교와 어떻게 접점을 찾을까를 더욱 구체화해야 한다.

2018년 7월에 온종일 돌봄 선도 공모 사업에 선정되어 11월에는 초등생 온종일 돌봄 조례를 시행했다. 11월 죽미마을에 함께자람센터 1호를 개소한 뒤 얼마 전 〈오산 온종일 돌봄 생태계 기초 연구〉 용역 보고를 마쳤다. 온종일 돌봄은 이제 아동청소년과에서

함께자람센터
— 마을에서 아이를 품다. 마을에서 아이를 보살피다.

유은혜 교육부장관 현장 방문 격려.

촘촘한 돌봄 서비스 생태계를 구축하는 것이 우리의 목표다. 2, 3, 4, 5, 6, 7호점이 열렸고 8, 9호점은 기존의 가정어린이집을 전환 리모델링하여 원장 선생님을 그대로 모시고 지역주민과 함께 운영하는 사회적 협동조합으로 새로운 모델도 창출된다. 2021년 상반기에 17개, 2022년까지 30개 개관을 목표로 하고 있다. 학교 안과 밖에서 우리 모두가 함께하는 돌봄세상을 만들어 오산시가 그동안 만들어온 오산의 교육생태계 위에서 우리 마을의 아이들을 우리가 함께 키운다라는 마음으로 온종일 돌봄은 따뜻한 감동과 믿음과 사랑 속에서 CCTV 감시 없이 잘 이루어질 것이라 믿는다. 이탈리아 볼로냐시의 협동조합 운영 못지않게 대한민국 최초로 사회적 협동조합 세력이 만들어지고 그들의 실천과 참여로 마을 주민들과 함께 운영되는 시범이 이루어지는 꿈을 꾸고 있다. 우리 시민들 덕분이다.

미래 교육 도시 건설을 위한 오산의 새로운 도전

인공지능(Artificial Intelligence·AI)이 국가적 화두로 떠오르고 있다. 금융, 의료, 산업 등 사회 전 분야에서 인공지능이 폭넓게 활용됨에 따라 4차 산업혁명 시대를 관통하는 핵심 기술이 인공지능이 될 것이란 전망이 있다

정부는 2019년 12월 17일 문재인 대통령 주재로 열린 제53회 국무회의에서 'IT 강국을 넘어 AI 강국으로' AI 국가전략을 발표하였다. AI를 통해 산업과 사회 모든 영역에서 패러다임을 전환하고,

2030년까지 최대 455조 원의 AI 경제 효과 창출, 삶의 질을 세계 10위 수준으로 끌어올리겠다는 것이 목표다.

이에 2020년부터 초·중등학교에 AI 시범학교가 운영되고 AI 교과서가 도입되는 등 인공지능에 관한 국가적 차원의 교육도 본격화하는 추세다.

그러나 AI 전문 인재를 육성하는 것과는 별개로 교육 현장에서는 '교육 혁신'의 한 갈래로서 인공지능을 활용하는 방안에 더욱 주목한다. 기존 교육과정에 인공지능을 접목함으로써 교육의 효율성을 극대화하는 한편 획일적인 주입식 교육의 폐해를 극복하고 학생 맞춤형 교육을 실현할 수 있다는 기대감에서다.

교육도시 오산은 지난 10년간 '아이부터 어른까지' 시민 모두가 성장하고 지역사회에서 다양한 활동과 연결하는 '온 마을이 학교' 체계를 구축하였다. 이런 경험을 살려 미래 교육 도시 건설을 위해 오산은 새로운 도전을 하고 있다.

첫째로, AI 교육이다. AI 교육이란 학생 빅데이터를 통해 AI가 학생 개개인에게 맞춤 교육을 제공하는 것이다. 다시 말해서 개인의 흥미나 소질, 적성, 학습 이력, 성취도에 대한 빅데이터를 AI가 분석하고, 개인에게 최적화된 교육을 제공하는 방식이다. 문제 풀이를 통해 부족한 문제를 분석하고, 취약한 유형의 문제를 집중 학습하도록 커리큘럼을 만드는 등이 대표적인 예다.

2020년 신년사에서 저는 4차 산업혁명 시대를 맞이하여 AI 교육을 강화하고자 세교 2지구에 AI 특성화고(추후 마이스터고로 전

한컴에서는 인공지능 기반의 지능형 서비스 로봇으로 사람들에게 필요한
정보 서비스를 제공하고 있다.

환)를 유치하겠다고 선언했다. 그리고 더 나아가 관내 초·중·고와 오산 인근지역에 위치하고 있는 삼성전자와 LG전자가 연결되는 'AI 특별 교육도시'를 추진으로 미래의 창의교육 전당으로 특화시켜나갈 계획이다. 또한, 교육부에서는 2020년 전국 인문계 고등학교 중 35개 학교를 인공지능 특화교육 지정 학교로 발표하였다. 오산시에서는 세교고가 지정되어 앞으로 세교지구에는 문시초, 세마중과 함께 인공지능 교육 벨트를 지정해 2020년부터 광운공대 로봇학과 AI 교수팀과 함께 시범교육이 시작됐다. 아울러, 한국과학기술대학교와 협업하여 오산시 공무원과 관내 교원 대상으로 전문인력 양성 과정 대학원 과정도 개설 계획이다. 그 이유는 공무원은 4차 산업혁명 시대에 AI(인공지능), IoT(사물인터넷), 빅데이터 등의 분야에서 전문 지식이 필요하고, 지속가능한 구조를 위한 시정 전반의 정책과 연계 구축이 필요하다. 그리고 교사는 교육 현장 내 AI 교육을 이끌어갈 전문역량 강화가 필요하기 때문이다.

둘째로, 평생학습관 구축이다. 오산에는 평생학습관이 없다. 이러한 돈이 많이 투자되는 하드웨어 빌딩 없이, 오산시는 기존의 활용 가능한 많은 유휴 공간과 지역사회에서 보유하고 있는 각 기관들의 강의실, 카페, 음식점, 공원 등 모두가 징검다리교실이라는 이름으로 훌륭한 평생학습 공간으로 이용되고 10분이면 가까운 곳에서 강의를 주고받을 수 있는 온 동네 학습공동체 실현을 이루었다. 평생학습관이 없는 오산시가 2015년 평생학습 도시로 지정이 되었다. 2018년 세계평생학습포럼에서 오산시는 지역을 기반으로 한 평생학습 도시로서 인적, 물적 자원을 총동원한 평생학습 운영 사례를 소개하여 세계 평생학습 전문가들의 이목을 이끌었다. 청년, 중장년 등 생애주기별 평생학습을 맞춤 개발하고 시민의 삶과 지역을 변화시키는 민주시민교육으로 2019년 콜롬비아에서 열린 유네스코 평생학습 국제회의에서 오산시가 아일랜드 코크시와 함께 '건강과 웰빙 교육' 분야를 이끄는 코디네이터 도시로 선정됐다. 향후 2년의 임기 동안 오산형 지속가능발전교육 모델을 전 세계에 확산하고 모두가 함께 성장할 수 있는 네트워크 체계를 이끌어 대한민국을 넘어 세계 평생학습 발전에 중추적인 역할을 해나갈 계획이다.

마침, 오산소방서 이전에 따른 유휴 공간이 생겨 이를 새롭게 활용하고자 평생학습관을 구상하였다. 물리적인 공간을 새로 건립하기보다는 현 공간을 활용하여 평생교육에 참여하는 시민활동가들을 위한 플랫폼 거점 공간을 마련할 것이다. 시민활동가, 학습동아리 등이 모여서 소통하며, 연구할 수 있는 공간과 심화교육의 종합적인 거점 장소가 필요하다는 시민들의 꾸준한 요청을 해소할 수 있을 것으로 기대한다.

앞으로 오산시 평생학습관은 시의 평생학습 비전을 제시하고 지역 내 평생교육기관 간의 유기적인 협력체계 구축을 통하여 요람에서 무덤까지 시민주인형 맞춤형으로 모든 시민이 학습의 즐거움을 누리는 교육·문화 도시 조성을 목표로 한다.

셋째로, 경기 TEG(Tech & Education Village Growth) 캠퍼

스이다. 일명 4차 산업 기술·교육 성장 마을이다. 2019년 6월 한국, 핀란드 스타트업 서미트에 문재인 대통령이 핀란드를 방문하였다. 당시 대통령께서 핀란드의 알토대학처럼 우수한 창업 생태계를 언급하였다. 이미 알토대학은 헬싱키의 경제대학과 디자인예술대와 공과대가 합쳐져서 4차 산업혁명 시대에 종합대학으로 만들어진 그야말로 최고의 대학으로 성장하였다.

이것은 바로 3개 대학이 통합을 이루면서 고등학교 학생들은 현장에서 수업을 할 수 있고, 대학생들은 관내 기업들을 샘플링하고, R&D 역할을 함으로써 졸업한 이후에 기업과 연계되고 일자리가 보장되고 창업이 연계되는 시스템이다. 그야말로 진실된 산·관·학(産·官·學)의 협력 모델이다. 이러한 시스템을 오산시에서 실천하고자 한다.

마침 오산시가 온 마을이 키우는 교육·창업 마을, '경기 TEG Campus' 조성사업으로 2019년 9월 3일, 새로운경기 정책공모사업에 참가하여 시상금 사업비로 특별조정교부금 40억원을 확보하였고, 총 128억 예산으로 2022년 완공을 목표로 설계가 되고 있다.

경기 TEG 캠퍼스는 Tech & Education Village Growth Campus의 약자로 교육마을과 기술마을을 의미한다. 정규 수업시간 내 학생들의 메이커 교육을 진행하고, 청년들이 기업과 만나 시제품을 만들어 창업을 꿈꾸는 것으로 보육과 투자가 직접 연계되는 공유 오피스, 실무형 진로 체험과 기업 구인을 해결하는 마을 인턴십, 전문 시제품 개발실 등이 운영된다.

알토대학교는 '실천을 통한 배움'(Learning by doing)을 강조하여 창업을 촘촘히 지원하는 시스템을 갖춘 곳으로 유명하다.

'새로운경기 정책공모 2019, 경기 First' 공모사업 발표 참여 — 40억 원 수상.

에듀케이션 빌리지, 동네 교육마을은 정규 수업시간 내 초등학교, 중학교, 고등학교 학생들과 오산대학 학생들까지 메이커 교육에 산실이 되고 체험하고 교육하는 장을 만들어볼 것이다. 테크빌리지는 초중고 아이들을 포함해 청년들이 기업과 만나고 시제품도 만들고 창업을 꿈꿀 수 있는 장으로 운영하고자 한다. 우리는 학생들의 메이커 활동을 보장하고, 공교육 교사 외에 지역의 인적자원을 양성하는 최고의 프로그램을 만들 것이다. 꿈을 현실로 만드는 곳! 바로 여기이다.

앞으로 경기 TEG 캠퍼스를 교육과 일자리 창출 공간인 벤처타운으로 구축할 것이다. 경기 TEG 캠퍼스는 지역의 참신하고 경쟁력 있는 스타트업 유치와 육성을 통해 지역에서 청년들이 자신의 미래를 계획할 수 있는 공간이다. 지역과 인근 지역의 공간·장비·기술 등을 공유하여 공유경제와 스타트업 기업의 집중 육성을 통해 지역경제를 활성화할 수 있다. 그 속에서 일자리를 창출하여 민선 7기 최대 목표인 일자리정책의 효과를 극대화할 것으로 기대한다.

넷째로, 디자인 씽킹이다.

UN의 〈미래보고서 2045〉에 따르면 의사·약사·판검사·변호사·기자·통역가·번역가·세무사·회계사·재무설계사·금융 컨설턴트 등의 직업이 2045년이면 인공지능에 의해 거의 모두 소멸된다고 예측했다.

이처럼 머지않은 미래에 사람 중심의 일자리 대부분이 인공지능에게 대체되는 것은 일종의 상식으로 자리 잡고 있다. 그리고 미래

사회는 인공지능에게 지시를 내리는 계급과 인공지능의 지시를 받는 계급으로 나뉜다고 한다.

새로운 인류문명 시대의 대세가 될 인공지능 시대를 지배하기 위해서는 지금까지의 교육과 다른 새로운 교육이 필요하다.

미국은 2008년에 싱귤래리티 대학을 설립했다. NASA와 구글이 인공지능 시대의 지배자를 만드는 것을 목표로 투자를 하였다. 이 대학의 설립 목적은 10억 명의 인류에게 영향을 주는 일을 할 수 있는 사람을 길러내는 교육을 한다는 것이다.

2013년 일본은 메이지유신 이후 150년 만에 교육혁명을 단행했다. 2020년까지 입시교육을 폐지하고 국제 바칼로레아(International Baccalaureate, IB)를 도입한다고 한다. 국제 바칼로레아는 스위스에서 시작된 교육과정으로 책을 읽고 토론하고, 글을 쓰는 것을 핵심으로 삼고 있다.

책 《에이트》의 저자 이지성 작가는 인공지능이 절대로 가질 수 없는 인간 고유의 능력이 있다고 말한다. 인공지능은 타인의 생각과 감정을 타인의 입장에서 느끼거나 이해할 수 있는 능력인 '공감능력'이 없다. 특히 고통을 덜어주기 위한 구체적인 행동을 할 줄 아는 능력인 훌륭한 공감능력이 없다는 것이다. 그리고 공감을 통해 기존에 없던 것을 새로 만들어내거나 기존에 있던 것에 혁신을 일으키는 '창조적 상상력'을 발휘할 수 없다고 강조하였다.

이 책에서는 인공지능에게 대체되지 않는 나를 만들기 위해 8가지 방법을 소개하였는데, 그중의 하나인 디자인 씽킹을 소개하면 다음과 같다. 디자인 씽킹(Design Thinking)이란 말 그대로 생각을 디자인하는 것이다. 기존 사고를 인간 중심의 사고로 새롭게 디자인해서 인간의 삶에 영향을 미치는 거의 모든 것에 혁신을 일으키는 것이다.

오산시는 디자인 씽킹을 배우기 위해 2017년 싱가포르 NIE(National Institute of Education, 국립교육연구소)를 방문하였다. 이 곳은 교원 양성과 교직 개발에 관심과 노력을 기울이고 교사의 질을 신장하기 위한 싱가포르의 유일한 교원 양성 기관이다. 디자인 씽킹 개념이 도입된 지 20여 년 된 싱가포르는 중등과정에 의무교육으로 디자인 씽킹 교육을 실시하면서 교원 양성을 위해 노력하고 있었다. 현직 교원의 전문성 유지와 개선을 위해서 꾸준한 연수와 교육 참여 기회 확대, 수업 공유 및 교사 대상 경연대회 진행, 해외연수 지원 등 교원의 전문성 신장을 위해 다양한 지원을 하고 있다. 수업시간 내 가르칠 커리큘럼 내용보다는 교사의 역량과 생각을 어떻게 하면 높일 것인지에 대한 내용이 중점적으로 이루어지고 있다. NIE 연구소 소장 제이슨 교수는 교사들의 연수가 진행되는 동안 어떻게 하면 학생들을 일방적으로 가르치지 않고 각자의 개성과 창의성을 드러내고 표현할 수 있도록 관리 지도할 수 있는가를 고민하고 토론하는 과정이 중요하다 했다. 그리고 싱가포르 피어스 중학교(Pierce Secondary School)도 방문하였다. 학교마다 시설현황은 다르지만 모둠활동 또는 아이디어를 확인할 수 있는 일반적인 책상이 있는 영역과 소재를 가공할 수 있는 가

싱가포르 피어스 중학교(Pierce Secondary School) 방문.

싱가포르 디자인 씽킹 교사 수업.

NIE 제이슨 소장님과 함께(National Institute of Education, 싱가포르 국립교육연구소).

공 영역이 있다. 디지털 기계로는 레이저커팅기 1대 외에는 우리나라 기술 분야 특성화 고교 장비와 유사하다. 그러나 모든 중학생 과정 동안 학기 초 본인의 상상력과 문제의식으로 주제가 설정되고 드로잉(Drawing)이 시작되고 연말쯤이면 시제품이 탄생되는 과정의 이야기를 듣고, 보면서 우리 학생들의 현실과는 너무나도 큰 환경의 차이를 확인할 수 있었다.

싱가포르의 디자인 씽킹 학교와 핀란드 옴니아 직업학교를 배우며 탄생한 것이 오산메이커교육센터(2019년 10월 개관)이다. 이 곳은 마을-학교-지자체를 연결하는 미래교육의 플랫폼 역할을 수행하는 새로운 공간이다. 최근 교육의 화두는 4차 산업혁명 시대를 주도할 창의융합인재 육성이다. 학생들에게 필요한 역량을 키워줄 수 있는 미래교육의 필요성이 증가하고 있다. 오산메이커교육센터는 우리 학생들이 창의융합교육과 창작 활동을 진행할 수 있도록 적극적으로 지원할 것이다.

앞으로 오산시는 학교안에서 공감과 소통으로 수업을 디자인할 수 있도록 디자인 씽킹을 실천할 계획이다. 학교에서는 왜 디자인 씽킹이 필요할까? 디자인 씽킹에서 디자인은 '현재 상태를 보다 더 나은 상태로 바꾸어가는 것'이라 말할 수 있다. 우선 공간과 재료 커리큘럼이 부족한 실정일지라도 일단 주어진 현실 수업에서 무엇부터 어떻게 변화시키고 시도하는 것이 중요하다. 현재 상태는 내가 하고 있는 수업, 수업을 했을 때 학생들의 반응, 표정, 경험 등이 포함된다. 디자인 씽킹 수업을 통해 학생들이 스스로 주변의 문제를 개선할 수 있고, 학생 스스로 주변의 문제에 관심을 갖게 할 수 있도록 도와줄 수 있는 것이다.

디자인 씽킹에서 수업 디자인은 어떤 의미일까? 수업 디자인이란 어떻게 가르칠까에 대한 교수 설계, 수업 설계를 말한다. 디자인 씽킹의 관점에서 수업 디자인은 수업 설계뿐만 아니라 다음과 같은 부분에서도 디자인이 필요하다.

먼저, 교실 환경과 분위기를 조성하는 방법이 있다. 한 방향으로 보는 책상배치, 여러 방향으로 보는 책상배치에 따라 교실 환경이 달라질 수 있다.

또, 학생들의 표정과 반응 등을 관찰하기다. 수업시간에 학생들의 반응이나 표정에 따라 수업의 재구성이 필요하다. 디자인 씽킹을 접목한다면 이러한 부분을 유연하게 대처할 수 있다.

끝으로 학생들 사이에서 상호작용 고민하기이다. 교사가 수업을 할 때 학생과의 관계가 중요하다. 특히 프로젝트나 토론 수업을 진행할 때 학생들끼리 상호작용하는 것이 중요하다. 어떻게 하면 학생들끼리 상호작용을 원활히 할 수 있는지 고민하는 것이 디자인 씽킹에서의 수업 디자인이다.

교사 입장에서 디자인 씽킹은 도구, 기법을 넘어서 학생들의 반응, 표정, 경험에 더 집중하게 해준다. 무엇을 배웠는지보다 어떻게 느꼈는지 관심을 갖게 해준다. 그러면 학생은 더 존중받는 느낌을 받을 수 있다. 또한 수업을 하는 데 있어 내가 어떻게 가르칠까보다는 학생들이 무엇을 배우는가에 초점을 두어 학생을 공감하며 수업을 설계할 수 있다.

학생의 입장에서는 어떠할까? 학생 입장에서 디자인 씽킹은 학생 스스로가 문제를 발견하고 팀으로 해결해가는 과정 속에서 협업과 커뮤니케이션 역량을 높일 수 있다. 그리고 학생들이 디자인 씽킹을 제대로 배우고 익히면 사회에 나가서 새로운 문제에 직면했을 때 디자인 씽킹을 통해 스스로 문제를 해결해가는 창조적 자신감을 얻을 수 있다.

이러한 이야기를 들으면서 재미가 있어야 학생들이 적극적으로 참여하는 수업이 되지 않을까? 나 역시 학교의 수업시간은 교사중심보다는 학생중심으로 되어야 함을 다시 한번 느꼈다.

그래서 오산시는 디자인 씽킹을 교육청과 협업하여 학교 안에서 실행할 계획이다. 지난 10년간 교육 관계자와 끊임없는 소통과 노력을 통해 현재의 교육도시 오산이 되었다. 이 경험을 살려 지속적으로 협업을 한다면 '디자인 씽킹=오산'도 머지않아 실현할 것이라 본다.

싱가포르의 피어스 중학교(Peirce Secondary School)의 메이커 스페이스를 방문하며 나에게는 이 학교의 교육철학이 상당히 인상적이었다. "Every child wants to and can learn to solve design problem."이라고 되어 있는데, 내가 항상 생각하는 오산 교육에 빗대어 표현할 수 있다. 배우고자 하는 사람이 있다면, 남녀노소 구별 없이, 단 한 사람의 소외도 없이 모두가 배울 수 있도록 해야 한다. 이것이 내가 추구하는 오산 교육의 철학이고, 오산

미래교육의 가치이다.

마지막으로, AI 스마트도시(스마트시티)이다.

스마트도시란 도시의 경쟁력과 삶의 질 향상을 위하여 건설·정보통신기술 등을 융·복합하여 건설된 도시기반시설을 바탕으로 다양한 도시서비스를 제공하는 지속가능한 도시를 말한다. 다시 말해, 도시에 ICT·빅데이터 등 신기술을 접목해 각종 도시문제를 해결하고 지속가능한 도시를 만들 수 있는 도시 모델을 의미한다.

그럼, 왜 스마트도시가 필요한가?

세계적으로 도시는 인구의 집중과 기반시설 노화로 인해 자원과 인프라 부족, 교통 혼잡, 에너지 부족 등 다양한 주거·생활편의 문제와 마주하고 있다. 그 해결책으로 도시 인프라를 계속 늘리는 대신 기존 인프라의 효율적 활용을 통해 적은 비용으로 도시문제를 해결하는 접근방식이 주목받고 있기 때문이다.

스마트시티, 이젠 선택이 아닌 필수다. 앞으로 스마트시티 오산의 경쟁력은 미래교육이다. 오산이 미래교육의 길이 될 수 있도록 오산시와 민간기업이 컨소시엄으로 다양한 사업을 추진할 계획이다.

교육도시 오산에서는 스마트시티를 착실히 준비 중이다. 오산시는 교육을 주제로 특히 인공지능의 특화 지역으로 미래교육에 중점을 두어 스마트 공유 인프라를 갖추어 민주시민의 평생교육의 욕구 실현은 물론 도시의 공공, 민간, 상업 자원의 공유를 통해 스마트 경제 생태계를 조성하여 지역경제 활성화와 일자리 창출에

크게 기여함을 목표로 한다. 스마트시티 추진 주요 사업내용으로
는 빅데이터를 활용한 AI 기반으로 나이, 학력, 지역, 경제 등의 요
인을 반영하여 다양한 교육 인프라를 통해 시민의 접근성을 보장
하여 산업 일자리 창출을 도모하며, 오산시 스마트시티 통합운영
센터 시스템을 Wifi 및 5G 통신체계의 고도화와 인프라 설치로
최고의 안전 시티를 조성하고 인공지능을 통해 대단위 운암뜰 단
지 개발사업 내용에 AI 특화산업단지 조성은 물론 지역화폐와 공
공예산의 효율적 공유 및 순환의 가치까지 갖추어내야 할 것이다.

2020년 1월, 서울과학기술대학교를 방문하였다. 이동훈 서울과
학기술대학교 총장을 만나 오산시의 일반고 학생들이 참여하는 진
로지원 얼리버드 프로그램의 운영 지원에 대한 감사와 소통의 자
리를 가졌다.

이날 서울과학기술대학교 총장 집무실에서 열린 간담회는 ○서
울과학기술대학교 전문 인력과 프로그램 활용 협력 ○세교 2지구
에 유치 예정 AI 특성화고 설립 T/F팀 구성 자문 ○초·중·고 연계
과정을 넘어 대학과 기업과의 연계 체계 구축 ○제4차 산업혁명
시대 대비 AI 미래교육 활성화 협력방안 등을 논의했다.

교육도시 오산이 미래교육의 길이 되고자 다양한 고민을 하고
있고, 그 고민을 하나씩 실천하고자 한다. 4차 산업혁명 대비 미래
교육을 준비하기 위해 서울과학기술대학교와 전문 인력과 교육 노
하우를 협력하고 공유한다면 더욱 체계적인 오산 교육을 실천할
수 있을 거라 생각했다. 더 나아가 도시 전체가 AI로 특화된 기반

서울과학기술대학교 총장과의 간담회(2020. 1. 15.)

AI기반 융복합 인재양성을 위한 업무협약(2020. 9. 18.)
—오산시, 광운학원, iMBC캠퍼스, 한국안전경영연구원

오산시, 한컴그룹과 협력 간담회
(2020. 2. 19.)

삼성전자 박학규 사장과 임원단
(2020. 4. 20.)

을 구축할 수 있을 거라 본다.

2020년 9월 18일 지자체 최초로 4차 산업혁명 시대에 필요한 인재양성이라는 공동의 목표 추진을 위해 광운학원, iMBC, 한국안전경영연구원과 'AI 기반 융복합 인재 양성을 위한 업무협약'을 체결했다. 이후 10월에는 협약에 따른 교육 협력 사업의 첫걸음으로 오산메이커교육센터에서 학교법인 광운학원과 교육로봇 기증식을 진행했다. 광운학원은 이날 오산시에 '모디 클래스 로봇키트' 40대를 기부하고 향후 휴머노이드 로봇 40대도 추가 기부키로 했다. 오산시는 기증받은 로봇키트를 교육부 SW교육 선도학교로 지정된 오산세교고등학교에 전달해 로봇을 활용한 교육 콘텐츠를 지원하고 광운대학교 로봇학부와 연계한 교육과정들을 반영해나갈 계획이다.

이제는 대학교가 인재를 양성하는 일차적인 사회적 의무를 뛰어넘어 지역사회와 적극적인 협력을 통한 미래교육 창출에 앞장서야 한다. 서울과학기술대학교와 광운대학교가 함께하는 인공지능 교육협력이 더욱 기대된다.

예를 들면, 교육부 미래학교로 선정된 세교고등학교부터 광운대 로봇학부 교수님과 학생들과 함께 학생들에게 즐겁고 흥미로운 수업을 유도하기 위해 관내 학교 교실에 로봇을 투입하여 로봇수업을 진행하는 것이다. 또한, 디지털 교육용 태블릿 PC를 보급해서 수업 혁신을 지원한다. 핀란드와 에스토니아를 수차례 방문하면서 디지털 기기 친화적 학습이 인상적이었다. 핀란드 교육당국은 평등을 강조하여 한 학급 학생이 충분히 사용하고도 남을 정도의 태블릿PC가 구비되어 있었다. 2016년 개정된 핀란드 초등교육 국가 핵심 커리큘럼에 ICT 역량을 기르는 것이 교육목표 중의 하나라고 명시되어 있다. 핀란드는 ICT를 의사표현과 문제 해결의 필수 수단으로 여겨, 모든 학생들이 스마트 기기를 다루는 것에 익숙해질 수 있도록 지도한다.

삼성전자와 LG전자는 오산에서 차량으로 10분 거리에 위치해 있다. 현 대표이사를 맡고 있는 박학규 사장과 임원분들도 만나 오산시의 미래교육도시로서 인공지능 특화화 고등학교 유치에 따른 기숙사 설립과 고교과정의 참여 지원과 졸업 후 산업체에 입사를 위한 지원 방안 등에 대해 오산시 안민석 국회의원과 간담회를 가졌다. 우선적으로 4차 산업혁명 시대에 맞는 초·중·고와 일반 기업체가 협력으로 교육과 취업이 가능하기 위해서는 국회에서 특별법 제정이 검토되어야 한다는 의견도 나누었다.

현재 오산은 보육, 안전, 교통, 문화관광 등 모든 행정에서 4차 산업혁명 시대 핵심기술의 하나인 빅데이터 기반의 과학적인 행정을 추진 중에 있다. 시민들의 안전과 복지 증진을 위해 어린이집 등·하원 알림 등 사물인터넷 서비스를 제공하고 있다. 또한 스마트 시티 통합운영센터는 최첨단 인공지능 기반의 지능형 CCTV를 통해 시민이 더 안전한 도시를 구축하였다. 교육 분야에서는 전국 최초로 온라인 통합 플랫폼 기반 구축으로 모든 시민이 만나고 참여하는 교육공동체의 장을 이끌고 있다.

앞으로 가야 할 길(앞으로 2년의 이야기)

1. 세상에서 가장 넓은 학교

오산은 세상에서 가장 넓은 학교이다.

세계경제포럼(다보스포럼)은 세계 경제에 대해 토론하고 연구하는 국제 민간 회의이다. 세계적인 이슈(국제 분쟁, 빈곤, 환경 문제 등)의 주요 과제와 해결 방법을 논의하는 데 초점을 둔다. 2019년 다보스포럼의 핵심 주제는 '세계화 4.0: 4차 산업혁명 시대의 글로벌 구조 형성'이다. 우리 오산 교육이 고민하는 논의도 4차 산업혁명 시대의 글로벌 교육과 미래 교육 구조이다. 다보스포럼이 세계 경제의 화두를 이끈다면, 대한민국 교육의 화두는 오산이 만든다. 그 화두의 장이 '미래 교육 오산국제포럼'이다. 이 포럼을 통해 미래 교육 방향을 제시하고 미래 교육의 방향을 선도할 집단 지성의 교육 네트워크 구축과 글로벌 미래 교육 도시 오산의 역할을 다졌다.

돌이켜보면 2010년도에 시장에 취임한 이후부터 지금까지 사회적인 변화가 상당했다. 시민들은 더 나은 민주주의를 원했고 주권을 되찾기 위한 노력을 쉬지 않았다. 교육 제도가 개선되고 학생인권이 신장했지만, 그만큼 교육 불평등도 커졌다. 2019년 1월, 입시 제도를 극단적으로 표현한 TV 드라마가 엄청난 흥행을 거두었다. 교육은 우리 사회의 가장 중심부에 들어와 있는 문제이며 피할 수 없는 문제이지만, 딱히 해결 방안도 없다는 뜻으로 이해된다. 드라

마 열풍 때문에 이어진 후속 기사들은 대체로 비관적이다. 상위권 세상을 쫓아가기에 서민들은 사교육을 감당할 돈도 없고 시간도 없다는 내용이었다.

어떤 직원은 오산에서 토론 교육을 한다고 하니 토론 학원이 생기지 않더냐는 질문을 받았다고 한다. 토론 학원은 생기지 않았다. 오산은 사교육 시장이 좀처럼 성장하지 않는 곳이다. 이전에는 많은 비용이 들더라도 사교육을 시키기 위해서라도 아이들을 남에게 뒤지지 않기 위해 다들 다른 도시로 빠져나갔기 때문이라고 생각했다. 지금은 오산의 공교육이 제대로 하고 있어서라고 우기고 싶다. 하지만 딱 꼬집어 무엇 때문이라고 말하긴 어려우나 이런저런 이유로 떠나갔던 학부모들이 다시 돌아오고 있는 이유도 종종 목격한다.

오산은 면적이 작은 도시다. 지금도 전학을 가는 아이들이 있다. 그것도 신도시라는 이름에 취해 콩나물 교육 환경으로 빼곡한 아파트 숲으로, 부동산 가격이 두 배로 오를 것이라는 기대를 안고 아이들에게 묻지도 않고 떠나려 한다. 그야말로 보따리 인생이다. 봉화마을 노무현 대통령의 사저를 설계 건축한 정지용 건축가는 언제부턴가 우리는 아파트로 기회만 잡으면 보따리를 싸고 이사하는 보따리 인생이 되었다고 했다. 언제까지 이사하고 또 이사해야 하나? 다른 도시로 전학 가는 친구들을 보며 한 아이가 부모에게 물었다.

"나도 더 좋은 데로 전학 가야 하지 않아요, 엄마?"

아이 엄마는 이렇게 대답했다.

"여기는 좁지만 그래서 더욱 좋은 도시야. 가까이에 여러 가지 교실이 있고 언제든지 무엇을 배우려고 마음만 먹으면 다 배울 수 있잖아. 친구들도 사귀고 같이 중학교에 가면 더 많은 활동을 할 수 있고, 네가 배우고 싶은 악기를 오산에서는 무료로 배울 수도 있어, 오케스트라도 있으니 맘껏 활동할 수도 있고, 수영도, 축구도, 뮤지컬, 오페라 공연도….."

세 번째 시장에 취임하면서 어깨가 무겁다. 이제 나는 이 임기 중에 내가 할 수 있는 모든 힘을 끌어 모아 오산의 교육을 제대로 다져야 한다. 혹자들은 시장이 떠나도 이 시스템이 유지될 것으로 보느냐고 묻는다. 나는 그럴 것이라고 믿는다. 혼자 한 일이 아니기 때문이다. 오산의 물결은 방향이 바뀌었다. 다시 거꾸로 거슬러 올라가긴 어려울 것이다. 시민들이 지켜낼 것이고 공무원들이 잘 뒷받침할 것이다. 아이들은 익숙해진 교육 환경에서 더 나은 삶을 만들어낼 것이고 아이들을 위하고 함께할 교사들은 더욱 늘어날 것이다.

지방자치정부는 과연 다양한 시민의 욕구를 어떻게 들어줄 수 있을 것인가, 들어줄 준비는 되어 있는가, 시장이라면 그렇게 하기 위해 끊임없이 고민해야 한다. 결국은 사람의 힘이었다. 믿고 기다렸을 때 세상이 달라져 있었다. 오산은 이제 시 승격 30년이 되었다. 인구 5만 명의 도시가 24만 명의 도시가 되었고, 아이들이 돌아오고 있다. 다른 지역에 가서 강의를 마치고 나면 오산으로 전근을 오겠다며 악수를 청하는 교사들이 있다. 2017년, 2018년, 2019년, 2020년에 연속해서 복지행정상 전국 1위 대상을 받았다. 교육이 바로 복지로 연결되고 복지가 살아야 교육의 평등도 가능하다. 오산형 초등학교 온종일 돌봄 '함께자람' 사업으로 출생률이 높은 도시, 보육과 육아, 교육에 걸쳐 시민들의 만족도가 높은 도시가 되었다. 최고의 청렴 도시, 채무 제로의 건전 재정 도시도 만들었다.

2011년 처음 핀란드를 비롯한 북유럽을 탐방했을 때 우리가 분석했던 핀란드의 성공 요인은 이런 것이었다. 낙오자를 만들지 않는 평등 교육, 신뢰를 바탕으로 한 교사·학생·학부모의 관계, 남과의 경쟁이 아닌 나와의 경쟁, 유능하고 열정적인 교사, 자율성 보장, 기다리는 교육, 기술적 체육과 예술적 감각을 키우는 교육. 그들의 교육이 선진적인 이유는 경쟁해서 순위를 매기고 비교하며 우열을 가르지 않는다는 기본을 지키기 때문이었다.

교육은 한 나라에 있는 모든 시스템이 필요한 분야다. 하나의 분과로 분리하기 어렵다. 폭력도, 문화 자산도, 긍정적인 자산과 부정적인 자산도 모두 대물림된다. 아이들을 가르치고 길러내는 것은 결국 국가와 민족의 구성 요소인 사람을 만들어내는 일이다.

엘리트가 아니라 시민의 힘이 나라를 건강하게 만든다. 보편적 교육이 필요한 이유다. 가정을 비롯한 소규모 공동체가 아이들을 억압할 때 이 아이들이 다른 공동체로 빠르게 피신할 수 있어야 한다. 외연이 더 큰 공동체가 아이들을 중심으로 돌아가야 한다. 사람을 키워내는 것은 결국 사람이며 서로 상호작용하지 않으면 사회는 바로 설 수 없다.

제 앞가림을 할 줄 아는 아이들이 사회를 건강하게 만들 것이라 확신한다. 우리는 유럽뿐 아니라 다른 나라의 우수 사례를 계속해서 연구했다. 시청 공무원뿐 아니라 시민들도 모두 함께했다. 우리도 단 한 명의 아이도 포기하지 않겠다는 마음을 담아 통기타 교육을 실시했고, 유능하고 열정적인 교사를 지원하기 위해 행정 실무사를 파견했고, 학교에서 필요한 프로그램을 위해 시민 강사를 양성했다. 자율성을 보장하기 위해 그들의 용어에 맞추어 말했고, 시민을 앞장세우고 뒤에서 열심히 지원했다. 경쟁하고 순위를 매기지 않기 위해 평범한 아이들을 위해 진로 프로그램을 개발하고, 이 아이들이 마음껏 자기 탐색을 할 수 있도록 얼리버드와 고교학점제를 만들었다. 지역사회에 드림웨이 상담센터 개소를 통해 초등학교부터 고등학교 졸업때까지 본인의 삶 속에 진학, 진로는 물론 모든 고민까지 들어주는 주요 상담이 가능하도록 노력한다. 고3 학생이 되면 내길 내가 선택하고 가장 자존감이 높은 학생으로 성장하여 사회 출발을 내딛기를 기대한다. 스스로 자기 정서를 돌아볼 수 있는 마음의 체력을 기르기 위해 악기를 배우고 수영과 줄넘기는 물론 체육 종목 한 가지는 잘할 수 있도록 최선의 노력으로 지원한다. 민주적인 시민으로 길러내기 위해 자기 의견을 용감하게 말하는 후츠파 정신의 토론 교육도 시작했다. 뮤지컬도 해보고 최고의 세계 걸작 작품 전시도 보고 오페라 공연도 보도록 노력한다.

인성 영재를 기른다는 벤자민영재학교는 학교라는 건물이 아닌 세상을 교실로 하는 대안학교다. 이 학교의 교장인 이승헌 총장은 모든 아이들이 아름다운 인성을 밝혀낼 각자의 빛이 있다고 믿는다. 또한 이우학교 설립자인 정광필 선생은 그의 저서 《미래 교육을 묻다》에서 "주어진 과제를 성실히 수행하는 모범생을 만드는 것이 아니라 내면의 힘, 야성을 키워주는 것, 아이의 성장을 긴 호흡으로 바라보고 발달 단계에 맞게 자극하는 것"이 중요하다고 말한다. "성실한 직장인이 아닌 각성된 시민으로 성장시키는 것에 집중해야 한다."

경기도교육청이 과감하게 시작한 혁신교육은 시대에 필요한 생태계를 조성하고 사람을 길러내는 것이다. 우리가 지향해야 할 것은 교육자치가 가능한 교육공동체, 교육생태계의 조성이다. 혁신교육 연구자 김용련의 연구에 따르면 교육공동체는 전문·학습·민주적 공동체로 출발해 지역사회 공동체로 발전하고 교육 이해 공동체로 확장할 수 있다. 교육 이해 공동체는 교육 활동의 직간접 이해 당사자들 모두를 말한다. 바로 모든 시민이라 말할 수 있다고 했다.

일찍이 루소는 교육의 목적은 기계를 만드는 게 아니라 인간을 만드는 데 있다고 했다. 아인슈타인도 교육의 목적은 인격 형성에 있다고 했다. 우리는 오산에서 자기 삶을 주도해나가는 시민을 길러내고자 한다. 자기 삶터와 배움터가 한 곳에 있고 여기서 배운 아이들이 성장해 자신의 배움터를 일터로 만드는 교육 도시 오산이 되길 바란다. 생존과 공존은 오산이 추구하는 교육의 가치다.

오산시민의 평균 연령은 36세다. 다들 인구가 줄어든다고 하는데 오산은 2000년 10만 명에서 2020년 24만 명으로 늘어났다. 2013년 오산에 사는 것을 만족한다는 사람은 36%였지만, 2017년은 84.2%가 되었다. 교육 때문에 떠나는 오산을 교육 덕분에 머무르는 오산으로 만들고 싶던 소망을 모두 함께 만들어낼 수 있었다.

경제는 좋아졌다가 나빠질 수 있다. 예상치 못한 요소로 인해 우리의 삶도 잠시 멈출 수 있듯이, 공동체나 사회도 잠시 동력을 잃을 수도 있다. 하지만 제 앞가림하는 법을 잘 배운 아이들이라면 역경과 좌절을 극복하는 자기 회복력을 지니고 살아갈 것이라 믿는다. 아이들이 행복한 도시에서 어른들은 힘을 얻는다. 결국 모두 사람이다. 여기까지 온 것은 오산시민 모두의 힘이다.

오산은 지난 10년간 교육에 집중한 결과, 오산시 고유의 교육 브랜드를 만들었고, 누구나 학습하기 좋은 최고의 도시를 만들었다. 2019년만 하더라도 전국 지자체, 교육청 100여 곳에서 오산 교육을 벤치마킹하거나 특강을 진행하였다. 이러한 사례는 오산시가 유일할 것이다. 때로는 시장, 군수, 의원, 교육장이 직접 찾아와 오산 교육을 함께 공유하였다. 이 모든 것은 시민들이 함께해서 가능한 일이었다.

'2017 굿 디자인 어워드' 우수 디자인으로 선정된 BI(Brand Identity)는 42.76㎢의
가장 넓은 학교 오산시를 상징하는 것으로 오산시 실제 지형을 활용하여 개발하였고,
모든 사람들이 오산시가 추구하는 교육의 방향을 쉽게 알아볼 수 있도록 디자인했다.

2. 오산마을교육공동체

오산은 아이들이 행복한 교육을 위해 지역사회가 나섰고, 지역 사회는 지난 10년 동안 많은 성과를 이루었고, 지역의 아이들과 주민들은 다양한 활동을 통해 역량을 강화하고 민주시민으로 육성되었다고 생각한다.

그래서 이제 아이들의 교육뿐만 아니라 평생교육이 연계되고 모두가 하나 되는 교육생태계를 만들어서 살고 있는 오산시민 모두가 행복하기를 바란다.

지역이 함께 나서서 아이들, 교사들, 그리고 우리들 모두가 함께 아이들이 행복해서 어른들도 함께 행복한 오산을 만들자는 이야기이다.

우리는 어떤 인생을 살아야 정말 행복하게 잘 살았다 할까?

외국을 돌아보고, 잘사는 나라, 자치분권이 수백 년 이어온 나라를 들여다보면 이런 생각이 든다. 어릴 때 지역에서 열심히 성장한 아이가 의사 면허를 가졌는데, 그 의사 면허를 가지고, 잘나가는 동경 시내에서 개업해도 많은 돈을 벌 수 있을 텐데, 자기가 잘 아는 아주 작은 마을의 교육장, 시장님에게 전화를 해서 그 동네에서 개업을 해도 되는지 질문하는 삶은 어떨까? 그리고 그가 마을로 돌아가서 의사면허를 내고, 그 지역의 아이들과 주민을 만났을 때 그 의사야말로 얼마나 훌륭한 삶이고 행복한 삶일까?

오산도 그러한 실천을 해야 할 시기라 생각한다. 이제 우리 아이들에게는 고향이 없고, 오산이 없고, 아파트 이름만 있지 않을까?

살다 보니까 엄마 아빠 손에 이끌려 아파트에서 아파트로만 이사 가는 것밖에 기억나지 않는 삶, 성장해서도 고향이 없고, 지역에 대한 기억이 없기 때문에 갈 곳이 없는 삶. 그저그저 흘러흘러 그곳에서 산다면 그 삶이 어떨까?

비록 돌아오지 못한다면 돌아올 수 없는 여건에서 옛날을 기억하고 나를 성장시켜준 지역 마을을 기억할 때 그것이 좋은 인생이고 훌륭한 삶이라 생각한다.

요즘 포스트 코로나 시대에 공동체 삶이 행복인데, 어떻게 하면 코로나와 함께 공동체 삶으로 행복해질 수 있을까를 우리가 함께 고민해야 할 것이다. 나 역시도 오산에서 나를 키워줬다. 오산에서 자랐고, 오산천이 나를 너무 행복하게 해준 기억이 있다. 오산학원은 오산시민이 십시일반해서 만든 사립학교였고, 그 학교에서 성장했고, 때로는 장학금도 줬다. 나는 그 기억을 한다.

나도 대학 가고 사업해서 돌아올 수 있었던 것은 바로, 지역에 대한 기억이 있었기 때문이다. 지역에서 나를 성장시켜준 것이다. 그래서 행정 봉사라는 이름으로 오산시장을 하고 있다.

나의 삶은 어땠을까? 그 누구보다도 행복하다고 생각한다. 그래서 우리 아이들에게 이러한 기억을 만들어 주고 싶다. 아이들에게 함께 성장하는 교육으로, 생존하는 교육으로, 더불어 사는 삶으로, 공존의 가치를 이해하는 삶으로 함께 이겨내자.

이러한 것이 우리가 해야 할 일이고, 출발이라 생각한다.

요즘따라 강산에의 '거꾸로 강을 거슬러 오르는 저 힘찬 연어들처럼' 노래 가사가 마음속 깊이 와닿는다.

이러한 의미에서 마을교육공동체는 내 아이만이 아닌 우리 아이들을 키우는 데 마을이 함께하자는 것이다. 마을교육공동체의 목표는 아이들을 마을의 주민으로 키우고, 주민을 시민으로 성장시키는 것이다. 오산은 이미 2,400여 명의 오산 교육활동가분들이 함께하고 있다. 더 나아가 이러한 마을교육공동체를 만들어가고 지속가능하기 위해서는 반드시 핵심적이고 주체적인 역할을 하는 '리더'가 있어야 한다. 마을교육공동체를 하면서 내 아이만 키우는 엄마에서 지역의 모든 아이를 키우는 활동가와 리더들이 마을 곳곳에 활동하면 더 좋은 사회가 되지 않을까?

아울러, 오산이 추진하는 마을교육공동체는 마을의 교육 현안을 파악하고 마을 논의구조를 기반으로 필요한 정책을 제안하고 실행하는 활동을 중심으로 한다.

그 실천사례로 2020년 9월 24일 오산마을교육공동체 추진 준비위원단이 주최·주관한 '오산마을교육공동체 출범식'이 오산시 소리울도서관 아트리움에서 온라인으로 개최됐다.

'오산 미래교육, 마을과 시민의 힘으로'라는 주제로 열린 이날 출범식에는 김진경 대통령직속 국가교육회의 의장, 오산시의회의장, 경기도화성오산교육지원청 교육장 등의 내빈이 참석하여 공동체의 출발을 축하했다.

오산마을교육공동체는 오산 지역의 특성을 고려하여 마을과 학교를 중심으로 한 교육생활권을 기반으로 하는 교육자치협의체이

'오산마을교육공동체 출범식'에 참석해 축하 인사를 하고 있다.

학생, 학부모, 마을강사, 평생활동가, 교육 관계자 등
모든 시민이 함께하는 교육공동체(국가교육회의 의장님이 함께했다).

다. 그리고 다양한 분야에서 활동하는 교육에 관심 있는 모든 시민(학생, 학부모, 마을강사, 평생활동가, 교원, 교육관계자 등)이 활동하는 교육공동체의 자발적인 모임이다. 앞으로 오산마을교육공동체는 마을의 교육환경, 지리적 특성 등을 고려하여 6개동 9개 마을과 관내 모든 학교가 협력하여 조직화하기 위해 본격적인 논의를 하고 있다.

오산의 교육자원을 학교와 마을을 기반으로 한 시민중심, 마을중심의 마을교육공동체로 전환하여 지속가능한 교육체제를 만든다. 또한 혁신교육지방정부협의회의 회장도시로서 국가교육회의와 협력방안의 일환으로 오산마을교육공동체 구성을 국가교육회의 국민참여단과 연계하여 오산시만의 목소리를 국가교육정책 수립에 반영할 수 있는 기반을 마련하려 한다.

또한, 마을교육공동체가 점차 확산되고 심화되면서 법률, 시행령, 조례, 규칙 등의 차원에서 제도적인 정비가 이루어져야 한다는 요구가 증대되고 있다.

오산은 지역사회와 마을, 학교가 협력하는 교육생태계를 조성하고 평생교육까지 확장된 지역사회의 교육력을 제고하기 위한 제도적인 근거를 마련하고자 2020년 9월 11일에 '오산시 마을교육공동체 활성화 지원에 관한 조례'를 제정하였다.

학교와 지역이 함께 만드는 지속가능한 마을교육공동체를 구축하기 위해서는 지자체-교육청-마을-학교를 일상적으로 연결하는 조직이 있어야 지속적으로 방향성을 갖고 나아갈 수 있다. 그리고 교사나 지자체의 공무원은 인사에 따라 바뀌어 이 일을 일관성 있게 체계적으로 운영하기가 어렵다.

그래서 이러한 조직이 꼭 필요하기에 오산교육재단 내에 마을교육공동체 지원센터를 설치하였다. 2021년부터는 마을 사람들이 모여 마을에 필요한 교육을 함께 얘기하고 정책으로 제안하여 마을 사람들이 행복해지는 교육공동체가 구성될 것이다. 앞으로 민(民)에서 공동체 네트워크 구축, 마을학교 만들기, 마을 교육과정, 돌봄, 방과 후 학교 등 마을 교육을 함께 논의하고 정책으로 제안하고 실행할 계획이다. 물론 시에서도 필요하다면 행·재정적인 지원을 아끼지 않을 것이다.

3. 미래교육지구 운영

2020년 12월 기분 좋은 일이 생겼다. 교육부가 전국 지자체들을 대상으로 공모한 결과, 미래교육지구는 오산을 포함한 12곳, 방과후학교 지역연계 특화지구도 오산을 포함한 5곳을 선정해 발표했다. 오산은 미래교육지구와 방과 후 학교 지역연계사업을 진행하기 위한 지원금 각 1억 원씩 총 2억 원을 지원받게 됐다. 두 군데 모두 선정된 지역은 전국에서 오산과 세종이 해당한다.

미래교육지구란 미래형 교육자치 협력지구의 줄임말로 지역교육의 지속가능한 협력체제를 구축하고, 지역 특성에 맞는 다양한 우수 모델을 개발하기 위해 교육부에서 만든 사업이다. 미래교육지구는 교육청과 기초자치단체가 협력하는 기존 혁신교육지구를 심화한 모델로 2011년 경기도에서 6개로 시작하여 2021년 현재 16개 시·도 181개 지구에서 진행하고 있다. 이러한 혁신교육지구의 질적인 도약의 계기를 마련하고자 교육부에서 진행하는 사업이고, 지역에서 크고 자란 아이가 지역의 인재가 되는 지역 교육생태계 조성을 목표로 하고 있다.

오산은 미래교육지구 공모 이전부터 지속가능한 오산 교육을 고민하였고, 지역사회와 마을, 학교가 협력하는 교육생태계 조성을 목표로 제도적인 근거를 마련하고자 2020년 9월 '오산시 마을교육공동체 활성화 지원에 관한 조례'를 제정하였다. 또한, 마을교육공동체 지원센터 설립근거도 마련하였다. 센터를 설립한 근거는 학교와 지역이 함께 만드는 지속가능한 마을교육공동체를 구축하기 위해서는 지자체, 교육청, 마을과 학교를 일상적으로 연결하는 조직이 있어야 지속적으로 방향성을 갖고 나아갈 수 있기 때문이다.

"혁신교육지구의 우수사례로 늘 오산이 언급되고 있고, 전국에서 벤치마킹을 오는 지역인데, 왜 오산이 미래교육지구에 공모를 지원하나요?"라는 질문을 외부 교육 전문가에게 종종 듣는다. 오산이 교육부가 주관하는 미래교육지구에 참여한 배경은 지속가능한 오산 교육을 실천하기 위해 교육부가 운영하는 미래교육지구 성장지원단의 컨설팅을 받고 다른 지구의 우수사례도 들여다보면서 오산 교육을 더욱 단단히 하고 싶었다. 교육지원청과 협력체제를 구축하여 미래형 교육자치 협력의 새로운 모델을 잘 만들고 싶었고, 오산형 미래교육지구 모델이 잘된다면 다른 지역으로도 확산하여 대한민국 교육자치를 선도하는 오산이 되길 기대하고 있다.

오산형 미래교육지구를 들여다보면 협력체계 구축, 혁신교육 확산, 지역특색 사업으로 크게 3가지 방향으로 진행한다. 먼저, 협력체계 구축과 관련하여 오산은 조례에 근거하여 마을교육공동체 지원센터를 오산교육재단 내에 설치해서 활발히 운영 중이다. 지역교육 의사결정 구조 활성화 측면에서 오산은 탑다운방식이 아닌 아래로부터의 교육적 요구와 실천 중심의 플랫폼을 만들고 있다. 다시 말하면, 오산은 행정동이 6개가 있다. 그래서 6개동에 생활권 단위인 9개의 마을교육자치회를 두어 자치회별로 학교 교사, 학생, 마을 주민들이 참여하여 마을의제를 발굴하고 논의한다. 조례에 근거하여 센터 내에 운영위원회를 두는데, 민관학이 함께하는 운영위원회에서 마을의제를 선정한다. 이 운영위원회를 우리는 다른 말로 온마을교육이음단이라고 칭한다. 그리고 심의위원회에서 최종 선정하여 예산지원이 확정되면 마을교육자치회별로 마을학교 등을 운영하는 구조이다.

두 번째 혁신교육 확산이다. 지역사회와 연계하여 교육과정 프로그램을 지속 확대하고, 학교시설 공유로 커뮤니티 교육과정을 지원한다. 그리고 교육지원청과 협력하여 교사 연수 및 학교 간 네트워크 지원으로 역량을 강화할 계획이다. 또한, 고교 교육의 패러다임을 전환하는 오산형 고교학점제, 4차 산업혁명 시대에 맞는 교육환경 조성과 고교학점제 운영을 위한 에듀테크 미래학교를 만들어가고 있다.

마지막으로 지역특색 사업으로 지역특색을 반영한 마을교육플랫폼을 만들어서 마을성장학교, 마을학교 등을 운영한다. 마을교육 플랫폼을 위한 협업 시스템을 운영하기 위해 교육포털 오늘e는 공간과 사람 그리고 학교와 마을을 연계하는 온라인 플랫폼 역할을 담당한다. 또한, 지역 특성에 맞는 다양한 사업을 교육부의 미래교육지구와 연계하여 운영하고, 행정안전부, 국토교통부, 보건복지부 등 타 부처 사업과 연계하여 운영한다. 예를 들면, 오산은 6개의 행정동 중에서 세마·초평·중앙 3개 동이 주민자치회로 구성되어 있다. 행정안전부의 주민자치형 공공서비스 구축과 관련하여 주민자치회 내 마을교육자치 분과를 설치하여 운영하고 있다.

이처럼, 오산 교육은 지난 10년간 혁신교육지구로 쌓아온 경험을 바탕으로 미래형 교육거버넌스를 제도적으로 구축할 것이다. "학생도 시민이고, 시민도 학생이다"는 말처럼 이제는 지역의 인재를 길러 이들이 연어처럼 지역으로 돌아와 지역의 변화를 이끄는 역할을 할 수 있도록 우리 아이 교육은 우리 마을에서 책임져야 한다. 이를 위해 학교와 마을의 교육력을 높이는 교육생태계를 조성할 것이고, 미래교육지구가 건강한 교육생태계로 변화를 이끄는 촉매제가 되길 기대하면서 학교와 마을뿐만 아니라 오산시와 교육지원청도 함께할 것이다.

4. 자치교육 시대

청년실업이 엄청난 사회 문제가 되었다. 청년 4명 중 1명이 '백

수'라고 한다. 아이들이 초중고 과정을 거쳐 대학을 졸업하고도 청년실업으로 이어지는 사회 현상에 대한 고민은 중앙이나 지방이나 편차가 없다.

높은 청년실업률은 다시 교육의 본질이 무엇인가를 생각하게 한다. 특히 중앙에 집중되고 중앙으로만 향하게 돼 있는 현 교육 시스템 자체가 고장난 탓은 아닌가 깊이 고민해야 한다고 본다.

교육은 지방자치의 본질적 영역이다. 교육이야말로 지역을 지탱하게 하는 제1의 요소이고, 지역에서 제대로 된 교육의 꽃을 피워야 제대로 된 지역 경쟁력을 확보할 수 있다. 모든 것이 중앙정부 중심으로 돌아가는 교육 시스템으로는 4차 산업혁명 시대 대한민국의 미래 인재를 키우기 어렵고, 지역 발전도 한계에 부딪칠 수밖에 없다. 청년실업의 원인도 근본적으로 이와 무관치 않다고 생각한다.

이제 교육에서도 지방이 주도하는 '자치교육'의 새로운 시대를 열어젖혀야 할 때가 되었다. 지방정부가 교육자치 당국과 함께 자주적인 의사결정, 지역 환경 문화와 긴밀히 결합하는 교육, 지방정부의 적극적인 인재양성 지원, 지방 인력 수요와 공급에 대한 긴밀한 협력과 같은 '자치교육'을 할 때가 되었다는 것이다.

교육의 본질을 생각하면, 현재 대다수 공교육이 금과옥조처럼 여기는 초중고를 거쳐 서둘러 대학에 진학하고 스펙을 쌓는 것만이 '정상의 경로'라 할 수 없다. 유수한 교육 선진국처럼 고교 졸업 뒤 바로 대학 진학이 필요한 사람은 대학을 가되, 좀 더 본질적으로 스스로의 능력을 찾아 일과 학습을 병행하면서 미래를 선택하는 길 역시 '정상의 경로'로 시스템화되어야 한다.

무엇보다 우리는 아이들이 행복한 교육을 해야 한다. 누구나 자신이 행복하게 미래를 살아갈 수 있는 길을 찾아주어야 하고, 건전한 윤리의식과 직업의식을 배양할 수 있도록 도와야 한다.

오산시는 지방정부와 교육당국, 시민들이 함께 나서서 오래전부터 '자치교육'의 모델을 만들어왔다. 지난 10년 오산시와 오산 교육주체들은 아이들이 행복한 교육문화 혁신을 위해 끊임없이 합심 노력해 미래형 혁신교육의 틀을 다졌다.

오산시가 성취해온 전국 최고 수준의 국공립어린이집 취원, 돌봄서비스, 진로 지향형 청소년을 위한 진로탐색 직업체험 프로그램, 다양한 진로진학 상담 시스템, 청년 취·창업 지원 시스템, 마을과 학교가 융합되는 새로운 교육문화의 창출 노력 등은 지방정부와 교육당국이 의기투합한 '자치교육'이 어떤 교육적 성취를 이룰 수 있는가를 보여주는 생생한 사례들이다.

궁극적으로 오산시는 이런 '자치교육'의 세례를 받은 우리 아이들이 우리 지역의 미래를 짊어질 역군으로 성장할 것을 목표로 하고 있다. 높은 청년실업도 중앙과 지방이 협력한 새로운 교육으로 혁신적이면서도 다양한 해법을 모색할 수 있을 것이다.

혁신은 변방에서 출발한다. 교육도 예외가 아니라고 믿는다. 아이들을 행복하게 하는 교육에서 출발한 오산 교육은 시민공동체와 결합하여 도시 전체를 거대한 교육마당으로 재구성했고, 세계 최고의 글로벌 교육과 교류하면서 이제 4차 산업혁명 시대의 창의 융합 미래 인재를 훈련 육성하는 단계에 들어섰다.

전국 65개 지방정부로 구성된 혁신교육지방정부협의회는 향후 대한민국의 혁신교육을 선도하는 '자치교육'의 길을 활짝 열어갈 것이다. 새로운 시스템은 시간이 걸리는 지난한 과정이겠지만, '자치교육'은 지방분권과 보편적 당위성을 공유하면서 함께 길을 넓혀 갈 것이다.

'자치교육'이라는 교육의 새 패러다임은 이제 피할 수 없는 대세가 되었다. 이제는 '자치교육 시대'인 것이다.

책을 마무리하며 지난 10년간의 시간을 돌이켜본다. 시청에서 교육 정책을 우선시했을 때 의심하던 시선에도 불구하고 용기 내어 시청의 정책을 믿고 지원한 교육지원청, 마치 준비된 듯 꿈꾸던 일들을 해낼 수 있도록 정책적 지원을 아끼지 않은 도교육청이 없었다면 지금의 교육 도시 오산이 가능할까? 나의 교육 정책을 믿고 조례 개정 및 예산 지원을 해준 오산시의회 및 정치인, 그리고 공교육의 체계와 그 세계의 질서를 잘 모르는데도 열심히 듣고 뛰어다닌 오산시청의 직원들, 그리고 시청과 소통하고 공감하며 오로지 우리 아이들을 위한 것이라면 도전해보겠다고 나선 시민과 오산의 선생님들과 교장 선생님들 진심으로 존경하고 감사한다. 아이들의 현실을 이야기하며 목이 메어 말을 잇지 못하던 교사, 아이들과 이런 걸 하고 있다고 행복해하며 어린아이처럼 얼굴을 붉히던 교장 선생님들, 마을의 아이들은 결국 내 아이와 같다며 눈에 보이지 않는 결과에 연연치 않고 옳다고 믿고 적극적으로 불확실한 미래에 뛰어들어 헌신했던 지역 주민들, 은퇴 전 마지막 임기를 오산에서 보내고 싶다던 교사들, 모두의 힘이다. 믿고 응원하고 지지해준 사람들의 힘이 없으면 아무것도 해낼 수 없었을 것이다.

얼마전 101주년 3·1절 기념식이 서울 배화여자고등학교에서 열렸다. 1920년 3월 1일 당시 '배화학당' 학생 40여 명이 만세운동 1주년을 맞아 만세운동을 벌였던 곳이다. 신종 코로나 바이러스 감염증 확산으로 대통령 내외와 각계 인사 50여 명만 참석하여 이루어진 단출한 행사였지만, 행사 마지막 순서인 만세삼창에서 김구 선생의 재현 배우가 태극기 대신 한반도 기를 들고 선창했다. 실사형 디지털 아바타라는 인공지능 기술을 활용한 재현 인물이었다.

김구 선생은 《백범일지》를 남겼는데, 그 가운데 '나의 소원'을 보면 우리가 가슴 깊이 느껴야 할 만한 충분한 가치가 담겨 있다.

김구 선생

나는 우리나라가 세계에서 가장 아름다운 나라가 되기를 원한다. 가장 부강한 나라가 되기를 원하는 것은 아니다. 내가 남의 침략에 가슴이 아팠으니, 내 나라가 남을 침략하는 것을 원치 아니한다. 우리의 부력(富力)은 우리의 생활을 풍족히 할 만하고, 우리의 강력(强力)은 남의 침략을 막을 만하면 족하다. 오직 한없이 가지고 싶은 것은 높은 문화의 힘이다. 문화의 힘은 우리 자신을 행복되게 하고, 나아가서 남에게 행복을 주겠기 때문이다. 지금 인류에게 부족한 것은 무력도 아니오, 경제력도 아니다. 자연과학의 힘은 아무리 많아도 좋으나, 인류 전체로 보면 현재의 자연과학만 가지고도 편안히 살아가기에 넉넉하다.

인류가 현재에 불행한 근본 이유는 인의(仁義)가 부족하고, 자비가 부족하고, 사랑이 부족한 때문이다. 이 마음만 발달이 되면 현재의 물질력으로 20억이 다 편안히 살아갈 수 있을 것이다. 인류의 이 정신을 배양하는 것은 오직 문화이다. 나는 우리나라가 남의 것을 모방하는 나라가 되지 말고, 이러한 높고 새로운 문화의 근원이 되고, 목표가 되고, 모범이 되기를 원한다. 그래서 진정한 세계의 평화가 우리나라에서, 우리나라로 말미암아서 세계에 실현되기를 원한다.

— '나의 소원' 중 '내가 원하는 우리나라'

이렇듯 우리가 창대한 민족국가로 발전한 것은 문화의 품격을 갖고 있는 문화도시로 성장하기 때문이다. 여기에서의 문화는 우리 민족의 배우고자 하는 힘의 원천이 되는 교육 정신이 포함되어 있다고 본다.

2019년 12월 30일, 오산시가 문화체육관광부에서 공고한 제2차 문화도시 예비 도시로 지정되는 쾌거를 이루었다.

문화도시 예비 도시 지정은 오산시의 문화 수준이 다시 한 단계 도약하고 시민들에게 다양한 문화활동의 기회를 제공하는 중요한 계기가 된다.

오산은 대표 브랜드인 교육 도시에서 문화도시로 잇고, 사람과 사람을 잇고, 사람과 가치를 잇는 '이음 문화'라는 개념을 가지고 꾸준히 준비해왔다.

지난해 문화도시 예비심사 추진과정에서 보여준 우리 시민의 헌신적이고 단결된 노력, 교육 도시의 자원을 바탕으로 전국 최고의 교육문화도시의 도약으로 품격 있고 경쟁력 있는 도시로 거듭 태어날 것이다.

이처럼 오산은 교육 도시에 이어 미래교육 도시를 품는 문화도시로 힘차게 나아가고 있다.

세상에서 가장 넓은 학교, 42.76km²의 오산은 온 마을이 학교다. 이 학교의 주인공은 시민이며, 단순한 시민 참여의 시대가 아니라 시민인 내가, 우리 모두가 앞장서서 주인의 역할이 되어 시민 중심의 행정을 지속적으로 펼쳐나가야 한다.

문화도시 지정 추진은 교육 도시 브랜드의 연계선상에 있고, 시민들은 오산에서의
생활이 더욱 행복해지며 다양한 문화생활을 향유할 것이다.

시민의 도시를 가꾸는 행정의 힘도 역시 시민들에게서 나온다. 오산시민 모두가 서로를 버팀목 삼아 성장하고 있다.

오산으로 들어오는 인터체인지에 '교육 도시 오산'이라는 커다란 글씨를 새겨두었다. 함께 키우는 교육 도시 오산의 이름은 시민의 힘으로 더욱 창대하게 빛나리라!

아이들이 행복한 교육 도시 오산은 현재 진행형이며 미래이다.